Berichte und Analysen aus der Arabischen Welt

2006 -2010

Regina von Fürstenmühl

ISBN-10: 978-1505772722
ISBN-13: 1505772729

VORWORT

Über eine fremde Kultur aus sicherer Entfernung zu sprechen oder zu schreiben, oder in einer fremden Kultur zu leben und zu versuchen, sie zu verstehen, verhält sich zueinander wie die Besucher eines Theaters zu den Darstellern des Schauspiels. Meine Analysen aus der arabischen Welt entstanden aus meinen Erfahrungen und Beobachtungen während meines Aufenthaltes in Saudi-Arabien von 1976 bis 1981 und in den Vereinigten Arabischen Emiraten von 2006 bis 2010. Ich bin zwar 2010 nach Deutschland zurückgekehrt, halte mich aber immer noch den überwiegenden Teil eines Jahres in den VAE auf.

Die Analysen sind der Versuch, die Hintergründe einer mir anfangs weitgehend fremden Kultur aufzuschließen und die Menschen dieses Kulturraumes, ihr Denken und ihr Handeln besser zu verstehen. Seit 2006 habe ich meine Erfahrungen, Beobachtungen, Recherchen und Analysen ausgearbeitet und in Abständen als Berichte per E-Mail an Verwandte und Freunde gesandt. Um dem Wunsch von Freunden nachzukommen, habe ich diese 2010 als Manuskript zusammengefaßt und jetzt als Buch veröffentlicht.

Das Buch gliedert sich in zwei Hauptteile: Im Teil A beschreibe ich meine ganz persönlichen Erfahrungen als „Expat" (Ausländer) in den VAE. Teil B enthält meine Analysen. Die jüngsten dramatischen Entwicklungen in der arabischen Welt zeigen, daß diese Analysen nichts an Aktualität verloren haben. Der Ausgang des Dramas ist ungewiss. Ich hoffe, daß meine Analysen zu Temperament und Charakter der Araber in dieser unübersichtlichen Situation hilfreich sind, die für uns Westler verwirrenden und sich überschlagenden Ereignisse besser zu verstehen.

In den Emiraten ist es noch ruhig. Nur eine zunehmende Nervosität ist spürbar, nicht nur bei den Emiratis sondern in allen Golf-Staaten. Die Konferenzen werden häufiger, allerdings ohne viel zu bewirken (siehe mein Kapitel über die „Konferenziade" der Araber).

Regina von Fürstenmühl   Dubai, Dezember 2014

Inhaltstabelle
Inhalte

Teil A: Berichte aus Dubai

Regina von Fürstenmühl

1. Bericht aus Dubai

5. November 2006

Liebe Freunde und Verwandte! Kayf halkum?

Nach drei Holdings sind wir in der Nacht vom 30. auf den 31. Oktober auf dem Flughafen von Dubai gelandet und sind Euch jetzt 3 Stunden voraus (Fee in Guatemala sogar 9 Std.). Die Landung wurde „life" durch Kameras unter dem Flieger auf den Bildschirm übertragen. Wir tauchten unter in einem Gewirr von Menschen unterschiedlicher Nationalitäten (die „Dishdashas" der Emiratis sind eher die seltenen Tupfer), dichtem nächtlichen Großstadtverkehr und einem unaufhörlichen Brausen in der Luft, das nur noch übertönt wurde von der eifrigen Betätigung der Autohörner. Das Brausen des Verkehrs, die „Melodie" der Autohörner und das Rauschen des Air-Conditionings im Hotel sind nun Tag und Nacht unsere Begleiter. Nichts kann diese Hintergrundmusik unterbrechen, auch nicht der Ruf des Muezzin von seinem Turm, verborgen zwischen den Hochhäusern. Trotzdem, für mich eine vertraute Geräuschkulisse, der Geruch in der Luft, dieses ganz andere Licht: Ich bin wieder in Arabien, unverkennbar!

Wir wohnen in den Marriott Executive Apartments am Dubai Creek im 10. Stock von Turm B in einer komfortablen Wohnung. Der Blick aus dem Fenster geht über ein Meer sandfarbener Hochhäuser, nur ab und zu überragt von einem Baukran. Die Wohnung ist nicht nur voll ausgestattet, sondern wird von unsichtbaren Heinzelmännchen auch gereinigt, aufgeräumt, die Betten werden gemacht und die Geschirrspülmaschine läuft, wenn wir von einem Gang am Creek entlang zurückkommen. Wenn Gerhard „auf Arbeit" ist (das bedeutet zunächst einmal intensives Studium für den arab. und amerik. ATPL), habe ich zurzeit nichts weiter zu tun, als meine Bücher unter den Arm zu nehmen und mich in Stock 18 zu begeben. Das ist die letzte Etage, auf der sich ein Dachgarten mit Kinderspielplatz, schattigen Sitzecken und Beeten, bepflanzt mit Palmen und blühendem Oleander und Hibiskus, befindet. Inzwischen bin ich so mutig, daß ich mich auch schon bei Tag über die „Sky Bridge" – angesichts eines 18stöckigen Abgrunds unter mir –

hinüber zu Turm A begebe, auf dessen Dachterrasse es wiederum lauschige, grün umrankte Sitzecken sowie einen Swimmingpool für Große und Kleine gibt. Auf den Dachterrassen herrscht eine wohltuende Kombination aus Wärme und Wind.

Die Brücke zwischen den Türmen ist die schönste Ausblickplattform: Auf der einen Seite blickt man über das Häusermeer bis nach Sharja, auf der anderen Seite über den Dhow-Hafen am Creek bis zu der bizarren Wolkenkratzer-Welt von Dubai am Golf. Vergangenheit und Gegenwart gehen ineinander über. Am Morgen erlebe ich die Formenwelt der Wolkenkratzer sich unwirklich aus dem Dunst hebend, wie eine Fee Morgana; in der Nacht breitet sich eine einzige Glitzerwelt zu meinen Füßen aus.

Zum Einkaufen gehen wir in das City Center in ca. 10 Min. Fußentfernung; zurück geht es dann mit allen Einkaufstüten im Taxi, das hier das alltägliche öffentliche Verkehrsmittel und entsprechend kostengünstig ist. Die Lebensmittel kosten ca. die Hälfte wie in Deutschland, außer wenn man so ausgefallene Dinge wie Joghurt von Onken oder bayerischen Bergkäse essen will. Gerhard hat ausgerechnet, daß 1 Liter Benzin 5 Cent kostet. Vielleicht auch weniger? Die Stadt ist auffallend sauber; es liegt kein Müll herum. Bereits das Wegwerfen einer Zigarettenkippe ist strafbar. Das würde die Grünen in Deutschland zwar sehr freuen, andererseits kann ich mich beim Einkaufen vor Plastiktüten kaum retten; manchmal pro Tüte 1 Stück. Mülltrennung gibt es natürlich noch gar nicht. Andererseits strahlt alles vor Sauberkeit, und die überraschend zahlreichen Grünanlagen mit ihren Blumenbeeten und Palmen wirken gepflegt; weder Flaschen noch Plastiktüten liegen herum. Selbst im Dhow-Hafen, wo ständig be- und entladen wird, sieht es blitzblank aus. (Gerhard: „Das sieht im Hamburger Hafen ganz anders aus!!") Autofahrer, die ihre Autos schmutzig am Straßenrand abstellen, werden von der Polizei verwarnt.

Apropos Frau: Frau kann hier auch allein unterwegs sein; sie wird zwar betrachtet, aber weder angesprochen noch belästigt. In der Mall bin ich Pärchen begegnet (auch arabischen, er in „Dishdasha" und sie in „Abaya"), die Hand in Hand gingen. Viele der ausländischen Frauen gehen ziemlich „leicht bekleidet" einher. Wenn ich an meine Erfahrung in Saudi-Arabien denke, könnte das bei Arabern verzerrte Vorstellungen von „Frauen aus dem Westen" bestätigen... Also, Ihr Lieben, wie wäre es einmal mit einem eleganten, westlichen Outfit! Gibt es doch auch, oder?

Ma´a salamah wa ´ila l-liqa!
Regina

2. Bericht aus Dubai
18. Dezember 2006

Liebe Freunde und Verwandte,

es weihnachtet sehr in Dubai! Prächtig geschmückte Tannenbäume begegnen uns auf all unseren Wegen, Weihnachtslieder klingen aus den Lautsprechern, im großen Supermarkt der City Mall gibt es Weihnachtsschmuck zu kaufen und in der zentralen Halle ist eine künstliche Schneelandschaft mit Weihnachtsbäumen, Weihnachtsmann, Rodelschlitten und Rehkitz aufgebaut. Das deutsche Generalkonsulat kündigt im Internet eine Weihnachtsmesse in der katholischen und einen Weihnachtsgottesdienst in der evangelischen Kirche an. Ihr seht, in Dubai ist alles entspannt zwischen Christen und Moslems...

Am 20. Dezember beginnt das „Dubai Shopping Festival"; es wird bis zum 2. Februar 2007 dauern. Also, an alle Shopping-Liebhaber: Schnell einen Flug nach Dubai buchen, hier könnt Ihr Euch hemmungslos Euren Kaufräuschen hingeben, ohne daß so ein verirrter Psychologe warnend den Finger hebt... – Auch wenn nicht gerade Shopping Festival ist, sind die zahlreichen Malls (oder besser gesagt „Konsum-Paläste") oder auch der Gold-Souk eine Versuchung zur Sucht. Wir sollten also lieber warnen: Wer anfällig ist und sich nicht ruinieren will, der meide Dubai! Es ist die alte Geschichte von „halb zog sie ihn, halb sank er hin", und ist die Geldbörse dann auch bald leer, so ist es doch lautere Lust gewesen. Keine Sorge, wir widerstehen der Versuchung, denn auch im Widerstand liegt Lust!

Nach den ersten, zum Teil ohrenbetäubenden Eindrücken – der Vielzahl der Baustellen, den Hochhäusern und Wolkenkratzern, dem Menschengewimmel und den vielspurigen, überlasteten Straßen – ist langsam der Alltag eingekehrt, d.h. wir nehmen den ständigen Lärm nicht mehr so wahr, haben uns an die Reizüberflutung von Eindrücken gewöhnt, und damit fängt der Blick an zu differenzieren, die Einzelheiten werden wahrgenommen. Wenn ich durch die Straßen laufe, fällt mir auf, wie viel attraktive junge Frauen es hier gibt (ich habe allerdings gelesen: 1 Frau ./. 3-4 Männer): Die vielen hübschen Asiatinnen, zierlich und mit wunderschönem Haar; die Inderinnen mit ihren Saris in leuchtender Farbe und mit wehendem Seidenschal; seltener zu sehen die Araberinnen, die zwar – wenn aus gutem Hause kommend – immer noch die Abaya tragen, sich teilweise auch noch verschleiern, aber was für elegante Abayas! Manchmal kommen sie schon einer Abendgarderobe gleich; darunter blitzt dann vielleicht das Blau einer Jeans auf oder auch – weniger schön – die plumpen Turnschuhe westlichen Trends. Europäische oder amerikanische Frauen zeichnen sich dagegen allenfalls durch blond (evtl.), rosig (evtl.) und knapp bekleidet aus. Mir fällt auf, wie ästhetisch sich die Disdashas der Emiratis und die von der schwarzen Agal gehaltenen weißen Kopftücher von der Stillosigkeit europ./ amerikanischer männl. Freizeitbekleidung, wie z.B. den schrillen T-Shirts und schlabbrigen Shorts, abheben.

Hier bekomme ich auch das erste Mal ein Empfinden für mein Alter (um nicht zu sagen, ich fühle mich spürbar „gealtert"), denn im Unterschied zu Deutschland, wo ich mich zum Beispiel in Potsdam vorrangig „unter meinesgleichen" bewegte, bin ich hier in der Mehrzahl von jungen Leuten umgeben! – Das Straßenbild und Geschäftsleben ist geprägt von jungen Menschen indischer Abstammung. 80 % der Bewohner Dubais sind Ausländer, also Gastarbeiter, genannt „Expatriates" oder kurz „Expats". Die Mehrheit davon (ca. 70 %) sind Inder, der Rest Pakistani, Bangladeshi, Philipini u. ä. sowie 8.000 Deutsche. Emiratis (20 %) sind also eine schützenswerte, weil auch – nach unserer bisherigen Erfahrung – liebenswürdige Spezies (Artenschutz!). Zu Verteilung und Alterspyramide sei hier der Zensus von 2005 zitiert:

männl. Bevölkerung: 74,86 %
weibl. Bevölkerung: 25,14 %

30-34 Jahre alt sind 19,42 %
25-29 Jahre alt sind 19,40 %
35-39 Jahre alt sind 14,83 %

Anmerkung: Der Männerüberschuß entsteht dadurch, daß nur Gastarbeiter ab einem monatl. Einkommen von 3.000 Dirhams (ca. 600,00 Euro) ihre Familien nachkommen lassen dürfen; die vielen, zumeist indischen Arbeiter verdienen aber weitaus weniger. Bei einem Einkommen unter 3.000 Dirhams ließe sich in den VAE auch auf keinen Fall das Leben einer ganzen Familie finanzieren, in den Herkunftsländern reicht es dagegen für den Unterhalt aus.

Laut Prognose soll sich die Einwohnerzahl von z. Zt. 1,3 Millionen bis zum Jahr 2010 verdoppeln! Dubai wird also absehbar eine Baustelle bleiben: Noch mehr Wohnungen, Büros und Straßen müssen gebaut werden. Da der Verkehr bereits jetzt alle Maße sprengt, ist geplant, bis 2010 ein U-Bahn-Netz entstehen zu lassen. *(Anmerkung: 2009 wurden tatsächlich bereits die ersten Strecken befahren!)* Auch das Bussystem wird weiter ausgebaut; das erste AC-gekühlte Bus-Wartehäuschen ist gerade eröffnet worden – sehr schick! Mit Ausnahme der Busse wird der ganze öffentliche Verkehr durch Taxis bewältigt. Man muß aber damit rechnen, daß manche Fahrer landes- und sprachunkundig sind. Als Fußgänger hat man es etwas schwer, aber auch da soll mit einem neuen Programm Abhilfe durch den Bau von Ampeln und Fußgängerunter/ überführungen geschaffen werden, ebenfalls teilweise AC-gekühlt. Traditionell geht man hier nicht zu Fuß (was im Sommer auch verständlich ist); angesichts der verstopften Straßen sollen die Autofahrer jetzt aber dazu bewogen werden zu Fuß zu gehen.

10stöckige Häuser kommen uns inzwischen angesichts der allgemeinen Höhenentwicklung ziemlich „normal" (d.h. „klein") vor; man paßt sein Gefühl den Größenverhältnissen an. Der „Burj Dubai" *(später in Burj Khalifa umbenannt)*, der noch in Bau ist, wird den berühmten „Burj Al

Arab" nach Fertigstellung weit überragen und dann das höchste Gebäude der Welt sein. Der „Burj Al Arab" ist 321 m hoch, der „Burj Dubai" ist dagegen schon bei 329 m angelangt und soll laut Zeitungsmeldung am Ende eine Höhe von ca. 808 m erreichen, mit ca. 160 Stockwerken! Ob man dort oben eine Atemmaske benötigt, ob es schneit und man an den Fenstern Eis kratzen muß? (*Nach der Fertigstellung ist er tatsächlich 828m hoch geworden*) Ich kann den „Burj Dubai" von der Skywalk-Bridge unseres Hotels aus sehen, in einer Linie mit den Wolkenkratzern an der Jumeirah Beach; jeder Wolkenkratzer künstlerisch gestaltet. Manchmal legen sich Wolken wie in leichter Umarmung um ihre Bäuche, was die Unwirklichkeit der Szenerie noch erhöht.

Aber wir schauen natürlich – obwohl es sehr dazu verführt – nicht immer in den Himmel, denn auch am Boden kann man für ein Wüstenland erstaunliches entdecken: Üppige Blumenrabatten, Palmenalleen, herrlich angelegte Parks und Golf-Parcours sowie weite Rasenflächen bedecken den Wüstensand; alles sehr gepflegt! Wenn der Beschluß zu einem neuen Projekt (ob Grünanlage, Hochhaus, Mall oder ganzer Stadtteil, ob Straße, Brücke oder neuer Flughafen) gefaßt ist, so kann man fast sicher sein, daß am nächsten Tag bereits der erste Spatenstich erfolgt und im festgelegten Zeitraum das Projekt abgeschlossen ist. Die Landkarten veralten hier schnell! Und hier komme ich auch wieder zu uns: Unser emiratischer Freund, der uns bereits in Deutschland Hilfe bei der Wohnungssuche versprach, zeigte uns solch ein neues Projekt, einen vollständig neuer Stadtteil in der Stadt, der am Creek, in der Nähe von Gerhards Arbeitsstätte am Flughafen entsteht: Ein arabischer Traum aus Tausend und einer Nacht!! Dieser Versuchung konnten wir nicht widerstehen – wir haben uns für eine Wohnung registrieren lassen! Allerdings ist sie noch im Bau, und wir werden bis Mai warten müssen (unser Container im Hafen auch). Wenn dieser arabische Traum wahr wird, dann werden wir mehr berichten. Ihr wißt ja (hoffentlich) noch aus Kindertagen, daß die Abendgeschichte an der spannendsten Stelle immer aufhört...

Dubai ist eine Stadt der Superlative! Hinter jedem neuen Projekt scheint der Anspruch zu stehen, den Rekord von gestern mit einem Rekord von heute zu brechen. Wir halten zuweilen den Atem an und fragen uns:

„Wissen sie, was sie tun?" Ist nicht letztendlich alles eine Fee Morgana in der Wüste, die sich, wenn wir auf sie zugehen und sie zu (be)greifen versuchen, in Nichts auflöst, in stille, weite Wüstenstrände? ... und der Geist aus Aladins Wunderflasche verschwindet mit Gelächter in den Weiten der Rub Al-Khali? – Hier müssen wir wohl noch etwas kindliche Gläubigkeit in unserem westlich geschulten, skeptischen und ewig zweifelndem Geist entstehen lassen – die Begeisterung der Araber ist ansteckend! Wird sie uns infizieren?

Wenn diese Welt Bestand hat, dann wird sie ein Beispiel, ein Vorbild für die ganze arabische Welt sein! In wirtschaftlicher Hinsicht ist sie das heute schon. Die anderen arabischen Staaten, zumindest soweit sie die finanziellen Ressourcen besitzen, haben es nur noch nicht begriffen. Ich hoffe, d. h. ich bin zuversichtlich, daß es uns in den kommenden Jahren gelingen wird, einen tieferen Blick in diese Welt zu tun, um zu verstehen, wie sie funktioniert, ob sie eine feste Gründung hat. Wir wünschen es den Emiratis, denn Dubai hat bei all seinen Widersprüchen (auch im sozialen Bereich, auf den wir heute nicht eingegangen sind, weil wir dazu mehr wissen müssen) eine romantische Seite: Die schimmernden Wolkenkratzer im Hintergrund, die beleuchteten Dhows, die schimmernd in der Dunkelheit über das Wasser des Creeks gleiten. Es sind Kinder-träume, die zur Wirklichkeit werden. Kinderträume, wenn sie von Erwachsenen geträumt werden, haben einen Preis. Welches ist der Preis, den die Emiratis für ihren Traum zahlen oder in Zukunft zahlen werden?

Wir wünschen Euch allen weihnachtliche Stimmungen und die Erfüllung Eurer Träume im Neuen Jahr! Zumindest eines Traumes, denn man soll nicht vermessen sein, sagen wir als deutsche Skeptiker seit Kant und Nietzsche – „Die Erfüllung aller Träume", würde allerdings unser emiratischer Freund Ahmed sagen, der erlebt hat, daß Wunder wahr werden können... Also, sucht es Euch aus!

Bis nächstes Jahr,
Regina

3. Bericht aus Dubai
Ostern 2007

Ahlan wa sahlan! Willkommen liebe Freunde und Verwandte
zu einem kleinen Bericht über die soziale Lage Dubais –
und etwas zu unserem Umzug ins neue Heim.

Wir sind dem Lärm und den Autoabgaswolken des dicht besiedelten
„Deira", der alten Innenstadt Dubais, entronnen und in die „Dubai
Festival City" eingezogen, ein neu entstehender Stadtteil Dubais,
ebenfalls am Creek gelegen. „Dubai Festival City is a world class
waterfront lifestyle resort that has been designed to capture the ground
breaking 21st century spirit in Dubai", so die Eingangsbeschreibung in
einer der aufwendig hergestellten Broschüren. Und es ist in der Tat
aufregend zu erleben, wie sozusagen über Nacht ein ganzer Stadtteil neu
entsteht, mit Villen und Wohnungen, Schulen und Geschäften, Golfplatz,
Parkanlagen und Creek-Promenade. Man hat den Eindruck, Architekten
und Landschaftsplanern ist Spielraum gegeben worden, auf der ganzen
Klaviatur ihres Könnens und ihrer Phantasie zu spielen: Bauten in
mediterranem und altarabischem Stil, Grünanlagen wie Lennésche
Landschaftsgärten (wer Potsdam kennt, weiß, was das bedeutet), jedoch
zusätzlich mit Amphitheatern, Wasserfällen und „Wüstengärten"
ausgestattet. In der vor kurzem eröffneten „Waterfront Festival City"
erlebten wir in einer verglasten Halle eine Wasserorgel, deren Fontänen
die klassische Musik eines kleinen Geigen-Ensembles (arabische junge
Frauen!) bildhaft werden ließen. Im Einkaufzentrum kann man ganz
prosaisch den IKEA-Elch trapsen hören und arabischen Familien beim
Lachsessen zuschauen. Wie Ihr an dieser Stelle bemerken werdet: Wir
sind fasziniert!

Vor allen Dingen: Mein Atelier ist wieder eingerichtet, wenn auch das
Umzugsunternehmen außer unseren Gewürzen und Tee-Sorten ein paar
wichtige Zutaten für meine Künste weggeworfen hat, vor allen Dingen
den eigentlich ökologisch zu nennenden Pinselreiniger, den ich jetzt
irgendwie aus Deutschland wieder einführen muß.... Zwei fleißige und

fröhliche junge Frauen aus Sri Lanka (Buddhistin u. Christin) putzen zweimal pro Woche unsere 180 qm Wohnung und mussten schon viel über mich kichern, da ich anscheinend keine Ahnung von der Wissenschaft des Putzens habe. Die Buddhistin leitet das kleine Unternehmen selbständig und die Christin, da sie nur wenige Worte Englisch beherrscht, hat dafür die Aufgabe, am Monatsende das erwirtschaftete Geld einzunehmen. Daher nannte ich die eine den „Prime Minister" und die andere ihren „Finance Minister" (was wieder Kichern auslöste). Nachdem ich anfangs noch eine „House-maid" für überflüssig hielt, war ich nach einigen Frühjahrssand- bzw. -staubstürmen und bei einer Fläche von 180 qm schnell vom Gegenteil zu überzeugen.

Nur mit der Post, damit hapert es noch allenthalben: Ein Postamt gibt es auf dieser Seite des Creek nur in Deira, P.O. Boxes (Postfächer) sind noch nicht eingerichtet, Briefkästen kennt man hier nicht, aber Briefmarken gibt es immerhin im Schreibwarengeschäft. Post und andere Sendungen werden innerhalb Dubais von privaten Kurierdiensten verteilt. Die „berittenen Kuriere" – nein, nicht doch! Sie benutzen keine Kamele sondern kleine Kawasaki-Motorräder – rasen kreuz und quer durch den dichten Verkehr ihrem Ziel entgegen. Es sind richtige Artisten, die jederzeit als „Stuntmen" engagiert werden könnten. Jeder Fahrer hat auf dem Rücksitz einen großen Pappkarton, in dem das Postgut verstaut ist. Sie haben jeweils feste Bezirke, in denen sie sich auskennen. Wenn einmal außerhalb ihres Reviers eingesetzt, irren sie umher, als seien sie gerade erst in Dubai angekommen. Im Büro der Kurierdienste möchte man zusammen mit dem Auftrag möglichst auch die Mobile-Nummer des Empfängers wissen, damit dieser dann den Kurier notfalls per Mobilfunk zu sich fernsteuern kann. Der Kurier rast dann, an einem Ohr das Mobile (bei uns „Handy"), Pkws, Busse und Lastwagen links und rechts überholend, auf den Postempfängerlotsen zu.

Bis auf die Hauptstraßen und Plätze sind alle anderen Straßen, wie im amerikanischen System, nur nummeriert. Zu einem Arzttermin o.ä. (pünktlich!) zu kommen, ist aus diesem Stadtteil noch schwierig, wenn man kein eigenes Auto hat – denn wo finde ich ein Taxi und vor allen Dingen wann..... Dann ist es hilfreich, einen Ehemann zu haben, der gerade frei hat. Die Telefonleitung in unserer Wohnung liegt jetzt, der

Anschluß muß „nur" noch installiert werden. Der Internetanschluß soll in wenigen Wochen kommen, inschallah. Die dafür zuständigen Techniker des hiesigen „Etisalat" (bei uns: Telekom) flitzen wohl auch schon wie die Kuriere von einem neuen Stadtteil in den anderen.

Andererseits ist es erstaunlich, was die Emiratis innerhalb von 40 Jahren auf die Beine gestellt haben: Aus einem verschlafenen kleinen Fischerort ist eine boomende Großstadt (1.4 Mio) mit einer erstaunlich gut funktionierenden Infrastruktur und enormer Aufbauleistung geworden. Es gibt zwar die üblichen Klagen über den sprunghaft zunehmenden Verkehr (30% Zunahme in einem Jahr durch den Bevölkerungszuwachs), aber der ist nicht schlimmer als in München oder Hamburg, und es werden große Anstrengungen unternommen, im Ausbau der Infrastruktur mit dem Wachstum Schritt zu halten. Der Aufbau eines öffentlichen Verkehrssystem ist in Angriff genommen worden, die Metro-Trasse bohrt sich gerade unter Innenstadt und Creek hindurch (Fertigstellung 2009), eine neue Busflotte ist zu der alten hinzugekommen, die beiden Creek-Brücken zwischen den Stadtteilen Deira und Bur Dubai werden ausgebaut und eine weitere, die Al Khor Brücke, ist schon teilweise freigegeben, auch ein neuer Flughafen ist im Entstehen. Wie viel Zeit für eine solche Entwicklung hatten da Städte wie München oder New York...

Man sage nicht, daß nur die Öldollars das alles ermöglicht haben. Anfangs sicherlich! Aber derzeit stammen nur noch 15 % des Bruttosozialprodukts Dubais aus dem Ölgeschäft. 85 % sind davon unabhängig! Der Zukunftsplan sieht vor, daß in 5 Jahren nur noch 5 % vom Öl abhängen.

In dem im Februar der Öffentlichkeit vorgestellten „Dubai Strategic Plan 2007-2015" hat Sheikh Mohammed bin Rashid Al Maktoum, Vize-Präsident und Premierminister der V.A.E. sowie Herrscher von Dubai, ein paar bemerkenswerte Sätze gesagt:

„The grace of God coupled with effective policies and dedicated people, have made the UAE one of the safest countries in the world and Dubai one of the safest cities". („Die Gnade Gottes in Verbindung mit wirksamen politischen Richtlinien und engagierten Menschen haben die VAE zu einem der sichersten Länder der Welt und Dubai zu einer der

sichersten Städte gemacht."

"I depend on God first and foremost, and then on the brain and brawn of the children of this nation, to them I entrust much and from them I expect much." ("In erster Linie vertraue ich auf Gott und dann auf den Verstand und die Kraft der Kinder dieser Nation, ihnen vertraue ich viel an und von ihnen erwarte ich viel.")

Vielleicht fällt es Euch auch auf: Er bezieht sich nicht allein auf die Macht Gottes, sondern auch auf Verstand und Können der Menschen; Äußerungen, die ich, von einem moslemischen Herrscher in einem moslemischen Land öffentlich geäußert, für bemerkenswert halte! Ich möchte ihn einen aufgeklärten Monarchen nennen, der dieses Land schrittweise, aber deutlich in die Funktionsweisen einer Demokratie einführt und damit das Chaos vermeidet, das unweigerlich durch einen abrupten Wechsel von einem Alleinherrscher- oder Einparteiensystem in ein demokratisches System ausbricht. (Wir alle kennen die Beispiele der Gegenwart.)

1. Die Emiratis als Minderheit im eigenen Land

Ich bin immer wieder überrascht, mit welcher Freundlichkeit und Höflichkeit wir als Ausländer von den Emiratis behandelt werden, obwohl sie erleben müssen, wie das Alltagsleben von den Ausländern (80%) geprägt wird, was normalerweise Abwehrreaktionen erwarten ließe. In Berlin kann man ja beobachten, wie eine Mehrheit bereits auf eine weitaus geringere aber erstarkende Minderheit reagiert. Obwohl man dazu sagen muß, hier liefe ohne die Ausländer gar nichts, in Berlin dagegen schon.

Bei aufmerksamer Zeitungslektüre stellte ich jedoch fest, daß auch hier ähnliche Besorgnisse gegenüber der Mehrheitsbevölkerung bestehen wie in Deutschland gegenüber der Minderheitsbevölkerung, nämlich die Sorge des Verlusts der eigenen Tradition, Sprache und Werte. Es wird dazu aufgerufen, die kulturellen Eigenheiten zu pflegen und der jungen Generation zu vermitteln. Die traditionellen Beduinentänze werden wieder gelehrt und aufgeführt, Falkenzucht und –jagd werden gepflegt, Familien verbringen ihre Freizeit in der Wüste, um ihren Kindern zu zeigen, wie das Leben ihrer Vorfahren einst war, jede Stadt hat inzwischen ihr „Heritage Village", in dem man das frühere dörfliche Leben nachvollziehen kann. In den amerikanischen, englischen oder deutschen (Privat-)Schulen ist Arabisch Pflichtfach. Viele arabische Familien schicken ihre Kinder auf diese Schulen, um ihnen die bestmögliche Ausbildung, bes. bezüglich der Englischkenntnisse, mit auf den Weg zu geben. Aber es ist auch wichtig, daß sie gut in Orthographie und Grammatik ihrer Muttersprache ausgebildet werden; und für die ausländischen Kinder ist es wichtig, die Sprache ihres Gastlandes zu lernen. Das entfacht natürlich eine Diskussion über den Standard der staatlichen Schulen, deren Niveau bemängelt wird.

Trotz dieser Besorgnisse, die offen in den Zeitungen diskutiert werden, dürfen Fremdgläubige ihre Religion ausüben (es gibt nicht nur christl. Kirchen, sondern ich habe auch von einem Hindu-Tempel gehört); die Vorschriften der Scharia bezüglich Alkohol, Ehebruch oder außerehelichen Verkehr werden nur bei öffentlicher Auffälligkeit oder Anzeige geahndet: es wird nicht kontrolliert; es gibt keine Bewegungseinschränkungen oder Kleidervorschriften, die durchgesetzt werden.

Anm.: Für einen Moslem hat es unangenehme Folgen, wenn er alkoholisiert auffällt. Er bekommt nicht nur eine Gefängnisstrafe, sondern auch noch 80 Stockschläge, denn für einen Moslem ist Alkoholgenuß grundsätzlich verboten. Einem Expatriate passiert gar nichts, wenn er eine Lizenz hat (die er beantragen kann). Sollte er allerdings keine haben, dann droht ihm evtl. eine Gefängnisstrafe und anschließend Landesverweis. Er bekommt aber keine Stockschläge! (Ich habe unseren ägyptischen, moslemischen Freund, der ein ausgesprochener Weinliebhaber ist, schon des Öfteren gewarnt. Er will aber nicht auf mich hören...)

2.   **Lage der Frauen**

Ich möchte es hier noch einmal ganz deutlich sagen: Es gibt keine Unterdrückung der Frauen, wie man sie aus anderen moslemischen Staaten kennt! Im Gegenteil, die Frauen werden von höchster Stelle aufgefordert, eine Ausbildung zu machen und einen Beruf zu ergreifen. Wie in Deutschland bemüht man sich auch hier, sie für technische Berufe zu interessieren. Man findet arabische Frauen in allen Bereichen: als Bankkauffrau, als Pilotin, als Ingenieurin, als Lehrerin, als Offizierin beim Militär, als Journalistin, als Ministerin. Wie in Deutschland auch, stellt man fest, daß die Mädchen den Jungen in ihren Abschlüssen voraus sind. Sheikh Mohammed sagt ausdrücklich (frei zitiert): *Wir können nicht auf die Hälfte unserer Einwohner verzichten, wir brauchen sie alle, und zwar möglichst gut ausgebildet!* (Anm.: Darauf wies übrigens auch Bill Gates anlässlich seines kürzlichen Besuchs in Saudi-Arabien hin, wo die Verhältnisse noch ganz anders sind.) Um ein paar Zahlen zu nennen: 77 % der emiratischen Mädchen sind in „higher education programmes" eingeschrieben; die emiratischen Frauen stellen 22.4 % der Arbeitskräfte in den UAE; 66 % haben Regierungsstellen inne, davon die Hälfte in führenden Positionen. Im „Federal National Council", dem höchsten Gremium des Landes, sind 9 von 40 Plätze von Frauen besetzt, und 2 Frauen haben Ministerposten inne.

In der **Emirates Today** las ich gerade einen Bericht über 20 Studentinnen der Elektrotechnik, deren größter Wunsch ein Studienaufenthalt in Japan war. Anläßlich einer Ausstellung im Handelszentrum von Dubai erwähnten sie diesen Wunsch in einem Gespräch mit Sheikh Mohammed. Das Ergebnis dieses Gespräches: Sheikh Mohammed finanziert allen 20 Studentinnen den ersehnten Studienaufenthalt, was meines Erachtens zeigt, daß er es ernst meint mit seinen Worten!

Das Arbeitsgesetz legt in Art. 33 fest, daß Frauen für die gleiche Arbeit den gleichen Lohn wie Männer erhalten müssen, daß keine Frau in Bezug auf ihr Recht auf Arbeit und Arbeitsplatzsicherheit diskriminiert werden darf und die gleichen Bedingungen wie ein Mann erhalten muß. Es ist nicht erlaubt, sie aus Gründen von Verheiratung, Schwangerschaft, Geburt oder Mutterstatus zu entlassen.

Man muß hierzu aber auch anmerken, daß manche Frauen der emiratischen Oberschicht (ich kann nichts über die Anzahl sagen) aus eigenem Entschluß keinem Beruf nachgehen, „*weil sie es nicht nötig haben*". (Dies erinnert mich an die Zeit meiner Großeltern, als ein Vater stolz war, wenn er sagen konnte: „*Meine Tochter (oder Frau) hat es nicht nötig arbeiten zu gehen!*" Eine Arbeitertochter hatte da keine Wahl; die Not der Lage zwang sie zur Arbeit.)

Die emiratische Frau tritt mit oder ohne Abaya (schwarzer traditioneller Umhang) bzw. Naqib (Vollschleier) sehr selbstbewusst, um nicht zu sagen stolz auf! Allein schon ihr Gang und ihre Haltung dokumentieren, daß sie sich keinesfalls unterdrückt fühlt und sich ihres eigenen Wertes bewusst ist. Wenn sie eine Abaya oder zusätzlich einen Naqib trägt, so kann das auf eine traditionelle Familie hinweisen, aber auch darauf, daß sie selbst Wert darauf legt oder sich von der Menge der ausländischen Frauen abgrenzen will. Sie drückt damit ihren besonderen Status aus! Wir haben von Fällen gehört, in denen der Ehemann es durchaus akzeptieren würde, wenn seine Frau ohne traditionelle Bekleidung in die Öffentlichkeit ginge, sie selbst aber darauf besteht. (An manchen Orten sehe ich einen arabischen Mann in Jeans, T-Shirt und Sandalen hinter seiner in eleganter Abaya und mit Vollschleier gewandeten Frau „einher schlurfen".)

Als sich bei den Parlamentswahlen 2006 mehrere Frauen als Kandidatinnen aufstellten, waren es gerade die Männer, die dies förderten und dann sehr enttäuscht waren, daß nur eine Frau aus Dubai in das Parlament in Abu Dhabi gewählt wurde.

Wozu eine Abaya/Niqab auch gut sein kann, wurde mir klar, als ich einen Zeitungsartikel mit der Überschrift „*Don't use your niqab as an excuse to break the law!*" las. In diesem Artikel wurde das Problem besprochen, daß manche Frauen sich unter einem Niqab verbergen, um z.B. unerkannt ohne Führerschein zu fahren; in einem Fall wurde ein 14jähriger männl. Emirati gefasst, der unter einem Niqab verborgen am Lenkrad saß. Die Polizei weist darauf hin, daß das Tragen eines Vollschleiers keine religiöse Vorschrift, sondern nur soziale Norm in einigen Familien sei. Der Leiter der Verkehrsbehörde bemerkte dazu: „*Women should unveil their faces and not obstruct police officers who try to establish their identity*".

Auf dem **Dubai Women's College** wurden Ende letzten Jahres 22 Schulmädchen für das laufende Schulsemester suspendiert, weil sie sich weigerten am Sportunterricht teilzunehmen. Der Sportunterricht umfasst Yoga, Aerobic, Schwimmen und Mannschaftssport. Es wurden traditionelle und religiöse Gründe, aber auch die mangelnde Einsicht vorgetragen, wozu Sport eigentlich für die beabsichtigte spätere

Berufsausübung notwendig sein solle. An der Suspendierung hat die Argumentation nichts geändert.

Ein interessantes Problem, das sich für Mann und Frau in dieser Gesellschaft aus den technischen Errungenschaften der Moderne ergibt, konnte ich vor einiger Zeit in der Zeitung verfolgen, nämlich die Frage: Kann man sich per SMS scheiden lassen!? Das Problem wurde das erste Mal vor 5 Jahren aktuell, als ein solcher Fall einer sog. „digitalen Scheidung" vor dem Gericht in Dubai verhandelt wurde, und daraufhin auch andere Fälle einer *„instant divorce notice via text message"* bekannt wurden. Nach der Scharia ist eine Scheidung vollzogen, wenn der scheidungswillige Mann gegenüber seiner Ehepartnerin dreimal das Wort *talaq*, was den Scheidungswillen ausdrückt, ausgesprochen hat. Eine lebhafte Diskussion zwischen den Schriftgelehrten folgte! Man war sich dann aber einig, daß eine SMS zwar die Scheidungsabsicht ausdrücken kann, zur Legalisierung der Scheidung aber das Scharia-Gericht zwingend einbezogen und Öffentlichkeit hergestellt werden muß. Das Gesetz schreibt zudem eine mehrmonatige Trennungsphase vor, bevor die Scheidung legalisiert werden kann. In dieser Zeit können Bemühungen unternommen werden, die Ehe noch zu retten (Anm.: Es gibt inzwischen ein Programm für Eheberatung, initiiert von der *Dubai Women's Association,* es existiert aber auch ein „Frauenhaus" auf privater Initiative.). Einen Tag später erschien ein Zeitungsbericht mit Reaktionen von Frauen auf die sog. SMS-Scheidung („*Women not impressed with SMS*"), die sich in Interviews dahingehend äußerten, daß sie solche SMS nicht ernst nehmen bzw. sie für Unsinn halten würden: andere verlangten ein persönliches Gespräch vom Mann oder hielten einen Mann, der seine Scheidungsabsicht über SMS kundtat, schlicht für einen Feigling.

3. **Lage der Arbeiter / Expatriates**
Wo viel Kapital umgesetzt wird, gibt es auch immer die Gefahr von Ausbeutung, was in der Natur einiger Menschen liegt, welcher Nationalität sie auch immer sein mögen. Die Emiratis versuchen, dem mit Gesetzgebung und Einzelmaßnahmen Grenzen zu setzen. Die Masse der Straßen- und Bauarbeiter kommt überwiegend vom indischen Subkontinent, auf dem es viele Menschen und wenig Arbeit gibt (wie mir

Inder berichteten). Sie kommen nach Dubai, um ihre Familien im Heimatland zu unterstützen. Hier leben sie in der Regel in Arbeitercamps (Angestellte auch zu mehreren in einer Wohnung), der Lohn ist gering und sie müssen die Kosten des Arbeitgebers für Flug, Visa- und medizinische Einreisuntersuchungen abbezahlen. Oft bleibt dann kaum etwas zum Leben übrig oder Unternehmen zahlen einfach ein oder mehrere Monate den Lohn nicht aus. Das hatte zur Folge, daß Arbeiter teilweise in die Illegalität abtauchten oder aus Verzweiflung Selbstmord begingen.

Aufgrunddessen und wegen der steigenden Lebenshaltungskosten ist eine Neubestimmung/Revision von Art. 64 des Arbeitsgesetzes im Gespräch, der das Mindesteinkommen und den „cost-of-living-index" für die Bezahlung eines jeden Arbeiters neu festlegt. Gesetzlich festgelegt wurde auch die Verpflichtung des Arbeitgebers, den Lohn regelmäßig in bestimmten Zeitabständen auszuzahlen, womit die Möglichkeit geschaffen wurde, ihn bei Versäumnis zur Verantwortung ziehen zu können. Ein Mindeststandard in Bezug auf Einrichtung und Sicherheitsvorkehrungen in den Arbeitscamps wurde festgesetzt sowie Sicherheitsvorschriften am Bau (also kein Arbeiter barfuß auf dem Gerüst u.ä.). Die Einhaltung dieser Vorschriften wird ohne Voran-kündigung kontrolliert und mehrere Arbeitercamps wurden bereits geschlossen, mit der Auflage an die Unternehmen, den angezeigten Missständen in einer festgesetzten Frist abzuhelfen. Sollten die Unternehmen dem nicht nachkommen, wird ihnen der Entzug der Arbeitserlaubnis angedroht, also Schließung des Unternehmens.

Die neuen, vorgeschlagenen Arbeitsgesetze wurden auch per Internet veröffentlicht und die arbeitende Bevölkerung ist aufgefordert worden, hierzu ihre Kommentare abzugeben.

Demonstrationen bzw. Streiks sind in Dubai verboten. Ich fand es daher sehr bemerkenswert, in der Zeitung zu lesen, daß Straßenarbeiter mit der Forderung nach mehr Lohn ihre Arbeit niederlegten, die Polizei diesen Streik jedoch nicht mit Gewalt auflöste, sondern den Grund erkundete und versprach, die Anliegen der Arbeiter weiterzugeben. Sie hat das wirklich getan! Und es wurde tatsächlich auf die (begründeten) Forderungen eingegangen. Das betroffene Unternehmen wurde abgemahnt, die beklagten Zustände innerhalb einer eng begrenzten Frist zu ändern.

Die Emiratis sorgen sich zudem um die Hygiene in den Wohnungen von Arbeitern und Angestellten und sind sehr um deren „Erziehung" zur Sauberkeit bemüht, die besonders wichtig in den teilweise überbelegten Wohnungen ist. Ich las dann die Klage darüber, daß, kaum hätte man sie einigermaßen zur Hygiene erzogen, bereits wieder neue Arbeiter einziehen würden und man wieder von vorne mit der Erziehung anfangen müsste.

Dazu gehört auch der Umgang mit Müll. Es ist nicht so, wie ich anfangs staunend zu bemerken meinte, daß die Menschen hier sauberer sind. Sauber ist es nur, weil jede Nacht Kolonnen von „Saubermännern" durch die Stadt ziehen, so daß am Morgen wieder alles wie durch Zauberhand glänzen kann. In Deutschland war ich zu der Ansicht gekommen, daß das leichtfertige Abwerfen von Müll (wenn die Cola-Dose leer ist, dann fällt sie eben wie von alleine an den Straßenrand) ein Wohlstands-syndrom wäre. Hier stelle ich fest, es ist wohl auch ein Armutssyndrom, denn es ist die Mehrzahl der Menschen vom indischen Subkontinent, die hier diese Haltung hat. Es ist eine dem Menschen wohl inhärente Eigenschaft, der – wie die Emiratis bemerken – nur mit „Erziehung" abgeholfen werden kann. Eine Sisyphusarbeit, die sie sich da vorgenommen haben!

4.   Rechtswesen

Zum Schluß noch eine, wie ich finde interessante Information zum Rechtswesen, die ich in der *Emirates Today* am 13. Dez. 2006 anlässlich einer Gefangenen-Amnestie gelesen habe. Nach einer vom Herrscher Dubais erlassenen Direktive und gemäß der *Dubai Holy Quran Award* kann ein Gefangener unter folgenden Bedingungen wieder in Freiheit gelangen:

- Wenn er 5 Abschnitte des Korans auswendig lernt, wird ihm ein Jahr der Strafe erlassen.
- Bei 3 Abschnitten werden ihm 6 Monate erlassen.
- Bei 10 Abschnitten wird seine Strafe um 5 Jahre verkürzt.
- Bei 15 Abschnitten wird seine Strafe um 7,5 Jahre verkürzt.
- Wenn er den ganzen Koran auswendig lernt, werden ihm 20 Jahre erlassen.

Vielleicht hatte Scheich Mohammed beim Erlaß dieser Direktive ja die Sure 18 des Korans im Sinn:

Vers 2. *Aller Preis gehört Allah, der zu seinem Diener das Buch herabsandte und nichts Krummes darein legte –*

Vers 3. *Als Wegweiser (auch: Wächter), damit es strenge Strafen von Ihm androhe und den Gläubigen, die gute Werke tun, die frohe Botschaft bringt, daß ihnen ein schöner Lohn wird.*

Und vielleicht wäre das ja auch ein Vorschlag für deutsche Gefängnisse – als Resozialisierungsmaßnahme... Auch die Bibel könnte hier durchaus im ähnlichen Sinn herangezogen werden, wenn man das Bibelstudium als ein „Opfer" betrachtet, z.B. mit Mose 1, 8. Kapital:

Vers 21. *Und der Herr roch den lieblichen Geruch (Noahs Brandopfer) und sprach in seinem Herzen: Ich will hinfort nicht mehr die Erde verfluchen um der Menschen willen; denn das Dichten des menschlichen Herzens ist böse von Jugend auf. Und ich will hinfort nicht mehr schlagen alles, was da lebt, wie ich getan habe.*

Ein Bibelstudium wäre bestimmt nützlicher als Bild-Zeitung oder Playboy lesen! Noch nützlicher könnte ein solches Studium allerdings schon im zarten Jugendalter sein, denn schon in den Sprüchen Salomons, 1. Kapitel, Vers 10, kann man die Mahnung lesen: „*Mein Kind, wenn dich die bösen Buben locken, so folge nicht.*" Was wäre uns nicht alles erspart geblieben, wenn Adam und Eva bereits die Bibel hätten studieren können!

Doch da mein Fachgebiet die Psychologie und nicht theologische Exegese oder Rechtswesen ist, habe ich das Glück, mir hierüber keine weiteren Gedanken machen zu müssen. Ich hoffe, Ihr verzeiht mir diesen kleinen Abstecher, da meine Urmutter Eva* heißt, konnte ich der Versuchung einfach nicht widerstehen.

Ma´a salama, bis zum nächsten Mal,
Regina

* Wie mir übrigens vor fast 30 Jahren in Saudi-Arabien von Arabern erzählt wurde, liegt das Grab von Eva in der Nähe von Jeddah. Sie beschrieben mir auch die Beschaffenheit des Grabes. Bis zur Zerstörung der Grabstelle durch die Wahhabiten, war es noch Ziel von arabischen Pilgern. (Wahrheit oder Legende?)

4. Bericht aus Dubai
Juli 2007

Ahlan wa sahlan, liebe Freunde und Verwandte,
hier ist der Sommerbericht aus Dubai!

Stellt die Wasserpfeife bereit, vergesst nicht den Kardamon in Eurem (natürlich arabischen) Kaffee und gönnt Euch eine vergnügliche Lesestunde am heimischen Herdfeuer…

1.   Allgemein
Die roten Blüten des Flammen-Baums (flame-tree) sind verblüht und der Sommer ist ins Land gekommen mit heißem Atem aus der Rub al-Khali und feuchten Nebelumhängen vom Arabischen Golf. Bevor er uns erreichte, begegneten wir immer wieder der mit bedeutungsvollem Ausdruck gestellten Frage: „Haben Sie schon einmal einen Sommer in Dubai erlebt?" „Nein?" Ungläubig: „….und Sie fahren nicht in Urlaub??" Der Sommer wird in Dubai so erlebt, wie in Deutschland der Winter: Man spricht hier vom „Summer Blues", wie dort vom „Winter Blues", was in beiden Fällen auf einen Vitamin D Mangel hinweist, in dem einen Fall wegen zu viel Sonne, in dem anderen wegen zu wenig Sonne. Nun, es ist Sommer – und wir leben noch. Ausflüge in die Wüste oder Spaziergänge machen wir bei Tagestemperaturen um 40° Celsius nun keine mehr. Aber wenn möglich nehmen wir am Morgen oder am Abend auf dem Balkon eine „Vitamin-D-Dusche" oder gehen nebenan ins Schwimmbad, wenn Gerhard einen freien Tag hat. Also, einen „Summer Blues" haben wir noch nicht bekommen!

Das Leben hier ist für uns Alltag geworden. Was uns zu Anfang als ungewöhnlich und bemerkenswert auffiel, fällt uns jetzt nicht mehr auf, es ist „normal", eben alltäglich geworden. Darum ist es so wichtig, die ersten Eindrücke festzuhalten, weil sich danach das Bild verändert, es differenziert sich zunehmend.

Bei dieser Gelegenheit möchte ich daran erinnern, daß alles natürlich ganz durch meine persönliche „Brille" wahrgenommen und interpretiert wird. Ein anderer Brillenmensch würde meine Beobachtungen vielleicht etwas anders bewerten, er würde vielleicht auch andere Dinge als beachtenswert auswählen oder sich in ganz anderen Bereichen als ich bewegen. Ich kann z.B. nichts über das Nachtleben Dubais sagen. Ich kenne es nur aus (deutschen) Medienberichten. Auch besuchen wir das hiesige „Gym" nicht (Folterwerkstätte für Leibesertüchtigung), wo bestimmt reichlich Informationen ausgetauscht werden. Der Blick ist ja stets getrübt oder aufgeklärt durch eigene Antriebe, Kenntnisse, Erfahrungen und Wissensbestände.

Zudem lebe ich zurzeit relativ zurückgezogen, denn ich verbringe die heißen Sommertage mit Arbeit im Atelier. Im Unterschied zu Gerhard verstehe ich deshalb immer noch nicht das Urdu-, Farsi-, Punjabi- oder Texas-Englisch. Der Kontaktbereich erstreckt sich vorrangig auf Expats, also die Inder, Asiaten, Chinesen etc. im Dienstleistungsbereich und ein paar Expats aus dem Westen. Obwohl wir in das Glück haben, „Nationals" zu kennen, ist es nicht möglich, diesen Kontakt auf deren Familien zu erweitern. Die Emiratis sind in dieser Beziehung äußerst zurückhaltend, obwohl ich wegen der weitgehenden Säkularisierung etwas anderes erwartet hatte. In Saudi-Arabien hatte ich vor 30 Jahre familiäre Kontakte zu arabischen Familien, obwohl sich manch einer sagen lassen musste: „Wie kannst Du nur mit Christen (*Nasranis*) befreundet sein!" (siehe hierzu Sure 5, Vers 52 u. 61)

2. **Vor Sommeranbruch**

Bevor der Sommer über uns hereinbrach, haben wir noch ein paar Ausflüge unternommen, wie Ihr auch an den Bildern im Photoalbum sehen könnt. Nachdem wir Al-Ain („die Perle") bereits besucht hatten, sind wir nach Hatta, einer alten Palmenoase mit restauriertem Fort, Heritage-Village und türkisfarbenem Stausee im Hajar-Gebirge gefahren. Was mir im Heritage-Village auffiel: Gegenstände, die ich aus Saudi-Arabien noch vom alltäglichen Gebrauch her kenne, sind hier zu

Ausstellungsstücken im Museum geworden!

Zwei Fahrten nach Fujairah führten uns durch das Hajar-Gebirge bis an den Indischen Ozean: großartige, 100 km lange Uferpromenaden, herrliche Strände – und ganz leer! Nur ein paar Fischer mit ihren Booten und Netzen! Prächtige Wochenend-Villen reicher Emiratis. In Kalba haben wir See-Schildkröten beobachtet.

Im Hajar-Gebirge, das bis auf wenige Oasen oder grüne Wadis sehr kahl ist, sind neue Dörfer gebaut worden, die bei unserer Rückkehr wie Fata Morganen strahlend weiß vor den dunklen Gebirgswänden leuchteten. Die Regierung hat sie neu aufbauen lassen und den Menschen zur Verfügung gestellt, um der zunehmenden Abwanderung insbes. der jungen Leute entgegen zu wirken. Wir konnten allerdings nicht überprüfen, ob sie auch bewohnt werden!

Zum Abschluß sind wir noch einmal die herrliche Küstenstraße am Arabischen Golf in den Oman gefahren, bis zur Straße von Hormuz. Auch hier: einsame wunderschöne Strände, malerische Orte, restaurierte Forts – und sehr nette omanische Grenzer, von denen einer uns auf Deutsch begrüßte.

3. **Malls**

Wir sind zwar keine Anhänger des „Shopping-Kultes" und auch resistent gegen Kaufräusche, doch wäre Dubai nicht vollständig beschrieben, wenn man die Malls übergehen würde. Es gibt einerseits Malls für den „Hausgebrauch" wie das City Centre in Deira, andererseits aber auch Malls, die wegen ihrer originellen und ästhetischen Gestaltung bemerkenswert sind.

Die Mall unserer Wohnanlage, das „Festival Waterfront Centre", ist noch im Entstehen. Neben den Geschäften und Restaurants ist inzwischen aber der „Canal Walk" fertig gestellt worden, der Hafen mit Hafenpromenade und Cafés soll Ende Juli eröffnet werden. Um einmal ein Beispiel zu geben, was eine solche Mall alles beinhaltet, zitiere ich hier in freier Übersetzung aus einer Broschüre des emiratischen Bauherrn (einer der reichsten Männer Dubais):

- 241.544 qm zu pachtende Einzelhandelsflächen

- über 550 Geschäfte u. Dienstleistungen
- über 90 internationale Restaurants
- 20 internationale Markengeschäfte (Designer)
- Canal Walk mit über 40 Restaurants u. Cafés sowie Wassertaxen
- 2 Wasserfront Pavilions
- über 13.000 Parkplätze
- Wasserfront-Promenade mit Kiosks und Cafés
- ein Hafen im mediterranen Stil mit 150 Liegeplätzen für Yachten
- "Festival Power Centre" mit IKEA, HyperPanda (Supermarkt)
- ACE (Gartencenter) und Plug-Ins ElectroniX (Elektro- und Elektronikartikel)
- ein 6.968 qm großes Kino mit 12 Leinwänden
- 4 Hotels: InterContinental, Crowne Plaza, Four Seasons, W Hotels
- ein 4.459 qm großes State of the Art Veranstaltungszentrum
- Festival Tower (Hochhaus) mit über 46.450 qm Büroflächen

Ich denke, diese Aufzählung spricht für sich selbst.

Mall of the Emirates: Diese Mall ist wahrscheinlich jedem von Euch durch ihr „Skiparadies" bekannt, das jetzt im Sommer eifrig frequentiert wird. Man kann sich die Winterausrüstung komplett ausleihen und dann am Abhang seine Übungen für die Alpen absolvieren. Auch Kurse werden angeboten. Durch große Panoramafenster kann der Mall-Besucher die vergnügte Ski- und Snowboard-Gesellschaft oder auch die Kinder bei der Schneeballschlacht beobachten.

Wafi Mall: Diese Mall zeichnet sich durch ein altägyptisches Ambiente mit Pyramidenbauten, Pharaonen-Stelen, mit Hieroglyphen geschmückten Säulen, wunderschönen Mosaikböden und –dächern und Lotus-Treppengeländern aus. Sie ist eine der feinsten und auch teuersten Malls.

Dragon Mall: Diese Mall ist das Gegenstück zur Wafi Mall. Sie wird ausschließlich von Chinesen geleitet, und auch das Personal wie die Waren sind chinesisch. Sie ist nicht „chic", aber ein abenteuerliches Geflecht kleiner Lädchen, die viele Menschen anziehen. Die Mall ist ein riesiges Warenlager, daß sich in der Form eines Drachens über ca. 2 km Länge schlängelt und alles anbietet, von Werkzeugen, Kleidung und Pflanzen, bis zu Elektronikartikeln und (gekonnt) nachgebauten Antikmöbeln. Wenn man etwas in Dubai vergeblich sucht, dann lohnt es sich, in der Dragon Mall nachzuforschen.

Souk Madinat Jumeirah: Diese Mall gegenüber dem Burj Al-Arab ist etwas ganz Besonderes! Sie ist eigentlich keine Mall im Sinne des Wortes, denn sie ist ein im arabischen traditionellen Stil neu erbauter orientalischer Basar, in dessen Labyrinth man sich verirren kann (wir verirren uns immer wieder!) Die überdachten Basargassen wechseln mit kleinen, intimen freien Plätzen, auf und abwärts führenden Stiegen – und plötzlich steht man auf einer Terrasse, Stufen führen zu einer Promenade an einem der Kanäle, die sich durch das ganze Madinat-Viertel ziehen (Hotelanlage u. Konferenzzentrum), unter geschwungenen Brücken hindurch, vorbei an altarabisch gestalteten Häusern, Gärten und Schwimmanlagen. Es gibt eine Vielfalt von Restaurants und Cafés im Souk selbst oder an der Wasserpromenade, wo man Stunden verbringen kann im Anblick einer zauberhaft gestalteten Umgebung, während man an einem phantasievoll kreierten, frisch gepreßten Saft nippt.

Abends oder an Feiertagen bietet das Madinat in seinem Amphitheater oder im sog. Madinat-Theater (dessen schönes Entrée mich allein schon berauschte) durchaus anspruchsvolle Aufführungen, wie z.B. in diesem Jahr „Romeo u. Julia" sowie „Schwanensee" vom russischen Kreml-Ballett. Gerhard und ich, die ausgesprochenen „Shopping-Muffel", kamen in ungeahnte Versuchungen. Hier wurde uns wieder einmal der Ausspruch unseres emiratischen Freundes klar: „In Dubai fällt es schwer zu sparen!" (Er erläuterte das so: Viele kommen mit wenig her, verdienen viel, und gehen wieder, wie sie gekommen sind...)

Ibn Battuta Mall: Diese Mall hat uns neben dem Madinat Jumeirah am meisten beeindruckt. Sie besteht aus 6 miteinander verbundenen einzelnen Malls, die jede für sich eine Reisestation Ibn Battutas, des arabischen Forschers aus dem 14. Jahrhundert, wiedergibt. So „reist" man von Andalusien nach Tunesien, und weiter über Ägypten nach Persien, bis man über Indien schließlich China erreicht und dort, unter chinesischem Himmel, das Segelschiff Ibn Battutas erblickt! Jede Mall hat im Zentrum eine hohe Kuppel mit handgemalten Verzierungen. Der Weg von Mall zu Mall ist als Lehrpfad angelegt, auf dem Informationen über den damaligen arabischen Forschungsstand in Astronomie, Medizin u.a. vermittelt werden. Historische Forschungsinstrumente, Repliken historischer Bücher und Videofilme werden gezeigt. Ach ja, und so nebenbei kann man natürlich Designerkleidung, Schmuck, Geschirr und vieles andere mehr erstehen – und natürlich, nicht zu vergessen: Nach erschöpfender Wanderung bieten Restaurationen aller Nationalitäten Stärkung oder auch einfach nur einen chinesischen Tee oder einen arabischen Kaffee an.

4.   **Umwelt u. Entwicklung**

Wenn die derzeit geplante Stadtentwicklung abgeschlossen ist, könnte Dubai eine Einwohnerzahl von 11 Millionen Menschen haben, so die Aussage von Dr. Hamid Hattal, dem Senior Experten der Dubai Municipality (Emirates Today, 26/04/2007). Bis 2020 könnten es nach seiner Darstellung bereits 5 Millionen sein. Unvorstellbar, sagten wir, da hat er bestimmt zu hoch gegriffen. In der Gulf News vom 20/07/2007 lesen wir die neuesten Zahlen, die es plötzlich wieder wahrscheinlicher werden lassen: 800 Arbeits- und Residence-Visen werden täglich erteilt; 292.000 neue Residents kommen jährlich nach Dubai; demnach beträgt das Wachstum der Bevölkerung 22.46 % jährlich; die 44.000 neuen Wohneinheiten diesen Jahres wären zu wenig für den Bedarf, was den schon vorhandenen Druck auf den Wohnungsmarkt weiter erhöhen wird. Die Jahresmiete der Wohnung hier in der Festival City, für die wir zuerst eine Option hatten, hat sich innerhalb dieser wenigen Monate für den Interessenten von ca. 145.000 Dirham auf 175.000 Dirham erhöht, das bedeutet eine Erhöhung von ca. 6.000 EURO pro Jahr. Es wird eng für die mittleren Einkommen, wenn zu der Kappung der jährlichen Miet-erhöhungen nicht generelle Obergrenzen für die verschiedenen Wohnsegmente vorgegeben werden. Schon weichen viele in die billigeren angrenzenden Emirate wie Sharjah aus, was wiederum ein höheres Verkehrsaufkommen bedeutet. Aber auch da wird zur Entlastung in rasendem Tempo weitergebaut: Die 12-spurige Business Bay Bridge vor unserer Haustür wurde in ½ Jahr fertig gestellt, die Ponton-Brücke über den Creek im gleichen Zeitraum, im S-Bahn Tunnel unter dem Creek müssen „nur" noch die Rohre verlegt werden, um die beiden Stadtteile Deira und Bur Dubai zu verbinden. Aber auch das wird erfahrungsgemäß nicht lange dauern. Eine Maut auf der Garhoud Bridge und für die am stärksten belastete Sheikh Zayed Straße im Abschnitt der Mall of the Emirates (Abfahrt Baarsha) wird seit dem 1. Juli erhoben.

Um den Verkehr weiterhin zu entlasten, warte ich ja auch auf die Einführung des bereits in der Zeitung angekündigten „islamischen Fahrrads" für Frauen. Es wurde in der „Islamischen Republik Iran" entwickelt, um die Frauen zum Sport zu ermutigen. Es soll eine Kabine besitzen, die die Hälfte des Körpers verbirgt, und ist damit für jede Muslima zu empfehlen. Als Agnostikerin wäre ich vielleicht auch nicht abgeneigt, eine Fahrt zu wagen.

Wenn wir uns all die Baustellen vergegenwärtigen, erscheint die prognostizierte Einwohnerzahl plötzlich realistisch. Aber wollen wir dann hier noch leben? Auf einer Fahrt mit unserem emiratischen Freund nach Fujairah an den Indischen Ozean, waren wir uns einig, daß dies der Ort wäre, in den man fliehen könnte: die weiten, leeren Strände und Palmenpromenaden, auf denen man sich verlaufen kann; die prachtvollen Villen in grünen, blühenden Gärten – und kaum ein Mensch zu sehen...

(Anm.: Angesichts der obigen Zahlen verstehen wir jetzt auch, warum die deutsche Bevölkerung zunehmend schrumpft – immer mehr ziehen nach Dubai! Oder seht Ihr das etwa anders?)

Wenn man das boomende Dubai erlebt, eingebettet in Grünanlagen und mit stetig nachwachsenden Hochhäusern und ganzen Stadtvierteln, dann fragt man sich auch unwillkürlich, wie machen sie das? Der *United Nations Environmental Global Deserts Outlook 2006* stellte erst in diesem Jahr wieder fest, daß Dubai in Bezug auf Wasser-Ressourcen die am meisten gefährdete Nation der Welt ist. Die wachsende Industrie, der ständige Zuzug von Menschen und die vielen Grünanlagen haben den Wasserverbrauch derart ansteigen lassen, daß die Experten jetzt gewarnt haben, daß das kostbare Grundwasser Dubais (das es wirklich gibt!) bald aufgebraucht sein wird, wenn nicht eine radikale Änderung eintritt. Zurzeit wird das in die Häuser gepumpte Grundwasser mit Wasser aus Entsalzungsanlagen gemischt. Ansätze einer Änderung sind bereits in der Forderung sichtbar, statt der wasserintensiven amerik. und europ. Bepflanzung mehr einheimische Fauna einzusetzen. Die Stadtverwaltung will daher in diesem Jahr bereits 250.000 einheimische Gewächse pflanzen. Doch das wird nicht ausreichen. Wasser ist kostbarer als Öl!! Kürzlich wurde in den Zeitungen mit hoffnungsvoller Begeisterung von der Entdeckung eines großen, unterirdischen Sees unter dem Sand der

Rub al-Khali berichtet. Ob dieser See die Rettung bringt? Bereits vor 30 Jahren wurde die gleiche Nachricht in Saudi-Arabien verbreitet.

Eine kleine Kuriosität zur Umwelt: Während bei uns in Deutschland die Umweltverbände davor warnen, daß sich die Wüsten in der Welt immer mehr ausbreiten, hörte ich hier in Dubai die entgegengesetzte Forderung: Rettet die Wüste! Naturschützer (natürlich westl. Expats) fordern die Begrenzung der Stadtentwicklung, damit die Wüste um Dubai als schützenswerte Umwelt erhalten bleibe. Sie scheinen den Emiratis sehr viel zuzutrauen, nämlich daß sie auch noch das bis zu 300 m hohe Dünenmeer der zentralen Rub al-Khali zubauen. Also, was denn nun: schützen oder bekämpfen?

Im Konflikt, ob die Wüste nun „menschengemacht" (also zerstörte Natur) oder „naturgewollt" (also natürliche Umwelt) ist, hat man vergessen, daß es ja auch noch eine dritte Möglichkeit gibt, nämlich daß sie „gottgewollt" (also von Gott erschaffen) ist. Bereits in Saudi-Arabien habe ich die alte arabische Sage gehört und sie in meinem Reise- und Kulturführer nacherzählt. Leider ist er inzwischen vergriffen. Für diejenigen, die die Sage noch nicht kennen, hier also noch einmal:

„Bei der Schöpfung verteilte Gott gerecht über alle Länder... Wasser und Gestein. Aber überall sollte dann ein wenig Sand dazwischen gegeben werden. Dies schien dem Herrn der Welt ratsam. Darum schickte er seinen Engel Gabriel mit einem riesigen Sandsack auf die Reise. Doch als der Erzengel über Arabien schwebte, wurde er vom neidischen Teufel überrumpelt, der den Sack aufschlitzte. So ergoß sich fast der ganze Sand in das süd-arabische Gebiet, das dadurch zum „leeren Viertel" (Rub al-Khali) wurde. Der Rest des ausfließenden Sandes ließ weiter nördlich ein Meer vertrocknen: Die Nafud-Wüste entstand, die zum „Meer ohne Wasser" (al-bahr billa mah) wurde."

5.   Arbeiter / Expats

Es wurde in diesem Jahr geschätzt, daß ca. 300.000 Expats illegal in Dubai als Arbeiter oder Haushaltshilfen leben. Die Gründe hierfür sind unterschiedlich: Es gibt Arbeiter, die mit einem Besuchervisum ins Land kommen und nach Ablauf des Visums nicht wieder ausreisen; andere, deren Firmen die Arbeit einstellten, sie entließen, womit ihre Arbeits-

und Aufenthaltsgenehmigung erlosch, tauchten unter und versuchten illegal Arbeit zu finden; noch andere liefen dem Arbeitgeber davon, weil der keinen Lohn zahlte oder sie schlecht behandelte (das letztere besonders bei Haushaltshilfen), und sie versuchten sich dann illegal durchzuschlagen. Illegalität macht aber einerseits erpressbar und gefährdet andererseits die Sicherheitslage des Landes. Wegen der vielfältigen hieraus erwachsenen Probleme wurde in Dubai (wie bereits schon einmal 2003) in diesem Jahr eine Amnestie für illegale Arbeiter erlassen. Arbeitern, die sich innerhalb einer Frist von 3 Monaten meldeten, wurde die Gelegenheit gegeben, ein Arbeitsvisum zu bekommen oder das Land zu verlassen. (Es gab Fälle, in denen z.B. indische Expats jahrelang ohne Arbeit, Geld und Unterkunft lebten, zum Teil auch ohne Ausweispapiere, so daß es ihnen nicht möglich war, zu ihren Familien in ihr Heimatland zurückzukehren.)

Mit Sommerbeginn ist für Juli und August (mit Tagestemperaturen um die 40° Celsius) für Straßen- und Bauarbeiter eine Mittagspause von 12.30 bis 15.00 Uhr angeordnet worden. Die Einhaltung wird von 300 Inspektoren regelmäßig überprüft. Bei Nichteinhaltung gibt es einen abgestuften Strafenkatalog; bei wiederholtem Verstoß kann dem Unternehmen bis zu einem Jahr die Arbeitserlaubnis entzogen werden.

In Dubai ist es Vorschrift, daß Familien und Singles in getrennten Stadtgebieten wohnen. Eine Verletzung dieser Anordnung wird mit Geldstrafen für den Vermieter geahndet, und Wasser- und Elektrizitätszufuhr zu dem entsprechenden Objekt werden gekappt. Singles dürfen nur in den hierfür ausgewiesenen Industriegebieten leben. Diese Regelung ist natürlich sehr unbeliebt, und gut verdienende Singles versuchen, sie zu umgehen. (Als Single gilt auch, wer seine Familie im Heimatland gelassen hat.) Für weniger gut verdienende Singles bedeutet das oft eine weite Strecke zur Arbeitsstätte, was mit Kosten verbunden ist, an denen sie schwer zu tragen haben. Bau- und Straßenarbeitern werden in der Regel die Unterkunft und der Transport vom Unternehmen gestellt.

House-maids (weibl. Haushaltshilfen), manchmal auch House-boys, leben traditionell in den Familien. In jeder größeren Wohnung ist hierfür ein sog. Maiden-Room mit kl. Bad vorgesehen. Es gibt inzwischen aber auch schon Agenturen, die Haushaltshilfen tage- oder stundenweise vermitteln, was den Maids eine größere Unabhängigkeit gibt. Sie sind nicht mehr Tag und Nacht in die Familienabläufe eingebunden und auch Willkürakten einzelner Arbeitgeber nicht mehr so ausgeliefert.

6. Kriminalität / Rechtswesen

Da Expats erst ab einem bestimmten Einkommen ihre Familien nachkommen lassen oder eine Familie in Dubai gründen dürfen, sind die Arbeiter und Haushaltshilfen in der Regel Singles. Da sie gleichzeitig auch (nach meiner Beobachtung) in der Regel zwischen 20 und 30 Jahre alt sind, sind Probleme vorprogrammiert (deshalb ja auch wohl die strikte Trennung der Wohnbereiche), denn biologisch ist das nun einmal das Alter für Partnersuche und Familiengründung. Ein Familienberater (Family Guidance Counsellor) des Gerichts in Dubai sprach in der Emirates Today vom 23.03.2007 von einer Gefährdung der sozialen und familiären Sicherheit, wenn Familien und Singles gemischt leben würden. Eine Zunahme von Raub und Vergewaltigungen werde in Gebieten mit einem hohen Bevölkerungsanteil von Junggesellen beobachtet. Frauen wurde bereits wegen der zunehmenden Belästigungen davon abgeraten, Märkte zu besuchen, die in der Nähe der Arbeiter-wohngebiete liegen.

Nach der emiratischen Rechtsprechung ist eine Beziehung außerhalb der Ehe illegal, d.h. sie wird, wenn sie zur Anzeige kommt, strafrechtlich verfolgt. Dies trifft natürlich insbesondere die Frauen, bei denen eine außereheliche Beziehung durch Schwangerschaft sichtbar wird, oder die entdeckt werden, wenn sie versuchen, sich des Neugeborenen zu entledigen. Sie versuchen das aus Verzweiflung, denn ein uneheliches Kind ist für sie eine Katastrophe: Sie verlieren ihre Arbeitsstelle (und von ihrem Verdienst ist oft eine Familie in Indien, Bangladesch oder Malaysia abhängig), sie werden mit Gefängnis- und Geldbußen bestraft, und nach Absitzen der Gefängnisstrafe in ihr Heimatland abgeschoben. Eine Rückkehr ist ausgeschlossen. --- Bevor Ihr jetzt entsetzt ausruft: „Also nein, diese Emiratis!", denke jeder aus meiner Generation einmal kurz an den sog. Kuppelparagraphen in den 60iger Jahren zurück. Ein männlicher Besucher über Nacht (wo immer er auch im Haus schlief) konnte die Anzeige eines missgünstigen Nachbarn nach sich ziehen,

Frauen/Mädchen mit unehelichen Kindern wurden gesellschaftlich stigmatisiert und landeten zudem oft noch auf der Straße, weil die Eltern sie hinauswarfen…

Die Kriminalitätsrate in Dubai ist - gemessen an anderen vergleichbaren Städten - immer noch sehr gering, aber sie nimmt nach unserem Eindruck zu (das Gegenteil würde mich verwundern!). Es gibt Prostitution, Vergewaltigung, sexuelle Belästigung (Beach!); es gibt Raub und Einbrüche – besonders beliebt sind allein stehende Villen wie in Jumeirah. Ein spektakulärer, durchgeplanter Einbruch geschah vor kurzem in der Wafi-Mall: Die Diebe fuhren einfach mit ihrem Auto durch die geschlossene gläserne Eingangstür, raubten innerhalb von Minuten ein Juweliergeschäft aus und waren wieder verschwunden, bevor sich Geschäftsleute und Besucher von ihrem Schock erholen konnten. Die Polizei von Dubai hatte die Einbrecher jedoch bald wieder eingefangen (der letzte im Bund wurde im Ausland von Interpol gestellt). Die gut organisierten Gangs stammen in erster Linie aus Osteuropa, Asien und Afrika. Die Prostituierten-Szene soll sich insbes. in der Hand von Russen und Chinesen befinden.

An dieser Stelle möchte ich noch für die, die es noch nicht erfahren haben, eine Korrektur zum letzten Bericht anbringen: Unser emiratischer Freund, der eine Zeitlang im Gericht gearbeitet hat, sagte uns, daß die in der Scharia festgelegte Strafe für alkoholisierte Moslems im Rechtsalltag von Dubai nicht mehr angewandt wird!

Anmerken möchte ich zu diesem Punkt auch noch, daß eine ausländische Frau in Dubai von der Rechtsprechung genauso vor männlichen Übergriffen geschützt wird wie eine emiratische Frau.

7.   Verschiedenes

Auf einem Ausflug bewunderte ich in diesen Tagen wieder einmal den Burj Dubai, der sich, alles überragend, wie eine Nadel in den Himmel bohrt. Ich fragte mich, wie die Arbeit bei dieser Höhe logistisch bewältigt wird und wie die Architekten die Statik berechnet haben. Überhaupt, wie arbeitet es sich dort auf der Spitze in weißem Dunst und dünner Luft? Die Antwort las ich am 21. Juli in der FAZ im Internet! Dort könnt Ihr alles nachlesen und so brauche ich es nicht wiederholen.

Nur so viel: Der Burj Dubai ist jetzt mit 512 Metern Höhe bereits der höchste Turm der Welt – und soll noch weiter wachsen auf wahrscheinlich 808 Meter. Ein noch höherer Turm ist bereits laut FAZ in Planung (es lohnt sich doch, in eine deutsche Zeitung zu schauen!). Auch die anderen Projekte, seien es Wolkenkratzer- oder Stadtteilprojekte, sind so abenteuerlich im Design, daß man sie eigentlich nur mit Bildern beschreiben kann.

Die großen Dinge in Dubai werden schnell und professionell bewältigt; die kleinen dagegen sind zum Teil mühsam und umständlich. Große Dinge, das sind Wolkenkratzer, Brücken, Stadtteile. Kleine Dinge das sind zum Beispiel die Postverteilung, das Bankenwesen, die Krankenversicherung, die Installation und Rechnungsbegleichung von Telefon* und Internet. Ich habe mir sagen lassen, daß hieran das englische Vorbild schuld sei. – Es war uns auch nicht möglich im „Gartencenter" unter all den Nägeln eine ganz einfache Art von Nägeln zu finden (Spezialnägel schon eher), oder einen Schuster haben wir immer noch nicht ausfindig machen können. (Ich glaube, Expats wie Emiratis werfen ihre Schuhe nach Gebrauch einfach weg!) Dinge, von denen man überzeugt ist, daß es sie hier bestimmt nicht gibt, weil sie einfach zu ausgefallen sind, findet man dann überraschend doch. (*Telefon ist hier ohnehin ein Anachronismus; alles geht über Mobile.)

Zur Post habe ich im letzten Bericht bereits etwas geschrieben; wir haben bis jetzt keine eigene postalische Anschrift. – Das Bank-Konto ist in mehrere Bereiche unterteilt mit je eigener Funktion, Geheimnummer und Karte, und wenn man das komplizierte System nicht gleich versteht, entstehen plötzlich hohe Gebühren. – Auf den Internetanschluß mussten wir monatelang warten. Als dann die Installation endlich erfolgt war, war immer noch der Zahlungsweg unklar, eine automatisierte Zahlungs- mahnung hatte uns allerdings schon erreicht. – Die Miete muß per voraus datiertem Scheck viertel-, halb- oder ganzjährlich bezahlt werden, was zu erheblichen Problemen führen kann, wenn das Konto bei Scheck- einreichung nicht vollständig gedeckt ist. Bei Autoleasing ist es ähnlich. – Die Krankenkassenversicherung ist immer nur für ein Jahr gültig und muß dann wieder neu beantragt werden. Fällt man bei Arztbesuchen gerade in die Antragszeit, müssen Arztbesuch wie Medikamente erst einmal selbst bezahlt werden und die ausgelegten Beträge können dann später mit Belegen und ärztlichem Gutachten von der Versicherung erstattet werden. (Eine sehr aufwendige Prozedur für Arzt/Krankenhaus und Patient.) Bei jedem Arztbesuch müssen viele Papiere für die Krankenkasse unterschrieben und 50 Dirham (ca. 10 EURO) bezahlt werden. Wird ein Rezept ausgestellt, können wir uns die 50 Dirham über den Arbeitgeber erstatten lassen. Geht man dann mit dem Rezept zur Apotheke, muß der Apotheker erst bei der Krankenkasse telefonisch rückfragen; bei Bestätigung müssen dann etliche Papiere unterschrieben werden, bevor man seine Medikamente endlich ausgehändigt bekommt. Verschreibt der Arzt nur eine Tablettenmenge von 1,5 Päckchen, so wird aus der 2. Packung prompt vor Übergabe die Hälfte der Tabletten herausgenommen.

8. Die Anziehungskraft Dubais

Aber wie dem auch sei, ich kann der Leserzuschrift eines Dubai-Besuchers in der *7Days* vom 08.07.2007 nur zustimmen: „... *If only leaders in other parts of today's world had the boldness of vision to take on the issues confronting their societies. The lesson here is not using wealth to implement a bold vision for the future; it is to have a bold vision for transforming societies for the better... Paris is the City of eternal light, Chicago is the City of broad shoulders. Dubai should be called the City of big dreams!!...*"

Von der Ausstrahlungskraft Dubais fühlen sich Menschen sehr unterschiedlichen Couleurs angezogen, von den Fleißigen, Strebsamen und Zurückhaltenden, bis zu den Exzentrikern, Narzissten oder gar Kriminellen. Die ersteren gehen unauffällig ihrem Tagesgeschäft nach (Kriminelle allerdings auch), die letzteren tragen durch die Medien erheblich zum Bild Dubais im Ausland bei. In der *7Days* wurde vor einiger Zeit die Frage diskutiert: „*Was hat Dubai an sich, daß sich jeder wünscht, berühmt zu sein?*" Die Antworten:

- Hier kann man sich neu erfinden, denn niemand kennt dich.
- Zuhause kannst du ein Niemand gewesen sein, aber das weiß niemand hier.
- Jeder hat hier die Chance, erfolgreich zu sein und einmal in der Zeitung zu stehen.

- Hier kann man in einem kleinen Teich ein großer Fisch werden.
 Oder wie eine Zeitungsleserin es ausdrückte:
- In Wirklichkeit sind sie natürlich nur „Nobodies" (*Niemande*),
 die zufällig fern ihrer Heimat leben.

Es ist das gleiche, als wenn man sich in deutschen Illustrierten wie „Die Bunte" oder „Revue" Bilder von „Promis" anschaut – man begegnet diesen irrlichternden Gestalten im normalen Leben gar nicht. Es sind Erfindungen!! Und so ist es auch in Dubai!

9.   Kuriositäten/Besonderheiten

→ Eine Leserin von *Emirates Today* beklagte sich am 13.06.2007 darüber, daß die Zeitung ein Bild veröffentlicht hatte, auf dem einige der 99 Namen Allahs geschrieben standen. Das Problem ist nicht das Bild an sich, sondern daß Zeitungen gewöhnlich nach dem Lesen in den Abfall oder auf den Boden geworfen werden und dann über sie hinweggegangen wird, was eine Missachtung Allahs und des Islams darstellt. Sie selbst hatte die Ausgabe auf dem Fußboden ihres Büros vorgefunden. Sie fordert die Zeitung auf, solche Bilder nur noch zu veröffentlichen, wenn gleichzeitig die Leser über die Art und Weise informiert würden, wie diese spezielle Zeitung korrekt zu entsorgen ist.

Die Antwort des Herausgebers (Übersetzung): *„Alle Publikationen, ob in Arabisch oder in irgendeiner anderen Sprache, müssen den Namen Gottes, des Allmächtigen... enthalten. Die Leser sind jedoch immer gehalten, die Heiligkeit des religiösen Textes zu respektieren, indem sie die entsprechenden Seiten nicht in den Abfall werfen oder die Zeitung für andere unpassende Zwecke verwenden. Die beste Art und Weise solche Seiten zu entsorgen ist die, sie zu verbrennen. "*

→ Am 25. Mai wurde der diesjährige Marathon-Lauf in den *Emirates Towers* in Dubai veranstaltet. Teilnehmer mussten die 1.344 Treppenstufen des 52 stöckigen Gebäudes hinauflaufen. Der alte Rekord lag bei 9.37 Min. für Männer und 10.07 Min. für Frauen. Den neuen Rekord werde ich hoffentlich beim nächsten Marathon erfahren.

→ Auch in Dubai gibt es im Sommer Unwetter. Bei einem Gewitter in der Wüste sind 16 Kamele, die arglos auf einer Sanddüne Nahrung suchten, vom Blitz erschlagen worden.

Ich möchte für heute mit einer Koransure schließen, die sich einmal nicht mit den Untaten der Ungläubigen beschäftigt, sondern eine praktische Handlungsanweisung für alle gibt:

„Wer da meint, daß Allah ihm (.....) niemals helfen wird hienieden und im Jenseits, der soll doch mit Hilfe eines Seils zum Himmel emporsteigen und es abschneiden. Dann soll er sehen, ob sein Anschlag das hinweg nehmen wird, was (ihn) erzürnt." Sure 22, Vers 16

„Also haben Wir ihn (den Qu-ran) hinab gesandt als deutliche Zeichen, und gewiß, Allah weist den Weg, wem er will." Sure 22, Vers 17

In diesem Sinn, ma´a salamah,
Regina

5. Bericht aus Dubai
1. Dezember 2007

Eed mubaarak, liebe Freunde und Verwandte!

Der Sommer ist vorbei, die Temperaturen sind gefallen (unter 30° Celsius), ein Aufatmen geht durch die Gemeinde der „Expats" und das Leben hat sich wieder nach draußen verlagert; Männer, Frauen und Hunde joggen die Wege entlang, Kinder fahren mit dem Fahrrad herum, die Rallyes in den Sanddünen wurden wieder aufgenommen, die Terrassen der Cafés sind voller Menschen, die Klagen über die Hitze sind verstummt. Das, was hier als SAD, Abkürzung für „Seasonal Affective Disorder" (ich nenne es „Summer Blues") bezeichnet wird, hat sich spätestens im ersten Novemberregen aufgelöst. Als ich eines Morgens ins Schwimmbad ging, lag der erste dichte Novembernebel über Dubai. Ich bin im warmen Wasser durch die schwebenden, verwehenden Nebelfahnen geschwommen, während die Sonne als blaßgelbe Scheibe über dem Nebel stand. Eine Mitschwimmerin erzählte mir, daß es eine Stimmung wie in Island sei – ich erzählte ihr von Novemberstimmung im Norden Deutschlands…, dann trennten uns die weißen Dunstschleier über dem Wasser.

Da auch unser Balkon wieder bewohnbar ist, konnten wir life die Dubai Air Show miterleben, die zu meinem großen Erstaunen über dem dicht bewohnten Dubai auf dem von uns in ca. 4 km Luftlinie entfernten Flughafen stattfand. Wir saßen also entspannt bei Tee und Gebäck und schauten der Luftakrobatik der Red Arrows, der Schweizer und Franzosen zu, der Eurofighter drehte sich wie eine Ballerina hoch oben auf seinem Strahl, ein andermal schwebte ein Tarnkappenbomber wie ein riesiger Manta durch den Himmel oder der neue Airbus 380 zog, behäbig brummend wie ein älterer Herr, seine Kreise. Über die Verkaufs-ergebnisse von Airbus und Boeing brauche ich Euch sicherlich nicht zu berichten; wir haben gehört, auch in Deutschland war die Presse voller Nachrichten über die Airshow.

Sollte Euch der Bericht entgangen sein, möchte ich Euch über einen Verkauf allerdings doch berichten: Prinz Walid bin Talal, ein Neffe des saudi-arabischen Königs Abdallah, hat als erster Privatkunde den Riesen-Airbus A380 erstanden. Er will dieses größte Passagierflugzeug der Welt zu einem „fliegenden Palast" mit 551 qm Fläche umbauen. Der Katalogpreis liegt bei 319 Mio Dollar (238 Mio Euro), zuzüglich natürlich der Umbauten, die er in Auftrag geben wird. Er besitzt zwar schon einen Boeing-Jumbo 747-400, aber was macht das schon.

1. Entwicklung

Etisalat (entspricht der deutschen Telekom) will es seinen Kunden in Zukunft leichter machen, ihre Parkgebühren, Kinokarten und den Einkauf in den Malls zu bezahlen, indem sie nur noch ihre Mobiles vor einem dafür bestimmten, öffentlich zugänglichen Gerät schwenken müssen. Es grenzt an Zauberei: Ein Wink - und schon ist die Ware bezahlt. Wenn der Etisalat dann auch auf den freundlichen Wink hin das Konto immer wieder auffüllen würde, welch´ eine Welt der Wunder!

In Festival City ist am Creek gelegen ein Hochhaus in Planung (Dubai Tower), in dem das energieaufwendige und laute A/C Kühlsystem weitgehend durch ein neu entwickeltes System ersetzt werden soll, das die Windkühlung der historischen emiratischen „Windtürme" integriert. (Dieses Kühlsystem wurde allerdings einst aus dem Iran eingeführt.) Die Windtürme kühlten die arabischen Häuser geräuscharm durch ein Windtunnelprinzip. Bei dem neuen Hochhaus werden Einbuchtungen/-schnitte an den Seiten den Luftstrom auffangen und ihn durch vertikale Schächte im Gebäude aufsteigen lassen. Auf der Windseite des Gebäudes sollen Balkone einen zusätzlichen Kühleffekt gewährleisten. Die Luft wird durch Leitungen und Korridore zu den Wohnungen auf die windabgewandte Seite des Gebäudes geleitet. Die Raumtemperaturen könnten damit von November bis März auf 22-23° Celsius gehalten werden. Im Sommer wird A/C allerdings trotzdem notwendig sein.

Das Gebäude wird 26 Stockwerke mit 120 Apartments haben. Auf der mittleren und unteren Ebene wird ein Garten für die Bewohner angelegt. Ein Solar-System für Heißwasseraufbereitung sowie eine Anlage, um das Abwasser von Waschmaschinen und Bädern wieder aufzubereiten, sollen ebenfalls eingebaut werden.

Ein Problem der Hochhäuser und Wolkenkratzer ist das Säubern der Glasflächen. In Dubai werden die Gebäude regelmäßig gewaschen, was bisher mit offenen Außenfahrstühlen per Hand getätigt wird. In Business Bay, einem Entwicklungsprojekt, das von uns aus gesehen auf der anderen Seite des Creeks liegt, wird ein neues System dieses Problem anders lösen. Das neue Hochhaus soll mit einem eingebauten Sprinkler-System ausgestattet werden, daß je nach Bedarf programmiert werden kann. Ich stelle es mir außerordentlich schön vor, wenn ich vor einem Gebäude stehe und dieses plötzlich von feinem Wasserdunst umhüllt wird oder sehr erfrischend, wenn ich gerade ein Gebäude betreten will, und – aus der heißen Sonne kommend – ein feiner Regen auf mich niederfällt. Und wenn dann vielleicht (wie beim Burj Al-Arab gesehen) gleichzeitig mit dem Sprinkler Farbspiele programmiert sind, die das ganze Gebäude in eine Fee Morgana verwandeln... Möglich wär's! Was ist schon unmöglich in Dubai?!

Der Burj Dubai wächst und wächst wie ein riesiger Finger in den Himmel, und oben darauf stehen die Kräne in schwindelnder Höhe. Mit seiner Höhe wachsen auch bereits die Preise! Denn, obwohl noch nicht fertig, werden bereits zwischen Entwickler und Kunden Kaufverträge aufgesetzt. Ihr müsst Euch beeilen!! Laut Zeitungsnotiz vom 25. Juli 2007 kostete zu dieser Zeit der Wohnraum bereits Dirham 4,000 bis 6,000 pro qm (800-1200 Euro) und Geschäftsfläche Dirham 5,000 bis 8,000 pro qm (1200-1600 Euro). Umso höher man wohnen möchte, umso teurer wird es (was hier in Hochhäusern aber allgemein üblich ist). Laut Projekt-Manager Greg Sang ist die Endhöhe des Turmes nun beschlossen und wird am zweitletzten Tag des Jahres 2008 der Öffentlichkeit bekannt gegeben.

2. Expatriates /Gastarbeiter

Die Municipality von Dubai hat im August neue Richtlinien für den Mindeststandard der Arbeiter-Camps bekannt gegeben. Demnach müssen jedem Arbeiter mindestens 40 qm Raum und ein Bad zur Verfügung gestellt werden; maximal dürfen in einem Raum 8 Arbeiter schlafen. Der Wohnraum sollte mit dem notwendigen Mobiliar ausgestattet sein, wie einem Bett und einem Schrank für jeden Arbeiter. Wie in allen anderen Wohngebäuden so sollen auch diese ausreichend Luftzufuhr (Ventilierung), natürliches oder künstliches Licht, Wärmeisolierung, Wasser- und Abwasserversorgung, Gas- und Stromlieferung, Feuerschutzsicherungen und ausreichende Maßnahmen für Gesundheit und Umwelt bieten. Alle Räume, Küchen, Esszimmer und andere Hallen müssen mit A/C (Air-Conditioning) versorgt sein. Wasser sowie Wasserkühler müssen in ausreichendem Maße bereitgestellt werden.

Hier noch einmal die Zahlen der Expats, die den größten Ausländeranteil in den UAE stellen: 1 Million Inder; 700.000 Pakistani; 500.000 Bangladeschi; 450.000 Irani; 450.000 Syrer; 350.000 Ägypter.

Heute will ich es nicht versäumen, auch einmal die kleineren Gruppen in den Emiraten vorzustellen: ca. 2.600 Japaner; 30-40 Peruvianer; 2.000-3.000 Kurden*, ca. 1.500 Aserbeidschani; ca. 4.000 Eritreer; nicht zu vergessen: 7.500 Deutsche (lt. Deutschem Generalkonsulat)

*40 % der Kurden in den UAE sind Syrer, 30 % Iraki, 20 % Irani und 10 % sind aus der Türkei und aus der früheren Sowjetunion.

(Information: Gulf News vom 12.10.2007)

Der überwiegende Teil der asiatischen Expats ist „Single", was vielfältige Probleme mit sich bringt. An den öffentlichen Stränden von Jumeirah beklagen ausländische Frauen weiterhin Belästigungen durch Männer, obwohl die Sicherheitsteams der Polizei regelmäßig patrouillieren, Wachtürme zur Beobachtung errichtet worden sind und Rettungsschwimmer bei Belästigung die Polizei rufen. Die Frauen sind aufgerufen, sich bei Belästigungen sofort an diese Sicherheitsdienste zu wenden. Männer, die Frauen belästigen, werden verwarnt oder auch, bei grobem Verstoß, vor Gericht gestellt. Soweit ich aber einem Artikel der **Gulf News** vom 09.11.2007 entnehme, besteht die Belästigung in der Regel aus *„vollständig angezogenen Männern"*, die einzeln oder in Gruppen herumstehen und die Frauen in ihren knappen Bikinis anstarren, also nicht tätlich werden. (Photo-Handys und Kameras sind inzwischen am Strand verboten.) Eine Frau bemerkte zu der Situation: *„Es ist unanständig, so (*also voll angezogen*) am Strand zu sein…"* Eine andere bemerkte: *„Mir ist es egal, wenn Männer hier herumstehen, denn jeder hat die Freiheit dort zu sein, wo er will. Aber einige Männer stehen gewöhnlich voll angezogen am Strand herum, und ich frage mich, was sie wollen, weil sie so nahe kommen. Die Rettungsschwimmer sind hilfreich und sagen ihnen meist, daß sie sich benehmen sollen."*

Ich denke an die riesigen Arbeitergebiete in Jumeirah, voller junger ausländischer, alleinstehender Männer, für die das Stranderlebnis wahrscheinlich einfach nur die kostenlose Peep-Show in der Freizeit ist; und ich denke an den ständigen Hinweis der Konsulate, der Reiseveranstalter und der Reisebücher darauf, daß wir in einem islamischen Land mit einer anderen Kultur leben, und der Bitte, in der Bekleidungsfrage zurückhaltend zu sein. Ich kann nicht viel von einer Zurückhaltung bemerken: Die Bekleidung der ausländischen Frauen ist in der Regel sehr knapp, sehr eng, sehr offenherzig. Bei den Männern wirkt die Knappheit der Bekleidung, die sich in T-Shirts und Schlabber-Shorts ausdrückt, zumindest nicht erotisch, so daß das Problem, von angezogenen Frauen angestarrt zu werden, allein schon von daher wegfällt. Mag sein, daß die Männer das vermissen, und darum versuchen, mit entsprechend rasanten Automarken Aufsehen zu erregen. (Ich denke da u.a. an diesen roten Rennwagen, der täglich mit röhrendem Antrieb unter unseren Fenstern auf und ab hechtet…)

Sollte es aber sein, daß wir Ausländer Dubai eigentlich schon vollständig als Kolonie besetzt haben (nur die Emiratis haben es noch nicht gemerkt), dann wäre solch' ein Stranderlebnis ja völlig normal und jede Frau müsste sich über das Ausmaß an Aufmerksamkeit freuen!

Oder was meint Ihr dazu?

3. Erziehung

In einem meiner Berichte hatte ich bereits einmal über die Klage von Eltern über das Niveau der 744 öffentlichen Schulen in den UAE geschrieben. Inzwischen war ein US Consulting Unternehmen beauftragt worden, den Zustand der Schulen zu untersuchen. Nach den jetzt veröffentlichten Ergebnissen der Untersuchung von 598 Schulen sind 16 % in gutem und 60 % in mangelhaftem Zustand, das betrifft insbes. den baulichen Zustand, Schulbusse, A/C, techn. Ausrüstung u.ä. Am schlimmsten hiervon sollen Ras Al Khaimah und Fujairah betroffen sein. Ich muß aber einschränkend sagen, daß mir der zugrunde gelegte Standard nicht bekannt ist.

Eine Studie der Schulbehörde, initiiert von der *Knowledge and Human Development Authority*, erbrachte folgende „*alarmierende Ergebnisse*":

-   Den Studenten mangelt es an Fertigkeiten und Kenntnissen.
-   Verbreitung aggressiver Verhaltensweisen
-   Mangel an ausreichender Kenntnis von anderen Kulturen
-   Mangel an Programmen, die Team-Arbeit ermutigen
-   Mangel an gemeinschaftlichem Engagement
-   Hohe Verbreitung von Krankheiten wie Diabetes, Fettleibigkeit

Kommt Euch das nicht irgendwie bekannt vor?

Wie ich die Emiratis kenne, wird hier sehr schnell etwas passieren. Ein Programm („*Right to Play*"), das die körperliche Ertüchtigung fördern soll, ist sofort in Anwendung gekommen.

Inzwischen sind alle Cafés angewiesen worden, an niemanden unter 21 Jahren (Volljährigkeitsalter) eine Shisha (arab. Wasserpfeife) auszugeben. Das Shisha-Rauchen ist nach der Einführung mit Frucht-, Kräuter- oder anderen Essenzen versetzten Tabaks auch bei jungen

Leuten, Frauen, Familien, selbst Kindern und auf dem College Campus beliebt geworden. Da Shisha-Rauchen auch in Deutschland Mode geworden ist, besteht laut FOCUS vom 27.07.2007 bei den Jugendlichen in Deutschland inzwischen ein ähnliches Problem.

Die Annahme, der Rauch sei harmlos, weil er durch Wasser gefiltert werde, ist falsch. Laut dem deutschen Bundesinstitut für Risiko-bewertung (BfR) wird die Filterwirkung des Wassers möglicherweise überschätzt. Mit der Inhalation werden gleichzeitig Gifte wie Kohlen-monoxid, Nikotin, Teer und Schwermetalle aufgenommen, auch Substanzen wie Arsen, Chrom und Nickel sind in hoher Konzentration nachweisbar. Die Werte für Teer und Kohlenmonoxid betragen etwa das Zehnfache einer Zigarette! Auch der Nikotingehalt im Blut steigt beim Shisharauchen deutlich stärker an als beim Rauchen einer Zigarette (Suchtgefahr!) Nach neuesten Studien inhalieren die Raucher während einer Shisha-Session den Rauch von mindestens 100 Zigaretten. Die Shisha wird in Dubai allerdings, soweit ich sehen kann, in allen Cafés angeboten, während der Ramadan-Festlichkeiten stehen die Shishas aufgereiht an den langen Tafeln – und hier, bei unseren arabischen Nachbarn im Haus – sehe ich sie als festen Bestandteil des Garten-mobiliars auf der Terrasse stehen. Es wird schwierig sein, dieser zur Gewohnheit gewordenen Tradition entgegenzuwirken, wie wir es in Deutschland ja auch nicht schaffen, die traditionell gebotene Alkohol-einnahme aufzugeben. (*Anm.: Seit 2013 ist das Shisha-Rauchen öffentlich ganz verboten und nur noch in 5-Sterne-Hotels erlaubt.*)

4. Promis

Eine Umfrage des *Communicate Magazine Surveys* unter den jungen Männern der Golfstaaten und in der arabischen Welt, wen sie für die „coolste" und wen für die „uncoolste" Celebrity (Berühmtheit) hielten, erbrachte das für Dubai begeisternde Ergebnis, daß Sheikh Mohammed bin Rashid Al Maktoum, Vize-Präsident, Premier-Minister und Herrscher von Dubai, an 4. Stelle der mit dem Ritterschlag gekürten Persönlichkeiten steht !!! Also, hier die Hit-Liste:

1. Platz: Brad Pitt
2. Platz: Johnny Depp
3. Platz: George Clooney

4. Platz: Sheikh Mohammed bin Rashid al Maktum

Von den gewählten 20 "coolsten Berühmtheiten" waren 9 Araber; die 20 „uncoolsten Berühmtheiten" waren alle aus dem Westen (also Nicht-Araber). An der Spitze der Uncoolsten stand Britney Spears, gefolgt von Victoria Beckham.

Ich enthalte mich eines Kommentars! Es denke sich jeder, was er dazu denken mag.

5. Religion

Auch im partiell sich säkular gebenden Dubai fand der Ramadan, die einmonatige Fastenzeit der Moslems, ab dem 12. September in unveränderter Form statt. Einen Monat lang wurde vom Morgen- bis zum Abendgebetsruf des Muezzin weder gegessen, noch getrunken oder sich irgendwelchen anderen Vergnüglichkeiten hingegeben. Auch die Expats wurden aufgefordert, sich in der Öffentlichkeit an diese Vorgaben zu halten. Die Restaurants waren auch hier tagsüber strikt geschlossen und öffneten erst wieder mit dem Abendruf des Muezzin, oder wenn die emiratischen Soldaten im Safa Park (Jumeirah) ihren Kanonenschuß abgaben, der das Fastenbrechen ankündigte. Die Zeitungen gaben den morgendlichen Beginn und das abendliche Ende des Fastens täglich auf die Minute genau bekannt. Da der Ramadan sich durch die arabische Zeitrechnung jedes Jahr verschiebt, lag er dieses Jahr im September bis Oktober und wird nächstes Jahr folglich weiter in die heiße Sommerzeit vorrücken. Bei über 40° Celsius in einem Wüstenland tagsüber ohne Wasser auszukommen, ist hart, insbes. für die Straßen- und Bauarbeiter. Wohl deshalb auch hatte die Regierung die Arbeitszeiten für Moslems verkürzt. Vom Dubai Department of Tourism and Commerce Marketing (DTCM) wurden Religionsvorlesungen veranstaltet (6. Ramadan-Forum). Am Abend des Ramadan werden festliche Mahlzeiten eingenommen, entweder im Kreis der Familie oder in großen Ramadan-Zelten. Arbeiter werden teilweise z.B. von Wohlfahrts-Organisationen aber auch von Privatpersonen mit Getränken und Speisen bewirtet; in einem Fall waren es 3.000 Arbeiter an einer Tafel. Man kann sich also vorstellen, wie groß das Zelt sein musste. Wenn wir bei Ausflügen in der Abenddämmerung durch kleine Orte fuhren, trafen wir auf Festzelte, die am Straßenrand aufgeschlagen worden waren und zu denen die Männer eilten, uns freundlich einen Gruß zurufend. Der Gruß während des Ramadans ist *„Ramadan Kareem"*, was in etwa unserem Weihnachtsgruß *„fröhliche Weihnachten"* entsprechen dürfte.

In der Ramadan-Zeit sind die Malls und Geschäfte besonders geschmückt, die Zeitungen sind voller Ramadan-Werbung für alle Arten von Produkten und in den Familien werden Geschenke ausgetauscht. Die Familienoberhäupter geben ihren Frauen ein besonderes Ramadan-Budget, damit sie das Nötige (und das ist viel!) für die Festessen, Geschenke für Kinder und Verwandte einkaufen können. Ihr müßt Euch das wirklich ähnlich wie bei uns zur Weihnachtszeit vorstellen. Auch hier wurden Klagen laut und fanden Diskussionen in der Zeitung statt über überzogene Ansprüche und die zunehmende Konsumhaltung, die den eigentlichen Sinn dieser Zeit nicht mehr genügend würdigen würden.

Der Ramadan endet mit der *Eid Al Fitr*, zu der sich alle festlich gekleidet zum großen Abschlußmahl zusammenfinden, Geschenke austauschen und danach dann vielleicht noch durch eine Mall schlendern. In diesem Jahr wurde dieses Fest das erste Mal nicht mit der optischen Sichtung des sog. *Shawwal* Mondes bestimmt, sondern anhand von astronomischen Berechnungen.

Seit November sieht man nun allerorts wieder die Weihnachtswerbung für Kerzen, Tannenbaumkugeln und Geschenke, Weihnachtsartikel werden in den Geschäften ausgelegt und geschmückte Tannenbäume in den Malls aufgestellt. Ja, Weihnachtsstimmung kommt auf in Dubai…

Zum Gebet (arab. *Salat*, das ´t´ am Ende des Wortes wird nicht ausgesprochen): Da es für einen berufstätigen Moslem nicht immer einfach ist, die geforderten 5 Gebetszeiten in der Moschee oder an einem anderen passenden Ort zu verrichten bzw. überhaupt Gelegenheit zum Gebet zu haben, hat der Groß-Mufti des Departments für Islamische Angelegenheiten verkündet, daß die islamische Scharia folgendes erlaubt: Wenn sich ein Moslem während der Gebetszeit mit seinem Auto in einer Verkehrslage befindet, die es ihm nicht erlaubt, am Straßenrand anzuhalten und sein Gebet zu verrichten, darf er dies auch im Auto tun. In einem Verkehrsstau kann er sich dann nach vorne lehnen, als ob er zum Gebet niederknien würde. (*Ein ägyptischer Kollege von Gerhard verrichtete so sein Mittagsgebet in unserem Pkw auf einer Fahrt nach Abu Dhabi.)* Wenn er dann wieder zuhause ist, kann er das Gebet in der vorgeschriebenen Weise nachholen. Der Groß-Mufti betonte aber, daß der Gläubige einen Verkehrsstau nicht als Ausrede dafür gebrauchen dürfe, nicht zu beten. Er würde als Sünder betrachtet werden, wenn er die Gebetszeit mit Absicht versäume. Auch wenn der Gläubige durch äußere Umstände gezwungen ist, eine Gebetszeit zu versäumen, muß er sie spätestens am Abend nach seiner Heimkehr nachholen.

Die fünf täglich vorgeschriebenen Gebete sind

1. *Fajr*   (Morgendämmerung)
2. *Zohr*   (Mittagszeit)
3. *Asr*   (Nachmittag)
4. *Maghrib*   (Sonnenuntergang)
5. *Isha´a*   (Nachtgebet)

Der Gläubige sollte zum Gebet physisch und rituell sauber sein. Körper und Kleidung müssen frei sein von Urin, Kot, Blut etc. Um rituell rein zu sein, muß der Gläubige vor dem Gebet eine Waschung vornehmen, die **Wudu** genannt wird. Sollte der Gläubige z.B. durch Geschlechtsverkehr verunreinigt sein, muß er eine rituelle Ganzkörperwaschung vornehmen, die **Ghusl** genannt wird.

Beim **Wudu** geht der Gläubige wie folgt vor:

1. Er soll sein Herz reinigen.
2. Er soll seine Hände bis über die Handgelenke dreimal waschen, erst die rechte und dann die linke Hand.
3. Er soll seinen Mund dreimal ausspülen, indem er mit der rechten Hand das Wasser dazu schöpft.
4. Er soll seine Nase dreimal spülen, indem er das Wasser dreimal hochzieht und wieder ausbläst.
5. Er soll sein Gesicht dreimal waschen.
6. Er soll seinen Arm bis über die Ellbogen dreimal waschen, erst den rechten und dann den linken Arm.
7. Er soll mit den nassen Handflächen beider Hände über seinen Kopf streichen, dann das Innere und Äußere seiner Ohren reiben.
8. Er soll seine Füße einschl. der Zehen und über die Knöchel hinaus waschen, zuerst den rechten und dann den linken Fuß.

Ghusl (Ganzkörperwaschung):

1. Er soll sich mental auf das Ghusl vorbereiten.
2. Er soll seine intimen Bereiche waschen, indem er die linke Hand benutzt, die danach dreimal gewaschen werden sollte.
3. Er soll die Wudu wie oben beschrieben vornehmen; Füße ausgenommen.
4. Er soll Wasser über seinen Kopf gießen, um sein Haar dreimal gründlich zu durchnässen.
5. Er soll seinen ganzen Kopf und Körper dreimal waschen, indem er mit der rechten Körperseite anfängt.
6. Er soll seine Füße und Zehen bis über die Knöchel hinaus dreimal waschen.

Diese Prozedur soll natürlich idealerweise vor jeder der fünf Gebetszeiten erfolgen!

Mich würde wirklich interessieren, wie viele Muslime in der islamischen Welt diese Vorschrift so ausführlich einhalten.

Anfang dieses Jahres wurde übrigens ein Religionsdialog an der Wollongong-Universität in Dubai veranstaltet, organisiert von der Muslim Student Organization. Er fand unter dem Titel: *„Who is Jesus in the light of the Bible and the Quran?"* ("Wer ist Jesus aus der Sicht der Bibel und des Korans?") statt. Interessant wäre es, wenn der nächste Dialog unter dem Titel: *"Who is Mohammad in the light of the Bible and the Quran?"* stattfinden würde. Aber ich fürchte, dieser Gedanke ist blasphemisch.

6. Saudi-Arabien

Ich kann mich nicht enthalten, etwas über die Rechtslage bei unserem derzeitigen Nachbarn, dem Königreich von Saudi-Arabien, zu schreiben.

Da ich in den 70iger Jahren in dem wahhabitischen Wüstenstaat lebte, habe ich natürlich besondere Aufmerksamkeit auf das Geschehen in diesem Land. In diesem Jahr 2007 sind bereits 126 Männer mit dem Schwert öffentlich hingerichtet worden; in den Jahren 1983-2007 waren es insgesamt 50 Frauen, überwiegend Gastarbeiterinnen, die kaum Möglichkeiten haben, sich mit einem Blutgeld* freizukaufen. In der deutschen Presse hört man eh kaum etwas dazu, obwohl ständig ein Aufschrei durch Pressewald, Menschenrechtsgruppen und die wahrhaft vielen amerikafeindlich gesonnenen deutschen Bürgerstuben geht, wenn ein Todesurteil in den USA ausgeführt wird. (Zudem noch in Unkenntnis darüber, daß dort jeder Bundesstaat seine eigene Rechtshoheit hat und in vielen Bundesstaaten die Todesstrafe abgeschafft worden ist. Wenn Hinrichtungen stattfinden, dann vorrangig in den Südstaaten, dort insbes. 2007 in Texas.) Folgende Zahlen für das 1. Halbjahr 2007 verdeutlichen die Unterschiede:

1. Saudi-Arabien: Hinrichtungen: 126 Männer
                   Einwohner: 26.417.599

2. Iran: Hinrichtungen: min.150
                   Einwohner: 70.472.846

3. USA: Hinrichtungen: 17 insg.
                   Einwohner: 292.000.000

Nach dem Koran kann die Familie des Opfers dem Täter verzeihen, der dann üblicherweise ein Blutgeld (diya) an die Familie zahlen muß. Diese Gnadenakte sollen in S.A. aber sehr selten sein, was angeblich für die große Gläubigkeit der Menschen Zeugnis ablegt. Sollte eine Familie dem Täter noch kurz vor der Hinrichtung verzeihen, so wird das jedoch als eine großmütige Tat gelobt.

Dubai hat übrigens 1.370.714 Einwohner (Dez. 2006) und nimmt keine Enthauptungen vor. Das Strafgesetz basiert zwar traditionell ebenfalls auf der Scharia, aber gleichzeitig auf dem „British Civil Law", was den Rechtsalltag prägt. Bei Mord legt der Richter eine Gefängnisstrafe und ein Blutgeld fest. Kann der Verurteilte das Blutgeld nicht zahlen, muß er über seine Gefängnisstrafe hinaus im Gefängnis verbleiben, bis er, Verwandte oder Freunde den Geldbetrag aufgebracht haben. In einem anderen Fall las ich jetzt, daß ein Täter aus dem Gefängnis entlassen wurde, weil die Familie des Opfers ihm die Tat verzieh; das Blutgeld muß er allerdings trotzdem zahlen. (Wir haben sogar einmal eine Zeitungsnotiz gelesen, die von einer täglichen Taschengeldausgabe an Gefängnisinsassen in Dubai berichtete.) In den Fällen, die ich gelesen habe, macht das Blutgeld m. E. aber Sinn, wenn der Familie des Opfers der Ernährer verloren gegangen ist und sie aus einem Land stammt, in dem es keine sozialen Unterstützungssysteme gibt.

In Saudi-Arabien steht die Todesstrafe auf Delikte wie Mord, Vergewaltigung (i.d.r.), bewaffneter Raubüberfall, Hochverrat, Drogenhandel, Ehebruch, Entführung, Gotteslästerung, Hexerei; seit 1988 auch auf Sabotageakte und auf Verbrechen von Personen, die „korrupt auf Erden" sind (z.B. Anwendung von Zauberei, Führung eines Bordells).

Die übliche Hinrichtungsart ist die Enthauptung durch das Schwert auf einem öffentlichen Platz; Frauen werden nicht öffentlich hingerichtet. Anders als heute fanden zur Zeit meines Aufenthalts die Hinrichtungen stets am Freitag nach den Mittagsgebeten statt, in meinem Wohndomizil Ta´if auf dem Platz vor der Hauptmoschee. Eine große Menschenmenge versammelte sich dann um die Hinrichtungsstelle, Kinder wurden mitgebracht und hochgehalten, um das Ereignis besser sehen zu können, und es herrschte eine sehr angeregte Stimmung. Solch ein Ereignis diente einerseits zur Unterweisung in die Normen der Gesellschaft, andererseits hatte es nach meinem Eindruck aber auch Unterhaltungswert. Ich selbst habe mich geweigert, eine solche Veranstaltung zu besuchen. Ich habe aber Berichte von Europäern gehört, die unbedingt einmal sehen wollten, wie einem Menschen der Kopf abgeschlagen wird. Da müssen wohl irgendwelche archaischen Instinkte im Stammhirn angesprochen worden sein...

Anlaß für meine „Anmerkung" zu Saudi-Arabien ist dieses Mal ein neuerliches Vorkommnis, das eine Vorstellung davon gibt, was eine strenge Ausrichtung nach der islamischen Scharia bedeutet. Mich erinnert es wieder daran, warum ich Ende der 70iger Jahre wegen der Scharia-Rechtsprechung und der Rechtsunsicherheit insbes. für ausländische Frauen zunehmend Angst und den immer dringlicheren Wunsch hatte, das Land zu verlassen.

In der Presse und in anderen Medien der Emirate wurde Mitte November verbreitet, daß der saudi-arabische Hohe Justizrat das 19jährige weibliche Opfer einer bewaffneten Gruppenvergewaltigung mit 200 Peitschenhieben und 6 Monaten Gefängnis bestraft hat. Die Nationalität des Opfers wurde leider nicht genannt. Ursprünglich wurde die junge Frau zu 90 Peitschenhieben verurteilt, *„weil sie sich zur Zeit der Vergewaltigung mit einem nichtverwandten Mann in einem Auto befand."* (Arab News, S.A.)* Bei einem Wiederaufnahmeverfahren wurden diese 90 Hiebe jedoch von einem Gericht in Al Qatif auf 200 erhöht. Aus einer nicht genannten Quelle des Gerichts erfuhr die *Arab News*, daß die Richter diese Straferhöhung angeordnet hätten, wegen *„ihres Versuches, die Richter über die Medien zu beeinflussen und ihre Arbeit zu erschweren."* Bei einer von dem Anwalt der Frau, Abdul Rahman Al Lahem, eingereichten Berufungsklage, wurde zwar auch das Strafmaß der 6 Vergewaltiger erhöht (zwischen 2 und 9 Jahren Gefängnis)**, gleichzeitig wurde dem Anwalt aber nicht nur der Fall, sondern auch seine Lizenz entzogen, weil er das Urteil angefochten hatte. Wie er der *AFP* (Agence France-Presse, Nachrichtenagentur) berichtete, muß er sich im Dezember einem Disziplinarverfahren des Justiz-Ministeriums stellen. Wenn dies einem kritischen Anwalt, der die Umsetzung der von König Abdullah angemahnten und veranlassten Justizreformen einfordert, immer noch passiert, so ist das für mich ein Zeichen, daß die Religionsgerichte auch in der Gegenwart noch immer allemal stärker sind als die Regierung. – In einer deutschen Pressenotiz las ich jetzt noch einmal von der Bestätigung des Urteils durch das saudi-arabische Justizministerium mit der Begründung, die Frau habe *„unzüchtige Beziehungen"* zugegeben (was immer damit gemeint ist), und daß die ausländischen Medienberichte *„fehlerhaft"* seien. Nach dieser Pressenotiz ist das Opfer Schiitin und die Täter waren Sunniten, ein Tatbestand, der in Saudi-Arabien zu Spannungen geführt haben soll.

Anmerkung: In Dubai gibt es meines Wissens weder eine „Religions-polizei" noch „Religionsgerichte". Es herrscht Gewaltenteilung insofern, daß nach meiner Kenntnis (im Unterschied zu Saudi-Arabien) die Religionsgelehrten keinen direkten Einfluß auf die Regierungsgeschäfte haben.

* *Nach der Scharia ist den Frauen das Zusammensein mit nicht verwandten Männern verboten, also strafbar.*

** *Vergewaltiger werden zwar bestraft, aber grundsätzlich auch das Opfer!*

Ein paar weitere Fälle aus Saudi-Arabien:

1. Ein zum Islam konvertierter nigerianischer Student in Riyadh brachte eine Nachbarin, die medizinische Hilfe brauchte, zum Krankenhaus. Nach ihrer Rückkehr suchte er sie auf, um sich nach ihrem Wohlergehen zu erkundigen. Drei weibliche Verwandte waren auch gerade zu Besuch. In diesem Moment drangen 5 Männer, die sich als Mitglieder der *Commission for the Promotion of Virtue and Prevention of Vice* (Kommission für die Förderung der Tugendhaftigkeit und der Verhütung des Lasters) ausgaben, in die Wohnung und nahmen den Studenten und die drei weibl. Verwandten in Haft. Unter der Anklage, mit seiner nicht verwandten Nachbarin allein gewesen zu sein, wurde er ins Gefängnis eingewiesen. (7Days Dubai, 07.08.2007, von Arab News, S.A.)

2. Zwei in verschiedenen Haushalten lebende Hausmädchen aus Sri Lanka wurden Mitte dieses Jahres zum Tod durch Hängen verurteilt; ein Rechtsbeistand wurde ihnen offenbar nach Verlautbarung von Zeitungsnachrichten versagt. --- Ihnen anvertraute Säuglinge waren beim Füttern gestorben. Einem der Hausmädchen, das zum Tatzeitpunkt erst 16 Jahre alt war, war zudem noch die Aufsicht über die weiteren Kinder und die Haushaltsführung der Familie übergeben worden. Sie geriet in Panik, als sich das Baby beim Fläschchen geben verschluckte und einen Erstickungsanfall bekam. Mit der Situation überfordert, wusste sie sich nicht zu helfen, und der Säugling starb. Die Regierung von Sri Lanka setzte sich für das Mädchen ein und sandte einen Vertreter zusammen mit den Eltern nach S.A. Über den Ausgang kann ich leider nichts in Erfahrung bringen. Auch unsere Haushaltshilfe Mali, die selbst aus Sri Lanka stammt, hat keine weiteren Informationen zu diesen Fällen, die nicht die einzigen ihrer Art sind.

Ein positives Beispiel für Einzelinitiativen:
Der Gründer und Inhaber einer Werbeagentur in Saudi-Arabien entwarf für die Zeit nach dem Ramadan eine Werbesendung für das Fernsehen, die zu einer besseren Behandlung von Haushaltshilfen aufrufen soll. Er beklagte, daß Hausangestellte behandelt würden, als wären sie keine Menschen mit Gefühlen. Die Sendung wurde von einer gemeinnützigen Tochtergesellschaft der Saudi Binladin Gruppe finanziert. (7Days Dubai, 08.10.2007)

3. Der saudische Kronprinz und Verteidigungsminister Sultan bin Abdul Aziz bezahlte in diesem Jahr $ 400,000 Blutgeld an die Familie eines

Mordopfers, um das Leben des überführten Mörders zu retten, der bereits seit 18 Jahren in der Todeszelle saß. Die Inhaftierung hatte in diesem Fall so lange gedauert, weil der Sohn des Opfers erst das Erwachsenenalter erreicht haben musste, um entscheiden zu können, ob er das Blutgeld annimmt oder auf der Todesstrafe besteht.

4. Die Institution der Ehe ist seit einiger Zeit durch die Einführung einer Eheform erschüttert worden, die von einigen als *„Wochenend-Ehe"* bezeichnet wird. Nachdem Anfang 2006 einflußreiche Rechtsgelehrte Edikte erlassen hatten, die diese Eheform unterstützen, ist sie in S.A. sehr populär geworden. Die *„Wochenend-Ehe"* bürdet dem Mann weder Verantwortung noch Verpflichtungen auf, er braucht sie nicht einmal seiner Familie oder seinen Frau zu offenbaren, und er kann sich jederzeit wieder formlos von der Frau trennen. Die Fürsprecher propagieren, daß durch diese Eheform die Anzahl der unverheirateten Frauen sinken würde. Die Kritiker beklagen die Zerstörung der Familienstrukturen und ermutigen die Männer, sich stattdessen zusätzlich jüngere Ehefrauen zu nehmen, mit der ein Mann sich eher schmücken könne, als mit einer älteren, unverheirateten Frau. Ein anderer meinte, man solle die Scheidung erschweren (islamisches Scheidungsrecht!). Inzwischen gibt es Ehekurse für Frauen, in denen ihnen beigebracht werden soll, wie sie gute Ehefrauen werden können, um nicht ein weiterer Fall in der steigenden Scheidungsstatistik Saudi-Arabiens zu werden. In saudischen Zeitungen, die das Problem diskutierten, wurden beispielhafte Schei-dungsgründe zitiert: Ein Mann verstieß seine Frau als er entdeckte, daß sie seit 2 Jahren ein Photo-Mobile besaß; ein anderer, weil seine Frau darauf bestand, am Flughafen auf einen verspäteten Flieger zu warten, anstatt mit ihm nach Hause zurückzukehren.

Gründe für die steigenden Scheidungszahlen werden darin gesehen, daß mehr Frauen eine gute Ausbildung erhalten, andererseits aber auch im islamisch geprägten Leben der Geschlechter, das eine völlige Trennung ab der Pubertät verlangt (an den Ausbildungsstätten und im öffentlichen Leben besteht diese Trennung nach meiner Erfahrung jedoch grund-sätzlich), so daß sie ratlos seien, wie Mann und Frau miteinander umgehen sollen, wenn sie verheiratet sind. Nach der Verehelichung ist es schwierig für sie, als Paar auszugehen, sie können auch nicht mit anderen Paaren ausgehen, da die Frauen ja dann mit Männern zusammenkommen würden, mit denen sie nicht verwandt sind. Bei Familienzusammen-künften sitzen Männer und Frauen in getrennten Räumen. (7Days Dubai,

10.12.2006). Die „*Wochenend-Ehe*" wird diese Probleme wohl kaum lösen.

Ein paar ungewöhnliche Fälle:

1. Eine mutige Frau hat im Mai durch ihren Anwalt Abderrahman al-Lahem (s.o.) bei der *Complaints Commission* (Beschwerde-Komitee) das erste Mal in der Geschichte des Landes eine Klage gegen die Religionspolizei eingereicht. Der Fall musste jedoch vertagt werden, da kein Vertreter der Polizei zur Anhörung erschienen war. Die Frau verlangt Schadensersatz für sich und ihre Tochter wegen unrechtmäßiger Festnahme im Parkhaus eines Kaufhauses. Vorwurf der Religionspolizei: Sie seien nicht vorschriftsmäßig gekleidet gewesen. Der Fahrer der Frauen musste den Pkw herausgeben, die Frauen wurden auf das polizeiliche Hauptquartier gebracht. (7Days Dubai, 14.05.2007) Die Anrufung der *Complaints Commission* erfolgte, nachdem ein islamisches Gericht die Klage zurückgewiesen hatte, da es „*ein Mitglied der Religionspolizei nicht richten könne.*" (Lahem)

2. Die Religionspolizei verhaftete eine Hausangestellte in Dammam unter dem Vorwurf, über ihren Arbeitgeber einen Zauberbann verhängt zu haben. Der Hausangestellten wurde von der Frau ihres Arbeitgebers vorgeworfen, sie habe ihn verhext. Begründen tat sie ihren Verdacht damit, daß ihr Mann das Hausmädchen jedes Mal, wenn diese ihre Arbeit vernachlässige, vor der Kritik seiner Frau zu schützen versuche. Die Religionspolizei gab an, bei einer Zimmerdurchsuchung „*Talismane und Gegenstände von Scharlatanerie*" gefunden zu haben. (7Days Dubai, 08.10.2007)

3. Nachdem ein saudischer Ehemann seinen zwei Frauen im Scherz drohte, eine weitere Frau zu heiraten, griffen die beiden Frauen ihn an, und eine der Frauen biß ihm seine Nasenspitze ab. Er hatte gehofft, mit dieser Drohung die Streitereien mit seinen Frauen zu beenden: „*I swore that I would do it because... they were impolite and that's when I came under an even bigger attack.*" („Ich schwor, daß ich es tun würde, weil... sie sehr unhöflich waren, aber daraufhin kam ich in noch viel größere Schwierigkeiten.") (Emirates Today, 11.04.2007)

4. Nach einer 6tägigen Tagung in Mekka haben 70 muslimische Religionsgelehrte des *Islamic Jurisprudence Council* eine

Fatwa erlassen, die die Verwendung von Koransuren als Klingelzeichen von Mobil-Telefonen verbietet: „... *weil ein solcher Gebrauch den Koran durch eine abrupte Unterbrechung der Suren oder durch Erklingen an unpassenden Orten Schaden zufügen würde.*" (7Days Dubai, 09.11.2007)

In einem Interview der **Gulf News** vom 17.08.2007, das die Redakteurin für die Golfstaaten und den Mittleren Osten, Jumana Al Tamini, mit der saudischen Prinzessin Fahda, Tochter des ehem. Königs Saud Bin Abdul Aziz, führte, bezeichnet die Prinzessin die Darstellungen der Medien über die Mängel in der saudischen Gesellschaft und insbesondere auch zur Lage der Frauen als Lüge. Nach ihrer Ansicht gibt der Islam den Frauen alle Rechte, die islamischen Gesetze würden nur nicht voll durchgesetzt. Die Frauen selbst würden ihre Situation als zufrieden-stellend empfinden. Es gäbe auch viele Erfolgsgeschichten unter den Schleiern.

Als Beispiel für eine solche Erfolgsgeschichte wird in dem Artikel Hatoon Al Fasi vorgestellt, obwohl der Professorin Lehrverbot (!) erteilt worden ist, um zu verhindern, daß sie ihren Studentinnen falsche Ideen eingäbe. Trotzdem sagt Hatoon Al Fasi, daß das Leben saudischer Frauen verzerrt dargestellt würde, weil sie durch ihr abgeschiedenes Leben von so vielen Geheimnissen umgeben zu sein schienen.

Ich habe den Verdacht, daß hier zwei Frauen aus der Oberschicht interviewt worden sind, die sich ihrer privilegierten Lage nicht bewusst sind und ihre eigene Situation auf die aller in S.A. lebenden Frauen übertragen. Ihren Biographien nach zu urteilen, haben sie das Glück, in vermögenden Verhältnissen und mit liberalen Vätern zu leben, was ihnen Freizügigkeit in Ausbildung, Berufsweg sowie Auslandsreisen und – studium erlaubt hat. Das ist nun wirklich nicht die Regel in S.A.! Wer interviewt das Gros der schweigenden, unsichtbaren Frauen? Wer interviewt die vielen Hausmädchen? Wenn ein solches Interview überhaupt von dem jeweiligen Familienoberhaupt gestattet würde. All diese in Abgeschiedenheit lebenden Frauen sind für die Interviewerin nicht einmal erwähnenswert.

Trotzdem würde ich Ta´if, die schönste Stadt Saudi-Arabiens (zumindest in den 70iger Jahren), gern einmal wiedersehen. Da es zurzeit noch nicht möglich ist, hatte mich Gerhard zu einem Flug über meine alte Heimat eingeladen – auf dem Simulator. Es fing auch alles ganz gut an, wir flogen fröhlich von Dubai gen Westen über Sanddünen und Salzseen. Nur als wir eine Zwischenlandung machen wollten, war plötzlich kein Flugplatz zu finden, wo einer hätte sein sollen – nur Sand, soweit das Auge blickte. Ein schnell eingeleiteter Landeabbruch und Go-around rettete uns vor einer Bruchlandung in den Weiten Saudi-Arabiens…

Was wir nicht gewusst hatten, im Simulator war das Gelände-Modell für Saudi-Arabien noch nicht installiert worden. Aber Gerhards schnelle Reaktion hat uns vor dem Verdursten in der Wüste oder – noch schlimmer – vor der saudischen Scharia gerettet!

*

Nach diesem langen Ausflug zu unserem Nachbarn möchte ich aber wieder in die friedlichen, frauenfreundlichen Gefilde der Emirate zurückkehren und mich von Euch – ganz lebendig – zur Weihnachtszeit mit einem lyrischen Vers aus dem Koran verabschieden:

„Allah ist das Licht des Himmels und der Erde. Das Gleichnis Seines Lichts ist wie eine Nische, worin sich eine Lampe befindet. Die Lampe ist in einem Glas. Das Glas ist gleichsam ein glitzernder Stern – angezündet von einem gesegneten Baum, einem Ölbaum, weder vom Osten noch vom Westen, dessen Öl beinah leuchten würde, auch wenn das Feuer es nicht berührte. Licht über Licht. Allah leitet zu Seinem Licht, wen Er will. Und Allah prägt Gleichnisse für die Menschen, denn Allah kennt alle Dinge." (Sure 24, Vers 36)

Klingt hier nicht etwas von dem <u>Sonnengesang</u> des Pharaos Echnaton an?

„Schön erscheinst du
im Horizonte des Himmels,
du lebendige Sonne.
die das Leben bestimmt!
Du bist aufgegangen im Osthorizont
und erfüllst jedes Land mit deiner Schönheit.

Schön bist du, groß und strahlend,
hoch über allem Land.
Deine Strahlen umfassen die Länder
bis ans Ende von allem, was du geschaffen hast.
Du bist Re, wenn du ihre Grenzen erreichst,
wenn du sie niederbeugst für deinen geliebten Sohn.
Fern bist du, doch deine Strahlen sind auf Erden;
du scheinst auf die Gesichter, doch unerforschlich ist dein Lauf..."

Um auf Weihnachten zurückzukommen: Dieses Fest wurde erstmals im 4. Jh. in Rom am 25. Dezember begangen. Dabei wurde das auf diesem Tag liegende Fest des Sonnengottes (*sol invictus*) auf „Christus, die wahre Sonne", umgedeutet, unter Berufung auf folgende Bibelstelle:

„Euch aber, die ihr meinen Namen fürchtet, soll aufgehen die Sonne der Gerechtigkeit und Heil unter ihren Flügeln; und ihr sollt aus- und eingehen und hüpfen wie die Mastkälber." (Maleachi, 3. Kapitel, Vers 20)

In diesem Sinne wünschen wir Euch allen eine schöne und erfüllte Weihnachtszeit und ein gutes Neues Jahr, erfüllt vom Glanz der lebendigen Sonne, wie immer Ihr sie nennen mögt: Re, Allah, Gott…

Ashoofakum inschallah!
Regina

6. Bericht aus Dubai
Ostern 2008

Ahlan wa sahlan, liebe Freunde und Verwandte,

Ich schicke Euch den Osterbericht am Palmensonntag, denn es ist die Palme, die dem Araber besonders am Herzen liegt. Wie HH Sheikh Zayed bin Sultan Al Nahyan in seinem Vorwort zu *Feast of Dates* (Daniel Potts, veröffentlicht durch Trident Press Ltd. und UAE Ministry of Information and Culture, 2002) sagt: *„For us the date palm is, and always has been, truly the tree of life."* Im Arabischen ist die Palme als *nakhl*, im Englischen als *date palm*, im Lateinischen als *Phoenix dactylifera* bekannt. Für die Assyrer und Babylonier war sie *„the god-king, the tree of abundance, the tree of riches, the sweet tree, the elder son of the nether world."* Im Alten Testament erscheint sie häufig als Symbol der Gerechtigkeit. So beginnt der Psalm 92, Vers 12 mit *„Der Gerechte wird blühen wie ein Palmbaum..."* Auch im Koran werden die reichlichen Früchtetrauben der Palme wiederholt als *„wunderbares Zeichen für ein gläubiges Volk"* zitiert (Sure 6, 99; Sure 13, 4). Und Prophet Mohammed soll gesagt haben: *„Unter den Bäumen ist einer besonders gesegnet, so wie der Muslim unter den Menschen gesegnet ist, das ist die Palme!"*

Ich möchte diesen Segen auf alle Ungläubigen ausweiten – und wünsche Euch in diesem Sinne ein schönes Palm- und Osterfest!!

*

Heute möchte ich Euch, wie versprochen, über einige unserer landeskundlichen Ausflüge berichten. In Anbetracht dessen, daß die Emirate mit ihrer Fläche von 83.000 qkm nur ein kleiner Teil der größten zusammenhängenden Sandwüste der Welt sind, der Rub al-Khali (Fläche: 647.500 qkm), waren es Fahrten durch einmal sanft, ein andermal wild bewegte Sandmeere und bizarre Felsformationen, die ihre erdgeschichtliche Entstehung erzählen. In den Dünentälern entdeckten wir immer wieder „Kamelfarmen", auf denen Kamele gezüchtet werden. Folglich begegneten uns wandernde Kamele zwischen und auf den Dünen, aber auch als beharrlich auf ihr Vorfahrtsrecht bestehende

Verkehrsteilnehmer auf den Pisten. Im kargen Hajar Gebirge entdeckten wir idyllische, mit Palmen, Gräsern und im Frühling blühenden Büschen bewachsene Felsnischen und Oasen.

Gerhard übersprang oder durchwatete mit weitaus größerer Begeisterung als ich mit unserem Jeep Felsklippen, unergründliche Wasserstellen und Sandpisten. Da ich mir also angesichts der äußeren Lage zeitweise die Augen zuhielt, musste er zu den folgenden Fahrtenbeschreibungen mehr beitragen als ich. Sandlöcher scheinen nicht nur für ihn eine magische Anziehungskraft zu besitzen. Als unser kleiner Enkel Luca im letzten Jahr das erste Mal mit uns einen Ausflug in die Wüste unternahm, fuhr Gerhard auch mit ihm in ein Sandloch (damals noch mit unserem Yaris), so daß geschaufelt und geschoben und wieder geschaufelt werden musste; Araber liefen zur Hilfe herbei, große Aufregung unter den Männern – was Luca alles sehr interessiert beobachtete. Auf die Frage am nächsten Tag, was er sich für heute wünsche, kam prompt die Antwort: „Mit Opa wieder ins Sandloch fahren!" Wächst hier der nächste Wüstenfahrer heran?

1. Liwa-Oasen
Die Liwa-Oasen liegen SW von Abu Dhabi ca. 200 km tief in der Rub al-Khali. Grundwasser versorgt hier eine Kette von Oasen, die sich über 150 km erstreckt, in denen Landwirtschaft und Palmengärten betrieben werden. Sanddünenfelder von hellgelber bis roter Farbe wechseln sich mit Sabkhas (ausgetrockneten Salzseen) ab. Eine der höchsten Dünen, die Moreeb Düne, erreicht 300 m Höhe. Wir durchfuhren dieses Gebiet, während ein Sandsturm mit Geschwindigkeiten bis zu 105 km/h (laut meteorologischem Bericht) darüber hinweg fegte. Ein für uns zunächst ungewöhnliches Phänomen gab uns zu denken: Trotz der sehr hohen Dünen peitschte der Sand nur in etwa 1 m Höhe über den Boden. Darüber hatten wir eine Sicht bis zu 3 km. Eine Erklärung dafür scheint uns ein gut abgestimmtes System von Windgeschwindigkeit, Konsistenz des Sandes (Korngröße, Gewicht) und aerodynamischer Dünenform zu sein, so daß keine großen Verwirbelungen im Lee der Dünen entstehen. Welche Massen an Sand der Sturm an diesem Tag transportierte, kann man nur erahnen, denn auf der Rückfahrt warnten uns die modernen elektronischen Anzeigetafeln über der Straße von Abu Dhabi nach

Dubai: „Attention! Dunes on the road!" (Vorsicht! Dünen auf der Straße!). Und diese Warnung war tatsächlich mehr als notwendig, wie wir selbst erfahren mussten.

2.   Camel- und Fossil-Rock

Der „Camel Rock" (Kamel-Felsen) wird wegen seiner Höcker-Form so genannt, der „Fossil Rock" (Fossilien-Felsen) wegen der zahlreichen Fossilien, die dort zu finden sind. Der Fossil Rock ist ein von orange-rotem Wüstensand halb verwehter, mitten im Sandmeer aufragender ehemaliger Korallenstock. Beide Felsrücken liegen östlich von Dubai, dem Hajar Gebirge vorgelagert, und sind nur über Wüstenpiste und Dünenkämme zu erreichen. Wir haben unserem Jeep einiges zugemutet und mussten ihn einige Male aus Sandlöchern und rutschenden Hanglagen befreien, was Gerhard aber großen Spaß machte!

Nach dem letzten Sandsturm scheiterte prompt ein Versuch, den Fossil-Rock zu erreichen, weil eine neu gebildete Düne die erprobte Route unpassierbar machte.

3.   Hanging Gardens

in der Nähe von Buraimi, Oman, und Al Ain, V.A.E., am Hajar Gebirge.

Steile Abhänge führen in ein Felsental mit bizarren, von Wind, Sand und Wasser geformten Felsformationen. Über große Felsbrocken, in einer Rinne steil aufwärts kletternd, gelangten wir auf eine aus Verwitterungs-schutt geformte Ebene und schließlich zu den etwa 300 m steil aufragenden Wänden aus Kalk und Sandstein. Am Fuße der Felsen sind große Blöcke ehemaliger Korallenriffe zu finden. Das Wasser hat hier ein Becken gebildet, das nach Regenfällen für kurze Zeit mit Wasser gefüllt ist. In dieser Gegend versuchen Zoologen den arabischen Leoparden wieder anzusiedeln. Gerhard bedauert sehr, daß er noch keinen gesehen hat; ich weniger…

Da das ganze Jahr über Wasser durch die Felsen sickert, haben sich an den Felswänden üppig grünende, efeuartig lang herunterhängende Pflanzen halten können. Der Name „Hanging Gardens" (hängende Gärten) wurde von der Zoologin eingeführt, die das Projekt der Wiederansiedlung von Leoparden leitet.

4.   Wadi Asimah

im Hajar Gebirge, alter Verbindungsweg von der Ostküste zum Westen.

Die Durchquerung des Wadis ist mit dem Jeep möglich, aber nicht einfach. Der Weg führt durch Kiesbetten, Geröll und über nackten Fels, zwischen bis zu 10 m hohen Sedimentwänden hindurch. Teils mussten wir durch Kiesbetten fahren, die im März immer noch fließendes Wasser führten.

Bei Regenfällen ist der Aufenthalt in diesem (wie auch in anderen Wadis) lebensgefährlich, da das Wasser im nackten Fels und in dem mit Luft angefüllten Kies- und Sandboden nicht versickern kann. Mit unglaublicher Geschwindigkeit können sich deshalb Flutwellen bilden. Ein Entkommen aus diesen Schluchten ist wegen der steilen Sediment- und Felswände in der Regel unmöglich. Wenn hierzulande behauptet wird, daß in der Wüste mehr Menschen ertrinken als verdursten, so ist das eine aus Erfahrung gewonnene Tatsache und wird jedem, der einmal ein solches Wadi durchquert hat, sofort plausibel.

Am Ostausgang des Wadis liegt der Ort Asimah mit Palmengärten und landwirtschaftlichem Anbau, grün und üppig. Das historische, in die Felswände gebaute Bewässerungssystem ist gut erhalten. Alte Dämme halten das Wasser in der Regenzeit zurück.

5.   Wadi Wurrayah

im Hajar Gebirge, von der Ostküste (indischer Ozean) aus erreichbar.

Wir fuhren von der Ostküste zwischen Fujeirah und Dibba auf einer asphaltierten Straße ins Hajar Gebirge hinein. Im Wadi ging es dann weiter über Kies und Geröll; links und rechts von uns ragten bis zu 20 m hohe Sedimentschichten auf. Nach den Regenfällen im Januar mussten wir teilweise durch Wasser fahren. Der Wasserfall, der das Wadi auch zu einem Ausflugsziel für Wochenendbesucher macht, fällt ganzjährig in ein kleines natürliches Felsbecken. Das Wasser ist trinkbar und wird wegen seiner guten Qualität auch als Mineralwasser abgefüllt. Als wir über die Felsen am Wasserfall kletterten und den Wasserlauf weiter verfolgten, kamen wir in ein enges Seitenwadi, das zwischen steilen Felswänden mit einem etwa 2 m hohen grünen „Pflanzenwald" aus

Bambus und verschiedenen Rohrkolbengewächsen bewachsen war, in dem das Wasser, verborgen in kleinen Bächen, in Richtung Wasserfall floß. In einem von den Wasserläufen gespeisten Teich tummelten sich Frösche und Fische im klaren Wasser.

6. Musandam

Die felsige Halbinsel Musandam an der Straße von Hormuz, zum Oman gehörend, erreichten wir über die Küstenstraße von Dubai nach Rhas al Khaimah. Die Halbinsel besteht hauptsächlich aus Kalk, aber man sieht auch Buntsandstein. In Tibat passierten wir die Grenze. Der osmanische Grenzposten entließ uns mit einem freundlichen „Auf Wiedersehen" in den Oman. Danach begann eine beeindruckende Fahrt am Arabischen Golf entlang, mit weiten, in der Woche leeren Sandstränden, und entlang dem von der Küste bis über 2000 m ansteigendem Hajar Gebirge (höchster Berg ist der Jebel As Sayh mit 2087 m), mit seinen faszinierenden Felserosionen und offen liegenden Schichtensystemen.

Wir fuhren bis Khasab, dem größten Ort der Halbinsel, mit eigenem Flughafen und einem Schiffshafen. Khasab ist ein großer Umschlagsplatz für Schmuggelwaren aus den Emiraten und dem Oman in den Iran. Die iranischen Schmuggler fahren unbehelligt von den Omanis in den Hafen von Khasab oder in andere Buchten, beladen ihre Schnellboote mit Schmugglergut und machen sich bei anbrechender Dunkelheit auf den Weg nach Bandare Abbas im nur 45 km Wasserlinie entfernten Iran. Interessanterweise wird das Schmuggelgut vorher mittels Beschaffungslisten in Auftrag gegeben und von den Omanis oder Emiratis nach Khasab geschafft. Gefahr droht den Schmugglern also nur bei ihrer Rückreise in den Iran.

Von Khasab aus unternahmen wir bei unserem ersten Ausflug mit einem gemieteten Schnellboot (keinem Schmugglerboot!) eine Fahrt durch die „Fjorde" Musandams. Musandam wird wegen dieser tiefen, vom Meer überfluteten Gebirgseinschnitte in den Steilküsten auch das „Norwegen Arabiens" genannt. Wenn man sich einen ganzen Tag Zeit nimmt, kann man sich für diese Rundfahrt eine Dhow mieten, was natürlich romantischer ist. Die Delphine tummelten sich, wie in den Reiseprospekten versprochen, vor unseren Augen im Wasser. Wir passierten die „Telegrapheninsel", auf der die Engländer von 1864 bis

1869 eine Telegraphenstation betrieben, nachdem sie von Indien durch den indischen Ozean ein Kabel bis zu dieser Insel verlegt hatten. In den Fjorden liegen einsame, nur über das Wasser zugängliche Dörfer, deren Häuser sich auf dem schmalen Landstreifen zwischen Felsen und Meer drängen. Die Kinder aus diesen Ansiedlungen werden jeden Morgen von einem Boot zur Schule nach Khasab gefahren und nach der Schule ebenso wieder zurückgebracht.

Anmerkung: Musandam war vom Mittelalter bis ins 19. Jahrhundert hinein eine berüchtigte Seeräuberküste, was auch die versteckten Siedlungen in den zerklüfteten Buchten erklärt.

Bei einem der folgenden Ausflüge nach Khasab sind wir in das Wadi Khasab auf einer breiten Piste Richtung Dibba (Ostküste) gefahren. Die Gebirgspiste ist so gut ausgebaut, gepflegt und zudem mit Straßenschildern bestückt, daß ich sie als „Piste 1. Ordnung" bezeichnen möchte. Sie ist für die hier lebenden Omanis der einzige Landweg, der über Dibba, durch die V.A.E. hindurch in das Kernland des Omans führt, wenn sie nicht den längeren Weg über Ras al-Khaimah in Kauf nehmen wollen. Die Pistenfahrt bietet eine einzigartige Reise über steile Serpentinen durch die beeindruckende Gebirgslandschaft, vorbei an den teilweise verlassenen Dörfern des Bergstammes der Shihuh, Resten von Terrassenanbau, aber auch Ebenen, deren grüne Felder vor dem Grau der verwitterten Berge leuchten. Leider konnten wir nicht bis nach Dibba durchfahren, weil der Militärposten an der omanischen Grenze nur Einheimische und Emiratis durchlässt. Er hat keine polizeilichen Befugnisse und kann daher in die Pässe keinen Ausreise- oder Einreisevermerk stempeln. Da Gerhard die bei den Arabern übliche weiße „Gutra" um den Kopf gewunden hatte, hielt ihn der Militärposten zunächst für einen Einheimischen und wollte uns schon durch die geöffnete Schranke winken. Doch Gerhard zögerte kurz, und der Posten erkannte seinen Irrtum. So mussten wir wieder umkehren.

Auf dem Rückweg, kurz vor Khasab, führt eine Piste in das Wadi Sal Al Al´a, auf der man über eine steile Serpentine mit einer atemberaubenden Aussicht zu einer Bucht (Khor Najd) und dem einzigen Strand an der Steilküste am Omanischen Golf gelangt. Wir beobachteten Delphine und fliegende Fische; die Schildkröten ließen sich leider dieses Mal nicht blicken. Sie sind aber regelmäßig in den Mangrovenwäldern der Lagune bei Kalba an der Ostküste zu sehen.

7. Aus aktuellem Anlaß ein Bericht zur Frauenfrage

In diesen Tagen (11. März) findet anlässlich des „Frauentages" in Dubai die 3. Konferenz zu „Frauen als globale Führer" statt. Sie ist von der hiesigen Zayed Universität organisiert worden und steht unter der Schirmherrschaft von Shaikha Fatima Bint Mubarak, der Präsidentin der *Family Development Foundation* (Stiftung zur Familienentwicklung), der *General Women's Union* (Allgemeiner Frauenverband) und der *Arab Women Organisation* (Arabische Frauenorganisation). Delegierte aus 60 Ländern nehmen an der Konferenz teil, u.a. hielten auch Sarah Ferguson, Herzogin von York, und Jane Fonda eine Ansprache.

Die neu ernannte Staatsministerin der UAE, Reem Al Hashemi, sagte zu der Rolle der emiratischen Frau: „... *viele glauben, daß unser Einfluß nur begrenzt ist, weil wir uns anders kleiden, anderen Traditionen folgen und im öffentlichen Leben wenig sichtbar sind. Meine Antwort ist immer die gleiche geblieben – die Formen von Führerschaft mögen sich geändert haben, aber in unserem Herzen sind wir immer vorangegangen... Die UAE sind mit einer Regierung und einem System gesegnet, daß sich in einer bereits existierenden führenden Rolle immer weiter entwickelt und Talent und harte Arbeit anerkennt. Heute sind Geschäftsfrauen viel sichtbarer – sie erscheinen zu Interviews und sitzen in Ausschüssen – sie sind Hauptgeschäftsführerinnen und Direktorinnen. Frauen sind Minister – wie auch Töchter, Mütter und Schwestern. Die Führung dieses Landes hat diese schweigenden, aber mutigen und vorbildhaften Frauen anerkannt, so daß sie nicht länger im Hintergrund, sondern heute in vorderster Linie von so viel Offenheit und Reformen stehen. Die Frauen der UAE überraschen viele mit ihrem Fleiß, ihrer harten Arbeit und ihren Fähigkeiten.*"

Eine emiratische Wirtschaftsstudentin vom *Dubai Women's College*, die zum Frauentag befragt wurde, sagte hierzu: „*Es ist Zeit für die Frauen, hervorzutreten und ihr Recht auf Erfolg und Leistung geltend zu machen. Frauen können jetzt in ihrer Karriere die höchsten Positionen einnehmen und alle Ziele erreichen, die sie sich wünschen.*" Nach Ansicht der Studentinnen müssen die stereotypen Vorstellungen über Frauen beseitigt werden, und sie äußerten sich zuversichtlich, daß *„die Frauen in der arabischen Welt begonnen haben, diese Herausforderung anzunehmen, indem sie endlich erkannt haben, daß diese lange empfundene Unterlegenheit nur auf dem Größenwahn der Männer beruhte."* (siehe auch www.notes.ae). Aisha, Studentin der Kommunikationswissen-schaften: *"Ich ermutige sie (meine Kommilitoninnen), alles das zu tun, was sie zufrieden stellt. Sie müssen das tun, was sie tun wollen, denn niemand weiß, wer vielleicht der nächste Einstein oder Picasso sein wird."*

Zu diesem Thema möchte ich darauf hinweisen, daß Sheikh Mohammed vor kurzem anläßlich einer Kabinettsumbildung den Anteil der weiblichen Kabinettsmitglieder auf **4** erhöht hat, also 4 Frauen als Ministerinnen!

Ich schließe daraus, daß die emiratischen Männer die Sure 2, Vers 224, des Korans: *„Eure Frauen sind euch ein Acker; so naht eurem Acker, wann und wie ihr wollt…"* im Unterschied zu anderen islamischen Gesellschaften differenzierter interpretieren. Sie sind demnach zu der Erkenntnis gekommen, daß *„der Acker"* nicht nur leibliche Früchte für einen Mann ins Leben setzen kann, sondern auch geistige Früchte, die für die Gemeinschaft aller von Wert sein können.

*

Saudi-Arabien: Wie Ihr wahrscheinlich Ende letzten Jahres den Pressemitteilungen entnommen habt, ist die nach einer Vergewaltigung zu 6 Monaten Gefängnis und 200 Peitschenhieben verurteilte 19jährige saudische Frau durch König Abdullah begnadigt worden. Geholfen hat internationaler Protest, einschließlich der Verurteilung durch Menschen-rechtsgruppen und durch das Weiße Haus (so stand es auch in der emiratischen Presse). Bemerkenswert ist, daß sich auch die Familie und insbesondere der junge Ehemann für die 19jährige eingesetzt haben! Das ist nicht selbstverständlich in einer streng islamischen Gesellschaft, in der eine Frau durch eine Vergewaltigung zur Ausgestoßenen wird (s. Iran).

Die letzte Nachricht von dem zum Tode verurteilten Hausmädchen aus

Sri Lanka, die ich erhielt, ist, daß sie noch immer im saudischen Gefängnis einsitzt und auf ihre Hinrichtung mit dem Schwert wartet. Mehr internationale Öffentlichkeit würde auch hier hilfreich sein! Ich habe in der deutschen Presse nichts mehr zu diesem (und anderen ähnlichen) Fällen gelesen.

*

Ein Todesurteil wurde vor kurzem auch in Ras al-Khaimah vollzogen, allerdings nicht mit dem Schwert, sondern durch ein Erschießungskommando: Ein Emirati, der sich durch zwei Nachbarn über einen langen Zeitraum ständig in seiner Ehre durch üble Nachreden gekränkt fühlte, hatte beide Nachbarn ermordet. Nach den Morden stellte er sich sofort der Polizei und bekannte sich zu der Tat. Im ersten Gerichtsprozeß wurde er zum Tode verurteilt. Da er das Urteil annahm und sich weigerte, in Revision zu gehen, wurde die Revision vom Gericht selbst anberaumt. Als er sich weigerte, einen Anwalt zu nehmen, wurde auch dieser ihm vom Gericht beigegeben. Beides ist vom Gesetz der U.A.E. so vorgeschrieben. Das vom Angeklagten offensichtlich gewünschte Todesurteil wurde von dem Revisionsgericht bestätigt.

(Zu der Rolle der „Ehre" im Leben eines Arabers werde ich noch einmal in einem anderen Bericht etwas schreiben.)

*

Abschließend noch etwas zum Zensus: Mit dem ständigen Zufluß von Ausländern werden die Emiratis (leider) im Verhältnis immer weniger. Nach einer inoffiziellen Studie im Februar sind es nur noch 15.4 %!! Ich komme auf meine Idee des Artenschutzes zurück. Gibt es nicht eine Umweltorganisation, die sich auch hierfür zuständig fühlt? Das wäre einmal ein nützlicher und sinnvoller Einsatz!

Sheikh Mohammed hat den Emiratis hierzu bereits etwas in seiner Lyrik und Prosa mit auf den Weg gegeben: *„Jeden Morgen erwacht in Afrika eine Gazelle mit dem Wissen, daß sie dem schnellsten Löwen entkommen muß, damit sie nicht getötet wird. Jeden Morgen erwacht in Afrika ein Löwe mit dem Wissen, daß er schneller sein muß als die langsamste Gazelle, damit er nicht verhungert. Ganz gleich, ob Du Gazelle oder*

Löwe bist: bevor die Sonne aufgeht, wärst Du besser schon losgerannt."
Hierüber ließe sich trefflich philosophieren…

Ma´a salama,
Regina

7. Bericht aus Dubai
Dezember 2008

Weihnachtsbrief
„ Da Jesus geboren war zu Bethlehem im jüdischen Lande, zur Zeit
des Königs Herodes, siehe, da kamen die Weisen vom Morgenland
gen Jerusalem…" (Matthäus 2:1)

Seit mehr als 2000 Jahren ist dieser Satz der Beginn eines
wesentlichen Bestandteils der christlich abendländischen Kultur, der
Weihnachtsgeschichte. Doch nun wird die Geschichte des Mittleren
Ostens im arabischen Raum umgeschrieben, und das betrifft auch die
Geschichte des Alten und Neuen Testaments mitsamt der
Weihnachtsgeschichte.

Ich bin das erste Mal darauf gestoßen, als unser ägyptischer Freund
zu meiner Verblüffung behauptete, das Volk der Juden habe niemals
im Land Israel gelebt, und folglich habe es auch niemals ein
häsmonäisches Reich o. dgl. oder gar einen jüdischen Tempel in
Jerusalem gegeben, ganz zu schweigen davon, daß Jerusalem jemals
Hauptstadt eines jüdischen Reiches gewesen sei. Israel und auch das
biblische Jerusalem sind nach dieser Version von Anbeginn aller
Zeiten arabisch gewesen. Unser Freund hat das bereits vor 50 Jahren
so als Kind in der Schule im Religionsunterricht gelernt.

Ja, wo kommen denn bloß die Juden her? Das muß auch Christen
interessieren, denn Abraham, Moses, Isaak und letztendlich Jesus
stammen nach unserem geschichtlichen Verständnis aus jüdischem
Geschlecht. Der libanesische Historiker Kamal Salibi, geb. 1929 in
Beirut und aus christlicher Familie stammend, stellt in seinem Buch
„Die Bibel kam aus dem Lande Asir" (Rowohlt, 1985) die These auf,

daß das Ursprungsland des jüdischen Volkes (dessen Judentum er nicht abstreitet) im Asir lag, also im heutigen Saudi-Arabien. Nicht aus Ägypten wanderten sie demnach ins heutige Israel ein (wofür es auch keine historische Belege gibt), sondern sie kamen nach seiner Überzeugung aus West-Arabien. Er leitet das aus sprachanalytischen Studien der biblischen Ortsnamen und geographischen Angaben ab.

Der allgemein verbreitete Mythos des Exodus aus Ägypten ist in keiner einzigen altägyptischen Quelle belegt. Nur auf einer Stele des Marenptah (1200 v. Chr.), dem Nachfolger von Ramses II, wird als einzigem Zeugnis der Name eines Volkes Israel erwähnt. Weder ein Papyrus noch eine andere Schrift erwähnt den in der Bibel dargestellten Exodus aus Ägypten. Wenn ein ganzes Heer mitsamt Pharao im Roten Meer verschwunden wäre, hätten wir von den schreibwütigen Ägyptern sicherlich Zeugnis davon erhalten.

Wo liegt also das Problem der Moslems mit den Juden? Die moslemisch-arabische Grundforderung lautet ja, daß auf arabischem Boden nur (moslemische) Araber leben dürften. Wenn die Juden aber doch nach ihrer Abstammung, wenn auch nicht Moslems, so doch zumindest Araber sind? Andererseits kam mir der (häretische) Gedanke, als ich von der Vernichtung der arabisch-jüdischen Stämme Medinas und Khaibars (heutiges Saudi-Arabien) durch Mohammed und seine Krieger las, und daß deren Frauen nicht nur in die Sklaverei verkauft, sondern die Schönsten von ihnen unter Mohammed und seinen Kriegern als Beute verteilt wurden: Wie viel jüdisches Blut fließt eigentlich in arabischen Adern?

Im Gegensatz zu den Saudis sind die Palästinenser sofort Anhänger der These Salibis geworden, unter Auslassung des jüdischen Ursprungs im Asir, denn das würde sie in Konflikt mit den Saudis bringen. Auch nach ihrer Version waren die alten Hebräer beduinische Stämme und Jesus folglich kein Jude, sondern ein Palästinenser! Er wird sogar von ihnen als erster palästinensischer Märtyrer (Schahid) bezeichnet, was allerdings im Widerspruch zum Islam steht, der eine Kreuzigung Jesu abstreitet. Ich zitiere aus der palästinensischen Zeitung *Al-Hayat Al-Jadida:*

„… *und ein Kind vom De'haischa-Flüchtlingslager wird rufen: "Ja, wir haben gewonnen, genau wie die Propheten und (Jesu) Apostel gewannen" und die Schahids werden schreien: „Wir schwenken die Palmwedel für Mutter Erde, für die Herrin der Völker, die Jungfrau Maria, und für ihren Sohn, den ersten palästinensischen Schahid.""* (17.01.2005)

„Wir dürfen nicht vergessen, daß der (Jesus) Messias, Friede sei mit ihm, ein Palästinenser und der Sohn von Maria, der Palästinenserin, ist, die von hunderten Millionen Gläubigen weltweit verehrt wird." (18.11.2005)

„Es war ganz natürlich, daß sich die Palästinenser erhoben, um ihre Heiligtümer (in Nazareth) zu retten…, denn in der Lage der Palästinenser sind der Herr Messias (Jesus) und seine Mutter (Maria) beide Galiläer und Palästinenser…" (09.03.2006)

Zur Kreuzigung von Jesus steht in *„A brief illustrated guide to understanding Islam*" (I.A. Ibrahim, Darussalam, Houston, Texas, USA, 1997): *„Die Muslime glauben, daß Jesus nicht gekreuzigt worden ist, sondern daß Allah ihn rettete und zu sich erhob. Einem anderen Mann wurde Ähnlichkeit mit Jesus gegeben. Die Feinde Jesus' ergriffen diesen Mann und kreuzigten ihn in dem Glauben, es sei Jesus: „Sie sagten: „Wir haben den Messias Jesus, Sohn der Maria, den Gesandten Gottes, getötet." Sie haben nicht ihn getötet, noch kreuzigten sie ihn, sondern einem anderen Mann wurde Ähnlichkeit mit ihm gegeben (und sie töteten diesen Mann)…"* (Qur'an, 4:157) "

Müssen wir jetzt unsere Bibel und Geschichtsbücher des Mittleren Ostens umschreiben?

Nach Überzeugung der islamischen Religionsgelehrten, wie sie auch den Gläubigen gelehrt wird, haben Juden und Christen ja die Bibel verfälscht (vgl. Dr. Christine Schirrmacher, *Warum die Muslime die Bibel für verfälscht halten*, 2004, www.islaminstitut.de). In www.wikipedia.org und in moslemischen Webseiten kann man nachlesen, daß mit dem Koran als letzter offenbarter Schrift die

Gültigkeit aller vorangegangenen heiligen Bücher erloschen ist!

Wie es nun wirklich gewesen sein soll, das fand ich in einer anderen Missionsschrift des Islam, die uns von Moslems geschenkt wurde. Ich zitiere aus *„Discover Islam, Your Birth Right"* (Charitable Book & Cassette Centre, Charjah, U.A.E., 2005):

Seite 15: *"Es sollte klar sein, daß alle Propheten und Boten Allahs von Adam bis Mohammed (...) die Einzigartigkeit Allahs verkündeten. Folglich war ihre Religion der Islam, welcher völlige Unterwerfung unter den Willen und die Befehle Gottes (Allah) bedeutet."*

Seite 133: *„Der Islam zu Zeiten Noahs war dazu bestimmt, ihm (Allah) zu folgen; ebenso wie während der Ära Abrahams, der Herrschaft Moses, zu der Zeit von Jesus und zu der von Mohammed bis zum Tag des Jüngsten Gerichts, weil er (Mohammed) der letzte Prophet ist."*

Seite 134: *„Die Botschaft jedoch, die dem letzten von Allahs Propheten, Mohammed, offenbart wurde, ist umfassend, vollständig und die abschließende Fassung. Dies war notwendig, weil die durch die früheren Propheten und Boten vermittelte Botschaft von ihren Anhängern verfälscht und entstellt worden ist. Sie ist mit philosophischen Spekulationen, Aberglauben, Mythen und Unterlassungen vermischt worden. Darum ist der Islam keine neue Religion – er ist eine neue/bessere Formulierung des ursprünglichen Glaubens an Allah in seiner reinsten Form und dafür bestimmt, der Menschheit die unverfälschte Botschaft Allahs zu geben."*

Seite 143: *„Der Islam legt klar dar, **daß jeder Mensch als Moslem geboren wird** und darum von Natur monotheistisch ist... Wenn ein Individuum den Islam annimmt, wendet es sich daher nicht von einer früheren Offenbarung ab, sondern kehrt zu der ursprünglichen und wahren Offenbarung Allahs und zu seiner eigenen Natur als Schöpfung Allahs zurück. Da dies der Fall ist, ist der Islam Dein Geburtsrecht – andere religiöse oder ideologische Systeme sind entweder Verfälschungen oder völlige Verleugnungen des Islam."*

Seite 143-4: *„Der Islam ist nicht eine von Mohammed neu gegründete Religion, sondern eine abschließende Wiedereinsetzung der ursprünglichen Offenbarung... Da der Qur'an die letztendliche Offenbarung ist und Mohammed der letzte Prophet, ist die Menschheit verpflichtet, ihn anzunehmen: „Und wer immer einen anderen Glauben als den des Islams sucht, niemals wird das anerkannt werden; und im Jenseits wird er zu den Verlierern gehören." (Qur'an, 3:86)"*

Was Moslems den Christen und Juden jedoch insbesondere vorwerfen, ist, sie hätten die Vorankündigung von Mohammed als letztem Propheten aus der Bibel entfernt. Es ist wahr, daß Jesus wie auch die Apostel auf künftige Verkünder und Propheten hingewiesen haben, nur sind diese Ankündigungen als Warnungen zu verstehen – siehe NT, Matthäus Kap. 7, Bergpredigt Jesu:

Vers 15: *„Hütet euch vor den falschen Propheten; sie kommen zu euch wie (harmlose) Schafe, in Wirklichkeit aber sind sie reißende Wölfe."*

Vers 22: *„Viele werden an jenem Tag zu mir sagen: Herr, Herr, sind wir nicht in deinem Namen als Propheten aufgetreten und haben wir nicht mit deinem Namen Dämonen ausgetrieben und mit deinem Namen viele Wunder vollbracht?"*

Vers 23: *„Dann werde ich ihnen antworten: Ich kenne euch nicht. Weg von mir, ihr Übertreter des Gesetzes!"*

Nach moslemischer Überzeugung haben alle Propheten seit Adam nichts anderes gelehrt als den Islam (siehe oben; vgl. Enzyklopädie des Islam, www.eslam.de). Adam ist folglich der erste Moslem gewesen und führt die Reihe der islamischen Propheten bis zu Jesus und Mohammed an.

Adam soll es auch gewesen sein, der 40 Jahre nach dem Bau der Moschee in Mekka den Grundstein für die Moschee auf dem Tempelberg in Jerusalem gelegt haben soll. Aber es scheint, man ist sich da in islamischen Kreisen nicht so ganz einig, denn nach Überlieferungen, die die Waqf*-Verwaltung in Jerusalem herausgegeben hat, sollen Abraham und Salomo die Moschee erbaut haben, die ihrerseits natürlich als islamische Persönlichkeiten betrachtet werden. Abed al-Salaam al-Abadi (früherer jordanischer Minister für Waqf-Angelegenheiten), Scheich Raed Salah (Führer der islamischen Bewegung in Israel) und islamische Webseiten behaupten, Abraham habe die nach zeitgenössischen Untersuchungen vor 1400 Jahren erbaute, heute so genannte Al-Aksa-Moschee bereits vor 4000 Jahren erbaut! (vgl. Studie von Dr. Yitzhak Reiter, *Von Jerusalem nach Mekka und zurück*; Islam. und arab. Geschichte, Nadav Shragai, Ha´aretz, 11.05.2004, www.hagalil.com) Diese Thesen sollen beweisen, daß der Tempelberg und Jerusalem von Anbeginn aller Zeiten moslemisch waren. (Das nennt man einen Zirkelschluß!) Doch dann fällt merkwürdig auf, daß Jerusalem einschl. Zion in der jüd. Bibel 823-mal, in der christl. Bibel 161-mal, im arab. Koran aber 0-mal erwähnt wird! (vgl. Daniel Pipes, *Der moslemische Anspruch auf Jerusalem*, www.meforum.org)

Waqf: historisch sind damit gemeinnützige Einrichtungen (Schulen, Moscheen etc.) gemeint; Verwaltung der religiösen Stiftungen. Die Verwaltung der Gebäude (Waqf) auf dem Tempelberg von Jerusalem wurde den Moslems von den Israelis übertragen.

Was hat es nun mit der „Al-Aksa-Moschee" auf sich? „Al-Aksa" heißt „die am weitesten Entfernte". Im Qur´an, Sure 17, wird berichtet, der Prophet Mohammed habe von der *„fernen Moschee"* seine Reise in den Himmel angetreten, wo er – wie aus den Hadith abgeleitet – mit Allah über die Zahl der täglich zu verrichtenden Gebete verhandelt haben soll. Allah hatte zunächst 50 Gebete täglich verordnet. Nach wiederholten Verhandlungen mit Hilfe der Vermittlung Moses, habe man sich zum Schluß auf 5 Gebete täglich geeinigt. (Wer sich für die ganze Geschichte interessiert, der kann sie unter www.way-to-allah.com/document/muhammad-sas.pdf nachlesen.)

In älteren Koran-Übersetzungen zu Beginn der Sure 17, z. B. in meiner Ausgabe von 1993, kann man noch lesen: „*Preis Ihm, Der bei Nacht Seinen Diener hinweg führte von der Heiligen Moschee zu der Fernen Moschee...*"; in unserer Ausgabe von 2007 heißt es inzwischen: *„Erhaben ist Gott, der Seinen Diener nachts von der Heiligen Moschee in Mekka zur al-Aqsa-Moschee in Jerusalem führte...".* Jerusalem wird nicht einmal mehr wie in anderen neueren Ausgaben in Klammern gesetzt oder mit * kursiv als Erläuterung angegeben. Die Einführung Jerusalems in den Übersetzungen hat politische Gründe und ist recht fragwürdig, denn eigentlich darf der Koran als Wort Gottes ja nicht abgeändert werden!

Daß die Himmelfahrt bzw. Nachtreise Mohammeds von Jerusalem aus stattgefunden haben soll, steht nicht im arabischen Koran, was logisch ist, denn zu jener Zeit hat es in Jerusalem tatsächlich noch keine Moschee gegeben. Zudem belegen die Hadith, daß Mohammed nie einen Schritt in diese Stadt gesetzt hat. Heute wird von Moslems behauptet, Mohammed sei nicht nur in einer Vision sondern tatsächlich in Jerusalem gewesen und habe sein Pferd Al-Burak vor Antritt seiner Himmelsfahrt just an der Mauer angebunden, die die Juden als „Klagemauer" bezeichnen.

Wer die Geschichte Jerusalems studiert, wird feststellen, daß das moslemische Interesse an dieser Stadt bis in die Gegenwart hinein stets politischer Natur war. Je nach politischer Lage vergaß man die Stadt oder versuchte wieder in ihr Fuß zu fassen, baute man sie auf oder ließ sie verfallen. Der ayyubidische Sultan al-Kamil übergab Friedrich II. 1229 Jerusalem u. a. heilige Stätten im Tausch für einen Vertrag, in dem Friedrich II zusicherte, Ägypten nicht anzugreifen. Mehrmals in der Geschichte wurde Jerusalem von arabischen Herrschern als Tausch für ihnen wichtiger erscheinende Städte angeboten (vgl. J.W. Parkes, *Whose Land?...*, Kap. 10, Harmondsworth, GB, 1970; www.wikipedia.org).

Als die Türken 1917 Jerusalem aufgaben, sollen sie nach einem Bericht sogar bereit gewesen sein, Jerusalem zu zerstören. Der ottomanische Kommandeur Jamal Pascha wies seine österreichischen Verbündeten an, *„Jerusalem in die Hölle zu bomben",* falls die Briten die Stadt betreten würden. Die Kanonen waren schon auf den Felsendom gerichtet, und es war ein jüdischer (!) Artillerie-Hauptmann der österreichischen Armee, Marek Schwartz, der diesen Plan vereitelte (vgl. Daniel Pipes, ebd.).

Im Nationalvertrag der PLO von 1964 wird Jerusalem überhaupt nicht erwähnt. Warum auch? Jerusalem war nie Hauptstadt eines moslemischen Staates gewesen und hatte im Islam – bis auf die kurze Zeit, als die syrischen Muslime nicht nach Mekka pilgern konnten - keinen besonderen religiösen Status.

Auf einem Gipfeltreffen arabischer Führer im März 2001 hat Ghaddafi auf seine unnachahmliche Art die Besessenheit seiner Kollegen von Jerusalem und der „Al-Aksa-Moschee" wie folgt auf den Punkt gebracht: *„Zur Hölle damit! Entweder löst Ihr das oder nicht. Es ist nur eine Moschee und beten kann ich überall."* (vgl. Daniel Pipes, ebd., S. 17, Zitat eines Delegierten) Diese Aussage zeigt wohl deutlich genug, was der Moslem Ghaddafi von dem Mythos der Himmelsreise Mohammeds in Verbindung mit der Moschee in Jerusalem hält.

Yassir Arafat behauptete 1974 in seiner Rede vor den Vereinten Nationen: *„Die jüdische Invasion begann 1881... Palästina war zu dieser Zeit ein grünendes und blühendes Land, in der Mehrheit bewohnt von einem arabischen Volk, das dabei war, sich sein Leben aufzubauen und auf dynamische Weise seine einheimische Kultur zu bereichern."*

Wie sah nun stattdessen die Wirklichkeit in Palästina und Jerusalem aus? Ich will das an einigen Berichten verdeutlichen:

Aus: A. Strobel/Conrad Schick, Ein Leben in Jerusalem, 1846, S. 42-44:
„Gemäß der Schrift (Sacharja 7:14) hatte ich zwar erwartet, das Land als eine Wüste anzutreffen, aber eine solche Felsenwüste, wie sie mir immer trostloser entgegentrat,... überstieg meine Begriffe. ... eine graue Mauer in einer ... toten und aller Bäume und anderer Gewächse baren Umgebung. Und das sollte die berühmte Stadt Jerusalem sein! Statt Freude überfiel mich ein unsagbares Gefühl der Vereinsamung. Es war mir, als sei ich ... angekommen ... auf dem Felseneiland eines unbewohnten Planeten."

Abdel Razek Kader, im Exil lebender Araber, 1969:
„Um die Jahrhundertwende war Palästina nicht mehr das Land, darin Milch und Honig floß (…), sondern eine arme ottomanische Provinz, eine Halbwüste, wo es mehr Disteln gab als Blumen. An der Mittelmeerküste und in der südlichen Hälfte des Landes gab es nichts als Sand, und die Sümpfe in den Ebenen waren Brutstätten für Malaria, welche die spärliche halbnomadische Bauernbevölkerung dezimierte, die sich an die kahlen Berghänge klammerte."

Aus: Carl Hermann Voss: The Palestine Problem Today, Boston 1953:
"In den zwölfeinhalb Jahrhunderten zwischen der im 7. Jh. erfolgten Eroberung durch die Araber und den Anfängen der jüdischen Rückkehr in den 80er Jahren des 19. Jh. lag Palästina wüst da. Seine alten Bewässerungskanäle und -anlagen waren zerstört und die wunderbare Fruchtbarkeit, von der die Bibel sprach, war einer wüsten und öden Landschaft gewichen."

James Parker, Theologe u. Historiker:
„Die Bauernbevölkerung und die Beduinen tragen im gleichen Maße die Schuld am Verfall des Bodens… Bei den Fehden zwischen den Dörfern kam es nur zu oft vor, daß man den Gegner durch das Fällen seiner Obst- und Olivenbäume und durch Vernichtung der Getreideernte zu strafen suchte. Die Beduinen vernichteten die Ernten der Dörfer, die sie überfielen, und töteten oder entführten die Viehherden. Die Brunnen füllten sie mit Steinen und zerschlugen die Wasserbecken und Zisternen. Die Unsicherheit, die sie verbreiteten, war so groß, daß ausgedehnte und fruchtbare Bezirke jahrelang völlig unbebaut blieben und Flüsse und kleinere Wasserläufe sich stauten, wodurch sich Brutherde für Malaria bildeten, die endemisch wurde und die unglücklichen Bauern zwang, anderswo ihr Glück zu suchen oder in den Städten zu hungern…

Im 19. Jh. kam es sogar vor, daß Dorfbewohner wegen des Niedergangs ihrer Landwirtschaft selbst begannen, sich den Beduinen zuzugesellen und deren Leben zu führen. Trotz der ungewöhnlichen Fruchtbarkeit des Bodens ist die Bevölkerungszahl in historischen Zeiten wahrscheinlich nie auf einen so niedrigen Stand gefallen wie in der ersten Hälfte des 19. Jh." (aus M. Aumann, S. 6)

Moshe Brawer, Transformation in Arab Rural Settlement in Palestine (W.D. Hütteroth..., Deutscher Geographentag 1969, 1970):

„Etwa 50% der Dörfer in der Umgebung von Hebron, im östlichen Judäa, in Samaria und im zentralen Jordantal waren vom 17. Jh. bis Anfang des 19. Jh. verlassen, dgl. 26% der Dörfer in der Küstenebene (Sharon) und auf den angrenzenden Gebirgsausläufern Samarias..."

Mark Twain über seine Palästinareise 1867:

„Palästina sitzt in Sack und Asche. Über ihm brütet der Bann eines Fluches, der seine Felder verdorren lassen und seine Tatkraft gefesselt hat..." „Die Bevölkerung (von Endor, vgl. 1. Samuel 28) zählt 250 Köpfe, von der mehr als die Hälfte in Höhlen im Felsen lebt..." „Es gibt keine ermüdendere Landschaft für das Auge als die, welche die Zufahrtswege nach Jerusalem begleitet. Der einzige Unterschied zwischen den Straßen und dem umgebenden Land ist vielleicht der, daß auf den Straßen mehr Steine liegen... Jerusalem zählt nur vierzehntausend Einwohner."

Auni Bey Abdul-Hadi, führender Vertreter der arab. Seite, 1937, gegenüber der Peel-Kommission, die die Teilung Palästinas vorgeschlagen hatte:

„Es gibt kein solches Land (wie Palästina). ´Palästina´ ist ein Begriff, den die Zionisten erfunden haben! Es gibt kein Palästina in der Bibel. Unser Land war jahrhundertelang ein Teil von Syrien." (vgl. Carl H. Voss, ebd.)

*

Ich denke, diese Auswahl weniger Berichte spricht für sich selbst. Zum Abschluß möchte ich aus dem Alten Testament, Das Hohelied Salomons, zitieren, das uns ein ganz anderes Bild des Landes vor dem Exodus der Juden zeichnet:

„Komm, mein Freund, laß uns aufs Feld hinausgehen und auf den Dörfern bleiben, daß wir früh aufstehen zu den Weinbergen, daß wir sehen, ob der Weinstock sprosse und seine Blüten aufgehen, ob die

Granatbäume blühen; da will ich dir meine Liebe geben. Die Lilien geben den Geruch, und über unsrer Tür sind allerlei edle Früchte. Mein Freund, ich habe dir beide, heurige und vorjährige, behalten." (7:11-14)

„Ich wollte dich führen und in meiner Mutter Haus bringen, da du mich lehren solltest; da wollte ich dich tränken mit gewürztem Wein und mit dem Moster meiner Granatäpfel. Seine Linke liegt unter meinem Haupt, und seine Rechte herzt mich. Ich beschwöre euch, Töchter Jerusalems, daß ihr meine Liebe nicht aufweckt noch regt, bis es ihr selbst gefällt." (8:2-4)

„Da aber Herodes gestorben war, siehe, da erschien der Engel des Herrn dem Joseph im Traum im Ägyptenland und sprach: Stehe auf und nimm das Kindlein und seine Mutter zu dir und zieh hin in das Land Israel…" (Matthäus, 2:19,20)

Ich wünsche Euch ein frohes Weihnachtsfest!

Ma´a salamah,
Regina

Teil B: Analysen

Regina von Fürstenmühl

I. DIE ARABER – VERSUCH EINER ANALYSE

Mai 2008

Wenn wir heute die Zeitung aufschlagen, so lesen wir fast regelmäßig etwas über die Konflikte in der arabischen Welt und über die Probleme, die die arabische mit der westlichen und die westliche mit der arabischen Welt hat. Aus dem sog. Westen kommend, steht man immer wieder verständnislos oder verwirrt vor den Reaktionen eines arabischen Gesprächspartners und kann sie nicht einordnen. Lebt man längere Zeit in der arabischen Welt und bemüht sich, diese Welt zu verstehen, so wird einem sehr schnell klar, von wie viel gegenseitiger Unkenntnis die meisten Berichte und Kommentare in westlichen wie auch in arabischen Zeitungen und Nachrichtenmedien geprägt sind, was auch die Äußerungen von Politikern beider Seiten mit einschließt. Um ein wenig Licht in die arabischen Eigenschaften und Umgangsformen zu werfen, möchte ich darum heute mit einer kleinen Serie von Berichten beginnen, die sich mit den arabischen Eigentümlichkeiten und deren geschichtlichen Hintergründen befassen.

Ich beziehe mich dabei insbesondere auch auf die Analysen des Kulturanthropologen Raphael Patai (1910-96; „The Arab Mind"), der Zeit seines Lebens mit Arabern befreundet war, ihre Denkweise und Lebensgewohnheiten erforschte und ihnen wohlwollend, aber auch kritisch gegenüberstand. Er lebte und lehrte in Israel und in den USA, arbeitete an Forschungsprojekten in den Ländern des Mittleren Ostens und verlor nie den Kontakt zu seinen arabischen Freunden. Ich werde auch Äußerungen von arabischen Historikern, Philosophen und Intellektuellen über ihre arabischen Mitmenschen zitieren sowie neuere Publikationen zur Analyse heranziehen.

Andererseits fließt hierbei natürlich auch meine eigene Erfahrung aus den Jahren des Lebens in Saudi-Arabien ein, sowie die gemeinsame Erfahrung, die Gerhard und ich in der Gegenwart mit den arabischen Menschen in den Emiraten machen. Ich kam 1976 nach Saudi-Arabien ohne Kenntnis der so ganz anderen arabischen Normen, Verhaltens- und

Denkweisen, da ich in Deutschland (bis auf veraltete Reiselektüre, z.B. von Wilfried Thesiger) nichts darüber finden konnte. Nachdem ich dann einige Male völlig überrascht mit den Reaktionen insbesonders arabischer Männer konfrontiert worden war (meine europäischen Normen halfen da gar nichts, im Gegenteil!), war es mir eine große Hilfe, als ich auf die Studien von Patai stieß. Ich konnte Reaktionen einordnen und meine Verhaltensweisen besser auf die ganz andere Denkweise der Araber abstimmen (was trotzdem immer noch schwierig blieb!). Die Beobachtungen und Analysen von Raphael Patai haben in den letzten 30 Jahren nicht an Aktualität verloren!

Natürlich ist mir bewusst, daß ich mit meinem Versuch einer Analyse die arabische Mentalität nicht ganz erfassen kann, aber es soll ein Versuch sein, sie etwas besser zu verstehen. Auch ist mir die Problematik der Verallgemeinerung bewusst, von „den Arabern", „den Europäern" usw. zu sprechen. Mit Recht kann eingewandt werden, daß die Araber oder Europäer oder auch Israelis Völker unterschiedlichster Individuen sind. Meine Analyse ist also als Beschreibung weit verbreiteter, charakteristischer Verhaltensweisen in der arabischen Kultur zu verstehen.

Ich würde mir sehr wünschen, daß diese Analysen auch einmal von arabischer Seite versucht werden würde! Araber sind in der Regel ganz begeistert, wenn sie hören, daß ich den Koran gelesen habe, und wir haben zu unseren englisch-arabischen Ausgaben (Pakistan 1954, Deutschland 1993) jetzt noch eine arabisch-deutsche Ausgabe (Kairo 2007) geschenkt bekommen. Ich bin noch keinem Moslem begegnet, der mir stolz erklärt hätte, er habe das Neue Testament gelesen. Ich würde es auch nicht wagen, einem Moslem die Bibel zu schenken, denn es könnte als Missionierungsversuch ausgelegt werden, was in islamischen Staaten unter Strafandrohung verboten ist. Zudem ist es einem Moslem verboten, die Bibel zu lesen.

In Jordanien wurden in diesem Jahr dort ansässige Christen wegen des Missionierungsvorwurfs des Landes verwiesen, was noch eine milde Strafe ist. Hier ist also noch erheblicher Nachholbedarf von arabischer Seite. Doch jetzt möchte ich mit der Geschichte beginnen und das heißt, erst einmal zu klären: Was ist ein Araber?

1. Was ist ein Araber?

Der Begriff „Araber" bezieht sich seit vorislamischer Zeit auf einen Bewohner der arabischen Halbinsel und der syrischen Wüste. Seit den ältesten geschichtlichen Erwähnungen wurden darunter Beduinen verstanden, die in der Wüste Kamele züchteten. Bereits 600 B.C. heißt es in der Bibel, Jeremias (3:2): „… wie ein Araber in der Wüste…" Araber und Beduine waren gleichbedeutende Begriffe. Erst durch die Islamisierung außerhalb der traditionellen Gebiete wurden die Bewohner anderer Länder, wie z.b. Ägypter, Marokkaner oder Algerier ebenfalls als Araber bezeichnet.

Eine große Bedeutung besitzt für den Araber die arabische Sprache. Die Frage „Wer ist ein Araber?" wird gewöhnlich beantwortet mit „dessen Muttersprache arabisch ist". Mit der Islamisierung wurde die arabische Sprache über das Stammland hinaus verbreitet, so daß seitdem auch Menschen, die ethnisch keine Araber sind, arabisch sprechen. Phonetisch ist Arabisch jedoch keineswegs eine einheitliche Sprache. Es ist kein Problem für einen Saudi und einen Ägypter sich zu verständigen, jedoch war Gerhard sehr erstaunt, als sich eine Flightcrew, bestehend aus einem Saudi und einem Marokkaner mittels der englischen Sprache unterhielten. Seine neugierige Nachfrage, warum sie nicht arabisch miteinander sprächen, wurde wie folgt beantwortet: „Auf arabisch verstehen wir uns nicht. Die Dialekte sind zu verschieden."

Von ihrem Selbstverständnis her betrachten sich Araber jedoch, wo immer sie auch leben, als <u>eine Nation</u>, als Brüder einer Familie. Die Unterteilung in verschiedene politische Einheiten betrachten sie folglich nur als einen vorübergehenden Zustand. Dieses Selbstverständnis von „einer Nation" findet man immer wieder in Ansprachen, Aufrufen und Schriftsätzen. Die Realität zeigt allerdings ein ganz anderes Bild. Den Hintergrund hierzu werde ich im Laufe meiner Analyse aufzeigen.

2. Was ist die arabische Welt?

Seit dem Propheten Mohammed besteht die Welt aus arabischer Sicht aus zwei Teilen: einem <u>inneren</u> Teil, das „Haus des Islam" (Dar al-Islam), und einem <u>äußeren</u> Teil, das „Haus des Krieges" (Dar al-Harb). Übersetzt bedeutet das Wort „Islam" Unterwerfung; missionarisch orientierte Muslime übersetzen es allerdings lieber mit „Frieden". Mit diesem Weltbild wird die scharfe Grenze zwischen Muslimen und Ungläubigen deutlich gemacht, denn das „Haus des Krieges" bezeichnet die Welt der Ungläubigen.

Aus dieser Sicht erscheint die Welt wie eine Frucht aus 3 Teilen: Das Korn, das Herz, also der wertvollste Teil: Das ist die arabische Welt. Das Fruchtfleisch: Das ist die muslimische Welt. Die Schale, die die Existenz der Unerforschlichkeit von Allahs Wegen bezeugt: Das ist die nicht-muslimische Welt. (*Häretische Anmerkung.: Ohne Schale würde die Frucht allerdings faulen!*)

Obwohl die arabische und die muslimische Welt keineswegs identisch sind, weil der Begriff „Araber" streng definiert ist, Muslime jedoch viele Nationalitäten haben und in der arabischen Welt auch Christen*, Juden (vor ihrer Vertreibung)*, Alewiten, Zoroastrier, Religionsangehörige des Bahaismus u.a. leben, neigen die Araber dazu, Arabismus mit Islam, vice versa, gleichzustellen. (Man überprüfe hierzu Zeitungsberichte und Reden arabischer Führer in der Gegenwart!)

Christen verlassen aufgrund des Druckes und der für sie unsicheren Lage zunehmend die arabischen Länder. Dies ist die zweite Emigrationswelle, nachdem 1947/48 weitgehend alle Juden (850.000) aus ihren arabischen Heimatländern vertrieben wurden.

Der saudische Kolumnist Hussein Shubakshi bedauert das in einem Artikel der in London herausgegebenen saudischen Al-Sharq Al-Awsat sehr, weil durch die Emigration der Christen, wie auch schon durch die Vertreibung der Juden, den betroffenen Ländern ein weiterer ökonomischer und kultureller Niedergang bevorstehe und zu befürchten sei, daß die viel beschworene Vielfalt der arabischen Gesellschaften weiter zerstört werde. (Al-Sharq Al-Awsat, 2. Februar 2008; online: Auszüge in MEMRI, Special Dispatch No. 1850).

Erinnert das nicht an den intellektuellen Aderlaß, den Deutschland während des 3. Reiches erlebte? Man denke an Albert Einstein, Thomas Mann, Ernst Bloch, Theodor Adorno, Herbert Marcuse, Erich Fromm, den Komponisten Arnold Schönberg, den Maler Paul Klee und den Bauhaus-Direktor bis 1933 Mies van der Rohe. (Wer mehr wissen möchte, kann bei Wikipedia die Liste deutschsprachiger Emigranten und Exilanten 1933-45 einsehen.)

Araber unterscheiden zwar durchaus nationale Persönlichkeitseigenschaften, berufen sich jedoch auf ihre gemeinsame „arabische Identität", wenn sie das Gefühl haben, von außen kritisiert oder angegriffen zu werden. Hierzu gibt es ein geläufiges arabisches Sprichwort: „Ich gegen meinen Bruder, ich und meine Brüder gegen meine Cousins, ich und meine Cousins gegen den Fremden" (oder gegen die Welt). Ein Weggefährte des Propheten Mohammed, Maqrizi Ka´b al-Ahbar, fasste seine Beobachtungen in einer Anekdote zusammen. Demnach erschuf Allah 10 unterschiedliche Charaktere: Treue bzw. Redlichkeit, Ehre, Mut, Auflehnung bzw. Rebellion, Stolz, Heuchelei bzw. Scheinheiligkeit, Reichtümer, Armut, Demut bzw. Bescheidenheit und Elend. Die Treue sagte:" Ich gehe in den Jemen." „Ich werde mit Dir gehen", sagte die Ehre. Der Mut sagte: "Ich gehe nach Syrien." „Ich werde mit Dir gehen", sagte die Auflehnung. Der Stolz sagte: „Ich werde in den Irak gehen." „Ich werde mit Dir gehen", sagte die Demut. Die Armut sagte: „Ich werde in die Wüste gehen." Ich werde mit Dir gehen", sagte das Elend.

Um die Araber zu verstehen, muß man sich mit ihrer Herkunft aus den Wüsten der arabischen Halbinsel, also mit den Beduinen beschäftigen, mit deren Ethos und Moralkodex. Die Beduinen stehen in der arabischen Welt für den Araber des „heroischen Zeitalters", und ein Araber der Gegenwart, der auf sich hält, wird seine Abstammung von den Beduinen ableiten.

3.   Traditionelle Beduinenwerte

Die Gastfreundschaft (3 Tage für Freund oder Feind); die Ehre (Gesicht wahren); die Großzügigkeit (dem Gast auch das Letzte noch geben); Mut (Angst darf nicht gezeigt werden = Gesichtsverlust); Selbstachtung/ Würde (hängt eng mit Ehre zusammen).

4. Zu den einzelnen Werten:

Ein übergeordneter Wert ist die Ehre, denn man kann die Ehre bzw. sein Gesicht verlieren, wenn einer der anderen o. g. Werte verletzt wird. Im Zentrum dieses Wertes stehen Selbstachtung, Würde und Ansehen. Am ehesten können diese Werte durch den Verstoß der weiblichen Mitglieder einer Familie gegen die sexuellen Normen verletzt werden. Erst nach der Ehre folgen die Werte Mut/Tapferkeit und Gastfreundschaft/ Großzügigkeit.

Da seine Selbstachtung leicht verwundbar ist, reagiert ein Araber äußerst empfindlich und empfindet bereits Bemerkungen und Handlungen als persönliche Beleidigung, die uns Europäern harmlos erscheinen. Eine ironische oder kritische Äußerung, die Nichtbeachtung von Sitzordnung oder Rangfolge stellen bereits einen Gesichtsverlust dar, der eine Reaktion fordert. Die Ehre kann bereits verletzt sein, wenn eine Einladung oder ein Geschenk abgelehnt wird, denn eine Ablehnung zeigt Respektlosigkeit gegenüber einer Person und kränkt folglich deren Ehre. Aber auch an der arabischen Kultur und schon gar nicht an allem, was mit Glaubensfragen zu tun hat, darf die leiseste Kritik geäußert werden. Um seine Ehre zu retten, ist für einen Araber Treuebruch und Verrat sozial durchaus gerechtfertigt; um der Gefahr des Gesichtsverlustes zu entgehen, ist die Lüge geboten. Er wird selbst Gefahr für sein Leben in Kauf nehmen, wenn er damit seine Ehre retten kann. Auch hierzu gibt es Sprichwörter: „Laß meine linke Hand nicht meine rechte Hand brauchen", „Lieber Hungers sterben, als um Hilfe bitten". Um sein Gesicht zu wahren, wird er alles tun, um seine Not selbst vor Freunden zu verbergen.

Hiermit eng verbunden ist die Scham, wenn andere von seiner Not erfahren würden, und die Schande und Schmach, die das Bekanntwerden seiner Notlage nach sich ziehen würde. Die wichtigste Richtschnur seines Verhaltens ist: „Was würden die Leute sagen…" Daraus folgt, es ist besser, so zu tun, als ob es ihm gut gehe, auch wenn es ihm eigentlich schlecht geht; mit den sozialen Erwartungen übereinzustimmen, auch wenn er sich von ihnen innerlich längst distanziert hat.

Der ägyptische Soziologe Dr. Hamid ʿAmmar beschreibt hierzu eine Persönlichkeit, die er „Fahlawi" Persönlichkeit nennt. Von ihr wird

Durchsetzungsvermögen erwartet, das durch übertriebene Behauptung der eigenen Persönlichkeit und der ständigen unter Beweisstellung der Fähigkeit, Herr seiner eigenen Angelegenheiten zu sein, dokumentiert oder zumindest vorgetäuscht werden muß.

Unmäßigkeit, Übertreibung und Beschönigung (der Wahrheit) bezeichnet Dr. ʿAmmar als weitere Eigenschaften dieser Persönlichkeit. Das äußere Erscheinungsbild ist das wichtigste und muß um jeden Preis gehalten werden, was sich in Form von Rücksichtslosigkeit und Verachtung gegenüber anderen äußern kann. Nach Dr. ʿAmmar zeigt sich dies selbst in Bauwerken, deren äußeres Erscheinungsbild von ihren strukturellen und baulichen Mängeln ablenken soll, und offenbart sich in prahlerischem Verhalten und Reden. Ein Architekt berichtete, daß eine der häufigsten Anweisungen seiner arabischen Bauherren sei: "Make it looking rich". Die Forderung nach Selbstbehauptung führt zur Verächtlichmachung, Herabsetzung und Abwertung anderer. Die Schuld und Verantwortung für eigene Fehler wird anderen zugeschoben.

Auf der anderen Seite beschreibt Dr. ʿAmmar die „romantische Sicht" (wie er es nennt), die diese Persönlichkeit von der Gleichheit der Rechte hat. Sie hat eine ausgesprochene Abneigung gegen Autorität und Führung, der sie sich nur unter äußerstem Druck unterwirft. Infolge dessen wird eine mildtätige Führung verachtet, weil sie als schwach betrachtet wird; das gilt aber genauso für einen „milden" Feind.

Auch Philip Carl Salzman (Culture and Conflict in the Middle East, 2008) bestätigt, daß Araber nur dem Stamm ihrer Herkunft gegenüber loyal sind und nicht Staatsoberhäuptern, weshalb es schwierig ist, einen Staat mit verfassungsmäßiger, demokratischer Ordnung zu schaffen, in dem alle Stämme gleichberechtigt sind. Er bestätigt Patais Analyse mit der Feststellung, daß Mitglieder eines Stammes nur ihrer eigenen Gruppe gegenüber loyal sind. Als Beispiel weist er auf den mit brutaler Gewalt geführten Kampf zwischen Sunniten und Schiiten nach dem Fall Saddam Husseins im Irak hin. Obwohl beide Gruppen sich vom Propheten Mohammed her ableiten, betrachten sie die Bedrohung durch die jeweils andere Gruppe als schlimmer als die Bedrohung durch die „Ungläubigen".

Man könnte jetzt annehmen, daß hier das alte Sprichwort: „Ich gegen meinen Bruder, ich und meine Brüder gegen…" außer Kraft gesetzt worden sei. Dieses Dilemma scheint aber dadurch umgangen worden zu sein, indem die Schiiten von den Sunniten als „Häretiker" eingestuft werden, als Abweichler vom wahren Glauben oder auch als Heuchler, die nur vorgeben Muslime zu sein. Folglich stehen sie außerhalb der Gemeinschaft der Gläubigen (Umma) und müssen noch vor den Ungläubigen bekämpft werden. Die andere Seite führt ähnliche Argumente ins Feld.

Hierzu muß man wissen, daß die Schiiten gegenüber den Sunniten in der Minderheit sind (Wikipedia spricht von 15 % Schiiten im Jahr 2007). „Heuchler" werden die Schiiten genannt, weil sie in den blutigen Auseinandersetzungen mit den Sunniten in den ersten Jahrhunderten der Religionsspaltung die „Taqiyya" anwandten, die „Kunst der Verstellung". Die „Taqiyya", geht auf Mohammed zurück, der seinen Anhängern gestattete, bei Gefahr ihres Lebens ihren Glauben zu verleugnen. Es gibt jedoch heute in der moslemischen Welt keinen gemeinsamen Standpunkt zu ihrer Anwendung.

Wenn es um die Wahl geht, wird individuelles dem gemeinschaftlichen Handeln vorgezogen (keiner steht über mir), was sich in den arabischen Sprichworten „ein geteilter Wasserkessel kocht nicht" oder „besser eine eigene Matte besitzen als ein Haus teilen" ausdrückt. Gruppenhandeln wird nur wenn unbedingt notwendig zugestimmt, aber ohne das eigentlich dafür erforderliche verbindliche Engagement. Der Hintergrund des Individualismus ist einerseits das Bestreben, sein Ziel auf möglichst kurzem Weg zu erreichen, andererseits die traditionelle Stammes-solidarität, die keinen übergeordneten Herrscher akzeptiert.

Dr. ´Ammar stellt fest, daß der Enthusiasmus schnell abflaut, wenn Geduld und Beharrlichkeit gefordert sind. Das Ziel soll schnell und leicht erreichbar sein, ohne viel Aufwand*, wie er am Beispiel von Studenten bei Examensarbeiten beobachtet hat. Ich habe vor kurzem eine in der Gulf News veröffentlichte Untersuchung gelesen, die festgestellt hat, daß 80 % der emiratischen Studenten lieber versuchen, ihr Examen mit List als mit eigener Arbeit zu bestehen (Gulf News, 27.04.2008).

Wir haben einen arabischen Freund in den Emiraten, gebildet, promoviert und ehemals Fluglehrer und hoher Offizier einer arabischen Luftwaffe. Er hatte Gerhard gegenüber den Wunsch geäußert, seinen zivilen Linienflugzeugführerschein zu erwerben. Gerhard hat ihm die Wege aufgezeigt, die allerdings ein gewisses Maß an Lernaufwand und eine Prüfung erfordern. (Anmerkung: Die Prüfung hier in den UAE gleicht der deutschen Prüfung und ist sehr schwer zu bestehen.) Statt zielstrebig zu lernen, versucht unser Freund seit 1.1/2 Jahren einen möglichst einfachen Weg zum Erwerb der Lizenz zu finden. Derzeit eruiert er gerade die Bedingungen in einem anderen arabischen Land, daß weniger strenge Bedingungen stellt.

Die Untersuchungen von Dr. ʿAmmar werden von Dr. Sadiq Jalal al-ʿAzm bestätigt, der in Beirut und Amman lehrte. Nach ihm ist der „Fahlawi" Student nur an einem formalen Studienerfolg interessiert und greift dazu oft zu unerlaubten Mitteln. Seine größte Furcht ist nicht der Misserfolg an sich, sondern die Schmach und Schande, falls sein Misserfolg bekannt werden würde. Da er später diese Taktik auch im Berufsleben beibehalten wird, kann man sich die Folgen vorstellen. Derjenige, der für seinen Erfolg und sein berufliches Weiterkommen hart arbeitet, wird nicht ganz für voll genommen oder sogar verachtet. Mit diesem Hintergrundwissen kann man auch manche Vorgänge in der heutigen arabischen Politik besser verstehen. Dr. al-ʿAzm vermutet jedoch, daß die „Fahlawi" Persönlichkeit tatsächlich an einem Minderwertigkeitsgefühl leidet, den sie aber aus Furcht vor Scham und Schande hinter künstlicher Anpassung und Liebenswürdigkeit versteckt. Versagen wird hinter großen Gesten verborgen: „Das macht nichts! Alles ist in bester Ordnung! Wir sind alle Brüder!" oder mit Erfolgsmeldungen verschleiert. Zwingt die Situation zur Offenbarung der Fehlschläge, dann wird alle Verantwortung auf äußere Kräfte geschoben, sei es das Schicksal oder andere böse Mächte. Die heutige Situation betreffend spricht Hans Magnus Enzensberger („Der Islam ist ein Entführungsopfer", ZEIT, 01.06.2006) von einer Projektion: „Nicht wir *(die Araber)* sind schuld, sondern die Mongolen, die Türken, die Kolonialmächte, die Juden, die Amerikaner, irgendjemand, nur nicht wir." Wobei allerdings die jahrhundertelange Besatzung durch das osmanische Reich, die weitaus brutaler war als die kurze Besatzung durch europäische Länder, in der Regel unerwähnt bleibt. Da die Türken selbst Muslime waren und der osmanische Sultan zugleich Oberhaupt aller Muslime, wird diese Besatzung trotz aller Missstände als weniger beschämend empfunden als eine Besatzung durch Ungläubige.

Patai hält die so dargestellte „Fahlawi" Persönlichkeit zwar für etwas überzeichnet, bestätigt aber das Problem, daß in dem alles beherrschenden Moralkodex von Scham und Ehre liegt, wodurch sich die Aufmerksamkeit des Einzelnen vorrangig auf Verhaltensäußerlichkeiten konzentriert.

5.   Aversion gegen physische Arbeit

Die Beduinen betrachteten körperliche Arbeit, wie sie zum Beispiel in der Landwirtschaft und in den Handwerken verrichtet werden musste, als entehrend. Diese Einstellung ist auch heute noch bei Arabern zu beobachten. Wenn man schon nicht in Muße leben kann und gezwungen ist zu arbeiten, dann auf keinen Fall eine Arbeit, „im Schweiße Deines Angesichtes", wie das nach der Genesis über den Menschen verhängt wurde. Im Unterschied zu der protestantischen Ethik, daß Arbeit den Menschen adele, besteht das arabische Ideal darin, dem biblischen Fluch zu entkommen, indem man durch Glück ein Vermögen macht, einen Schatz findet, etwas billig kauft und wieder teuer verkauft. Wenn schon arbeiten, dann in führender Stellung, in der die anderen die Arbeit verrichten.

Jeder, der aufmerksam die Geschichten aus 1001 Nacht liest, wird dort diese Ethik wieder finden. Arbeit mit den Händen im Schweiße des Angesichts wird als unehrenhaft betrachtet! Dieser Beduinenkodex hat bis in die Gegenwart überlebt. Ein Europäer oder Amerikaner, der mit Freude in Haus und Garten oder an seinem Auto werkelt, wird nicht verstanden. Der statusbewußte Araber gleichen sozialen Ranges würde das „do-it-yourself" als erniedrigend empfinden und für diese Arbeit einen Bediensteten anstellen. Der typische selbstbewusste arabische Haushalt der Mittel- und Oberschicht weist sich folglich durch einen Tross an Bediensteten aus: Haus- und Kindermädchen, Koch, Gärtner, Fahrer usw. Vor diesem Hintergrund wird es auch verständlich, daß ein Araber lieber eine unterbezahlte Büroarbeit annimmt, als auf dem Bau das Doppelte oder Dreifache mit Handarbeit zu verdienen.

Natürlich trifft das nicht auf jeden zu, ist aber auch nach unseren Beobachtungen nicht selten. Zwei Instrukteure von Gerhard haben z. B. gerade eine Ernennung zum „Type Rating Examiner" mit der Begründung abgelehnt: Sie würden befürchten, dann mehr arbeiten zu müssen. Gerhard ist derzeit der einzige, der hier im Flight Training Center Boeing B737 Piloten prüfen darf, deshalb wollte er Entlastung haben. Alle arabischen Kollegen nennen ihn ihren „besten Freund" – trotzdem: siehe oben! (In der Tat hätten sie auch noch einen einwöchigen Kurs besuchen müssen.)

Uns wurde das auch am System der „Sponsorship" deutlich. Ich kannte dieses System bereits aus Saudi-Arabien: Für ein Arbeitsprojekt oder für die Einfuhr von Gütern benötigte man einen arabischen Sponsor. Das ist eine einflussreiche Persönlichkeit, am besten ein Mitglied der saudischen königlichen Familie, die als Sponsor gutes Geld verdiente, ohne selbst Hand anlegen zu müssen. Selbst die Einfuhr von Alkohol war damit möglich, denn welcher Zöllner würde es schon wagen, einen Lkw an der jordanischen Grenze zu überprüfen, wenn auf den Papieren die Sponsorship eines Prinzen vermerkt war. (Wenn ein gewisser Lkw vor unserem Camp-Tor stand, hieß es: *„Aha, der Whiskey-Laster ist wieder da!"*)

Die Sponsorship hat allerdings auch einen Sinn, denn in Saudi-Arabien wie auch hier in Dubai verhindert sie, daß ausländische Unternehmen am Ende die arabischen Märkte kontrollieren. Eine wirtschaftliche Kontrolle der Märkte würde die Tür für eine mögliche politische Einflussnahme öffnen. In den U.A.E. müssen mindestens 59 % der Geschäftsanteile in den Händen von Emiratis sein. Die andere Seite ist jedoch, daß dieses System die Einstellung von arabischer Seite unter-stützt, ohne eigenen Einsatz Geld verdienen zu können. Damit wird die Ablehnung von „Handarbeit", Einsatz und Mühe festgeschrieben.

Die Auswirkungen dieser Grundhaltung sind deutlich zu sehen: Es gibt keine eigenen Entwicklungen, alles wird importiert und gleich mit den Fachleuten dazu. Klar wird das auch, wenn man auf die Gegenbeispiele blickt: Japan, China und jetzt Indien. Durch Kopieren von Produkten (wie unangenehm uns diese „tätige Entwicklungshilfe" auch sein mag) haben diese Länder Know-how erworben, bis sie eigene Produktentwicklungen auf den Markt bringen konnten und zu weltweit wichtigen Handelspartnern wurden. Oder man schaue auf die BRD nach dem II. Weltkrieg: Das erste Flugzeug (die HFB 320), das die Deutschen wieder bauen durften, war so schwer, daß es nicht vom Boden abhob, wenn die Passagiere schwere Koffer mitbrachten; heute ist Deutschland an der Entwicklung des Airbus beteiligt. Dubai importiert Flugzeuge, hat aber nicht im Ansatz versucht, dies oder andere Produkte selbst zu entwickeln. Aus dem arabischen Raum kommt im Wesentlichen nur Öl.

Wir haben den Eindruck, daß Scheich Mohammed diese Mängel bei seinen Landsleuten durchaus erkennt, denn er fordert mit Wort und Tat immer wieder höchsten Einsatz und Leistung. Zum Beispiel, wenn er in diesem Jahr kurzerhand sein ganzes Kabinett umstellte, einige Minister „freistellte" und durch neue Minister(innen!) ersetzte, mit der Begründung, daß die entlassenen Minister nicht die für ihre Posten erforderliche Leistung erbracht hätten. Er möchte die Abhängigkeit von ausländischen Fachkräften abbauen, doch er wird sich schwer tun, solange sich diese Grundhaltung nicht ändert. Vielleicht bietet sich ja hier eine besondere Chance für die Frauen! Sollten sie diese leistungsfeindliche Grundhaltung nicht vertreten und Leistung, Einsatz und „Handarbeit" für sie nicht tabuisiert sein, könnten sie die Männer ihrer Gesellschaft schnell überflügeln. Da sie traditionell lange nicht dem Arbeitsmarkt zur Verfügung standen, ist jedoch schwer abzuschätzen, welche förderlichen oder hinderlichen Grundhaltungen sie mitbringen. Leider sind mir hierzu keine Studien bekannt.

*

Der oben beschriebene Moralkodex der Beduinen stammt zwar aus vorislamischer Zeit, aber – man darf nicht vergessen: Der Prophet Mohammed war ein Beduine, der seine Herkunft nicht verleugnen konnte, auch wenn er z. B. den Erbanteil der Frauen auf die Hälfte des Erbanteils der männlichen Erben erhöhte und den ständig in Konflikt miteinander liegenden arabischen Stämmen die Friedenspflicht während der Pilgerzeit verordnete. Der vorislamische traditionelle Moralkodex ist weitgehend erhalten geblieben. Allerdings konnte Mohammed eine entscheidende Änderung einführen: Mit der Schaffung des „Hauses des Islam" hat er die Stammesloyalität und die traditionellen Stammeskämpfe auf die Loyalität gegenüber der „Umma" (Gemeinschaft der Gläubigen) erweitert und verschworen, deren religiöse Pflicht es wurde, die Ungläubigen, „das Haus des Krieges", zu bekämpfen und dem „Haus des Islam" einzuverleiben.

Die bis in die Gegenwart reichenden Auswirkungen dieses überaus geschickten strategischen Schachzuges, der die umfangreichen Eroberungsfeldzüge durch die islamisierten Beduinen erst möglich machte, kann man heute auch an vielen Stellen der HAMAS CHARTA nachlesen. Leider ist die Charta bisher nur ins Englische übersetzt worden. Darum hier ein von mir ins Deutsche übersetztes Beispiel (s. weitere von mir übersetzte Artikel im Anhang):

Artikel 11:
„Die Islamische Widerstandsbewegung glaubt, daß Palästina das von Allah für zukünftige muslimische Generationen bis zum Tage des Jüngsten Gerichts geweihte islamische Vermächtnis (Islamic Waqf) ist. Nicht ein Teil darf vergeudet oder aufgegeben werden…

Dies ist das Gesetz, dem Palästina in der Islamischen Scharia unterstellt ist, **und das gleiche gilt für jedes Land, das Muslime mit Gewalt erobert haben, denn während der Zeit der (islamischen) Eroberungen haben die Muslime diese Länder den muslimischen Generationen bis zum Jüngsten Tag geweiht…**

Dieses Vermächtnis Allahs soll so lange bestehen, wie Erde und Himmel bestehen. Jede Vorgehensweise, die in Widerspruch zur Islamischen Scharia steht, soll, was Palästina betrifft, null und nichtig sein."

Das obige mag für Spanien, Sizilien, Jordanien, Syrien und andere Länder zutreffen, es steht nichts Gegenteiliges im Koran. (Ich habe jedenfalls nichts gefunden). Aber hat die Hamas den Koran sorgfältig gelesen – oder wollte sie es so genau nicht wissen? Denn nach den Weisungen von Allah ist <u>ein Volk</u> und <u>ein Land</u> im Koran davon ausgenommen (*Koranausgabe Pakistan 1954/Deutschland 1993; die Kennzeichnungen * und ** sind mit den dazugehörigen Erläuterungen so im Koran angegeben*):

Sure 5, Vers 22
O mein Volk, betretet das Heilige Land, das Allah für euch bestimmt hat, und kehret nicht den Rücken, denn dann werdet ihr als Verlorene umkehren. *(Mit „Volk" ist das Volk Mose, also das jüdische Volk gemeint.)*

Sure 7, Vers 138
Und Wir gaben dem Volk*, das für schwach galt, die östlichen Teile des Landes** zum Erbe und die westlichen Teile dazu, die Wir gesegnet hatten. Und das gnadenvolle Wort deines Herrn ward erfüllt an den Kindern Israels, weil sie standhaft waren…
*dem Volke Moses **Palästina

Sure 10, Vers 94
Wir bereiteten führwahr den Kindern Israels eine treffliche Wohnstatt und versorgten sie mit guten Dingen…"

Sure 17, Vers 105
Und nach ihm sprachen Wir zu den Kindern Israels: „Wohnet in dem Lande*; und wenn die Zeit der zweiten Verheißung kommt, dann werden Wir euch hinzubringen als eine Schar, gesammelt (aus den verschiedenen Völkern)." *Palästina

Über den Koran steht am Anfang der 2. Sure: „Dies ist ein vollkommenes Buch; es ist kein Zweifel darin; eine Richtschnur für die Rechtschaffenen." Im Vorwort meiner obigen Koranausgabe kann man lesen, „Der Quran ist in sich widerspruchsfrei und im Einklang mit den Gesetzen der Wissenschaft und der Natur" und

Sure 4, Vers 83
Wollen sie denn nicht über den Quran nachsinnen? Wäre er von einem anderen als Allah, sie würden gewiß manchen Widerspruch darin finden."

*

Hierzu wäre noch vieles zu sagen, doch möchte ich – ganz im Sinne der protestantischen Ethik – auch jedem Interessierten von Euch noch etwas Arbeit „*im Schweiße Deines Angesichtes*" überlassen.

Ma´a salamah,
Regina

Regina von Fürstenmühl

II. DIE ARABER – VERSUCH EINER ANALYSE

Juni 2008

Rückmeldungen auf meinen Bericht haben mir gezeigt, daß ich die Unterschiede zwischen europäischer und arabischer Kultur noch deutlicher herausarbeiten muß. Natürlich sehe ich auch die Ähnlichkeiten in den menschlichen Eigenschaften, genetisch sind die Unterschiede minimal. Freude, Angst, Scham und Wut, Zuneigung, Rachegefühle und Neid, all das empfindet jeder Mensch ähnlich. Der Unterschied besteht jedoch darin, wie diese Eigenschaften und Verhaltensweisen in einer bestimmten Kultur normiert und bewertet werden.

Wenn die menschlichen Gemeinsamkeiten das Entscheidende wären, würden wir beim Umzug in einen anderen Kulturraum ja auch kaum Probleme haben. Ich würde mich auf Anhieb mit den Menschen verstehen, wir wären uns gegenseitig nicht fremd und die Anpassungsprobleme wären gering. Aber das Internet ist voll von Angeboten für Seminare darüber, wie ich mich zum Beispiel im arabischen Kulturbereich zurechtfinden kann, also wie zum Beispiel die arabische Gesprächskultur aussieht, wie ich Verhaltensweisen interpretieren muß und mein eigenes Verhalten auf die so ganz anderen Verhaltenserwartungen der arabischen Seite einstellen kann. Diese Angebote zeugen von einem erheblichen Bedarf, was auf gravierende Unterschiede in Werten, Normen und Denkweisen hinweist.

Wer weiß schon, daß ein höflicher, traditionsbewusster Araber der Frau seines Besuchers nicht die Hand gibt, sie vielleicht sogar nicht einmal anschaut, und dieses Verhalten als Ehrerbietung zu werten ist? Daß es ein Affront ist, den Araber nach dem Wohlergehen seiner Frau zu fragen? Daß es unhöflich ist, den wiederholt angebotenen Tee abzulehnen? Daß eine Frau bei einer Fahrt im Fahrstuhl zu einem ihr fremden, begleitenden Araber keinen Blickkontakt herstellen sollte? Daß ein „Nein" mit einer Wortkaskade begleitet werden muß, um auch wirklich als „Nein" verstanden zu werden? Daß es von mangelndem

Engagement zeugt und insofern sehr irritierend ist, wenn man seinen arabischen Gesprächspartner immer ausreden lässt und versucht, ein ruhiges, sachliches Gespräch zu führen, anstatt ihm auch einmal ins Wort zu fallen?

Auswanderer in eine fremde Kultur, und das betrifft die arabische ganz besonders, erleben oft einen „Kulturschock", weil die erlernten gesellschaftlichen Orientierungen, die vertrauten Normen und Werte plötzlich keine Gültigkeit mehr haben. Man hat den gewohnten Leitfaden für sein Verhalten verloren. Auf dem Büchermarkt gibt es inzwischen einen „Business-Knigge" hierzu (Gabi Kratochwil, Business-Knigge: Arabische Welt, 2007). Diesen „Kulturschock" habe ich einst, allerdings noch in einer homöopathischen Dosis, beim Umzug von Norddeutschland nach Bayern wahrgenommen, und eine norddeutsche Freundin berichtete mir, wie schwierig und von Missverständnissen belastet ihre Ehe mit einem Bayern sei. (Womit ich nicht sagen will, daß die Bayern mich an Araber erinnern – oder doch?) Nun, das ist noch innerhalb Deutschlands, um wie viel deutlicher muß also der „Schock" sein, wenn man in einen so völlig anderen Kulturraum wie den arabischen zieht.

Wenn man Zeit seines Lebens im eigenen Kulturraum gelebt hat, nimmt man dessen Normen nicht als etwas Besonderes wahr, er ist ja mit seinen Normen und Regeln das Gewöhnliche und Alltägliche, also das Allgemeine im Unterschied zum Besonderen. In normalen Zeiten sind die Grundüberzeugungen und Werte in einer Kultur soweit internalisiert, daß sie dem kritischen Hinterfragen und der Reflexion entzogen sind. „Man" weiß eben einfach: Das ist böse, das ist gut, das ist anständig etc. Diese implizite Selbstverständlichkeit der Normen und Werte ist sogar notwendig, da sie der Komplexitätsreduzierung dient. Es bedarf also zumeist erst eines „Schocks" (Kulturschock), damit die Grundüberzeugungen hinterfragt werden.

Erst durch die Fremderfahrung wird das Gewohnte in Frage gestellt. Ich werde mit mir ungewohnten Normen und Regeln konfrontiert und muß versuchen, sie mir zu eigen zu machen, wenn ich in der anderen Kultur längere Zeit leben will. Dieser Prozeß sensibilisiert im Umkehrschluß aber auch für die Eigenheiten der Heimatkultur. Das erste Mal wird einem klar, wie sehr man von ihnen geprägt ist! Das eigene Anderssein kommt in der fremden Kultur zu Bewusstsein! Die von Kindheit an eingeübten Automatismen lösen beim Gesprächspartner aus der anderen Kultur Irritation aus, weil sie nicht mit der erwarteten Reaktion übereinstimmen. Das fängt schon bei der Begrüßung an, wenn die Verhaltensweisen meines Gesprächspartners für mich nicht zu entschlüsseln sind. Nach meiner Erfahrung wird man mit den fremden Umgangsformen und Normen niemals so vertraut wie mit denen, die man in der Kindheit in der eigenen Kultur gelernt hat. Ich habe das immer sehr deutlich gespürt, wenn ich nach Deutschland zurückgekehrt bin: Alles ist wieder vertraut, diese vielen kleinen Handlungen, Gesten, Andeutungen etc., die man, weil eingeübt, intuitiv versteht. Eine spürbare Entspannung setzt ein, weil man sich selbst nicht mehr ständig dahingehend kontrollieren muß, ob das eigene Verhalten der Situation angemessen ist. Hier, im Heimatland, braucht man im menschlichen Umgang nicht jedes Mal bewusst abzuwägen, welches Verhalten angemessen ist, sei es bei der Begrüßung, bei der einzuhaltenden Distanz zwischen den Gesprächspartnern, bei Einladungen oder bei Emotionsäußerungen.

Insofern: Die Eigenschaften der Araber scheinen unseren in Vielem ähnlich – und doch sind sie oft ganz anders als wir meinen! Ähnlich sind meist nur einzelne Aspekte, die aber oft in einem ganz anderen Gesamtaspekt eingebunden sind! In der arabischen Gesellschaft muß ich mich auf völlig andere Denk- und Verhaltensweisen einstellen.

Ich möchte das an zwei Begriffen verdeutlichen. Die arabische Kultur wird von Soziologen als „Schamkultur", unsere westliche, christlich geprägte Kultur dagegen als eine „Schuldkultur" bezeichnet.

1.   Schuldkultur

Aus der Bibel abgeleitet, wenn Jesus spricht: Wenn Dir einer auf die eine Wange schlägt, dann halte ihm auch die andere hin! In unserer deutschen Kultur wirkt das so, daß wir uns für das Übel in aller Welt verantwortlich halten und ständig versuchen eine gefühlte Schuld „wieder gut zu machen" – was inzwischen zu der Bezeichnung des deutschen „Gutmenschen" geführt hat. Dieser sog. Gutmensch hält sich moralisch besser als der Rest der Welt, auf die er belehrend einzuwirken versucht,

„gut" zu sein, was nach meiner Wahrnehmung inzwischen zu einer eifrigen missionarischen Tätigkeit geführt hat. Die Kehrseite davon ist, daß wir unsere „bösen" Regungen vor uns selbst verstecken müssen, was dann in sehr zwiespältigen Verhaltensweisen enden kann, denn ständiges Schuldbewusstsein führt zu Aggressionen, die man aber nicht haben darf, weil man ja „gut" ist, die folglich wieder unterdrückt werden müssen etc. etc. (siehe Sigmund Freud)

2.   Schamkultur

Für einen Araber ist dieses Verhalten völlig unverständlich! Ein junger Palästinenser drückte das in einem Interview einmal sehr deutlich aus: Die andere Wange zum Schlag hinzuhalten, daß deutete er als Schwäche. Er würde zurückschlagen, das wäre er seiner Ehre schuldig! Diese Einstellung ist im arabischen Kulturraum weit verbreitet.

Scham bedeutet nicht, wie in unserem Verständnis, daß man sich zurückzieht und sich dem Gefühl der Scham hingibt. Die eng mit der Ehre verknüpfte Scham fordert zum Handeln heraus. Da ist zum Beispiel der beleidigte Nachbar, der die drei Beleidiger tötet, um sich nicht mehr schämen zu müssen und um seine Ehre und die seiner Familie wieder herzustellen, und der dann auf der Todesstrafe für sich als Konsequenz besteht, weil sein in Kauf genommener Tod ein sichtbares Zeichen seiner wieder hergestellten Ehre ist. Der eigene Tod ist somit Bestandteil seines von der Ehre bestimmten Denkens und Verhaltens und Beweis dafür, daß er sein Leben bereitwillig für seine Ehre einsetzt. (Ich schrieb in einem meiner Berichte von diesem Fall, der sich 2007 in Ras al-Khaimah zugetragen hat.)

*

Wie würde der oben beschriebene Fall in unserer (Schuld)Kultur behandelt werden? Man würde erst einmal untersuchen, ob der Täter zurechnungsfähig gewesen ist oder im Affekt gehandelt hat, ob vielleicht gar eine psychische Störung vorliegt. Wenn das zu keinem Ergebnis führt, würde seine Kindheit in Augenschein genommen. Auf jeden Fall, in unserer deutschen Kultur würden wir alles tun, um zu verstehen, warum er es getan hat. Es kann doch nicht sein, daß er „böse" ist. Also ist er entweder krank oder die Umwelt, die Gesellschaft ist schuld, d.h.

wir alle, einschließlich des Opfers, tragen Schuld an seinem Verhalten. Wir werden uns also intensiv um den „Täter" kümmern, damit er nicht mehr „böse" ist.

3. Unterschiede zwischen Schuld- und Schamkultur

Die Trainerin für interkulturelle Kommunikation Dr. Gabi Kratochwil hat den Unterschied in ihrem Seminarskript, Interkulturelle Kommunikation mit Hochschulangehörigen aus dem arabischen Raum, 14. März 2006, Dresden, so gegenübergestellt:

Schamkultur:
- kollektives Recht
- kollektive Normen / soziale Pflicht / Verpflichtung
- Scham vor Anderen, kollektives Gewissen
- Verantwortung vor der Gruppe

Schuldkultur:
- individuelles Recht
- eigene Überzeugung
- persönliches Gewissen
- Eigenverantwortung

Diese teils diametral entgegengesetzten Werte von Scham- und Schuldkultur beeinflussen nicht nur das Handeln auf der Ebene des Individuums und der Familie, sie spiegeln sich im politischen Handeln gleichermaßen wieder. Ist es in den Schuldkulturen des Westens schon ein Reflex geworden, katastrophale Zustände in der Welt dem Imperialismus, dem Kapitalismus, dem Kolonialismus oder anderen –ismen (mit Ausnahme des Kommunismus), also letztendlich uns selbst zuzuschreiben und unsere Häupter „mit Asche zu bestreuen", so fehlt in der arabischen Welt – bis auf vereinzelte Mahnungen weniger Intellektueller – die selbstkritische Analyse. Schuld sind immer die Anderen (Schamkultur), die Imperialisten, Kapitalisten, Kolonialisten – und, wie man sieht, gibt der Westen ja selbst seine Schuld zu (Schuldkultur).

Die mangelnde Diagnose eigener Defizite und Fehler verhindert jedoch bekanntermaßen die Entwicklung einer Fehlervermeidungsstrategie. Gerhard bekommt das im Kleinen während der Ausbildung häufig genug zu spüren: Alles Mögliche an Gründen muß herhalten, wenn man den Flieger „gecrasht" hat (auf dem Simulator natürlich). Eine Analyse mit dem Resultat „mein Fehler" ist spontan von arabischen Piloten so gut wie nie zu hören. Ein Eingeständnis kommt meist erst nach langer, ausdauernder Beweisführung von Seiten des Ausbilders, weshalb Gerhard zunehmend die installierte Videokamera als unbestechlichen Zeugen zum Training einsetzt.

4. Gemeinschaftliches ./. individuelles Handeln

Ob gemeinschaftliches oder individuelles Handeln eine Überlebens-strategie ist, hängt vom Zustand einer Gesellschaft ab (Ressourcen u.ä.). Wenn ich es mir leisten kann, auf die unmittelbare Unterstützung von Familie/Clan/Stamm zu verzichten (wie bei uns durch die Sozialsysteme), leiste ich mir individuelles Handeln, da mir das größere persönliche Freiräume beschert, die in Familie/Clan/Stamm erheblich eingeschränkt wären.

Brauche ich jedoch zum Überleben eine Gruppe, dann ist es die beste Überlebensstrategie, sich den Normen der Gruppe zu unterwerfen. Insofern ist im arabischen Kulturraum traditionell immer noch das Stammesdenken vorherrschend. Es hat ja auch seinen Grund, daß es in diesem Raum bisher keine funktionierende Demokratie gibt (außer in Israel!). Der Libanon ist gescheitert, der Irak quält sich so dahin, Ägypten gibt sich den Anschein (unser ägyptischer Freund sagte: „In Ägypten gibt es ein kollektives Gebet: Wenn doch Allah Mubarak von uns nähme!"), ansonsten nur Diktaturen und Familienunternehmen: Saudi-Arabien, Jordanien, die Golf-Staaten, Oman. Selbst bei den Palästinensern haben sich ständig zwei große Clans um die Vorherrschaft gestritten: die Nashashibis und die Husseinis (zu den letzteren gehörte Arafat). Die Situation ist für mich allerdings zurzeit etwas unüber-sichtlich.

5. Ehre

Der Ehrbegriff ist für uns in Deutschland ein Anachronismus geworden. Wer heute bei uns von „Ehre" redet, wird als seltsam, verschroben oder altmodisch betrachtet. Das war anders zu den Zeiten, als eine nichtige Bemerkung, eine unvorsichtige Kritik oder auch nur ein Blick den Anlaß für eine Duell-Forderung geben konnten. Der Ehrbegriff in unserer

Kultur war <u>individualistisch</u> sowie von und für eine kleine gesell-schaftliche Gruppe von Bedeutung. Mag sein, daß ich nicht richtig informiert bin, aber ein Duell zum Beispiel unter Bauern ist mir nicht bekannt – sofern man eine deftige Wirtshausschlägerei nicht als Duell bezeichnen will.

Diesen vergangenen „Ehrbegriff" kann man schon eher – aber verschärft – auf arabische Verhältnisse übertragen. Verschärft deswegen, weil man es bei einer Ehrverletzung gleich mit einer ganzen Familie, mit einem ganzen Stamm zu tun bekommt: einer für alle, alle für einen. Sollte dabei ein Familienmitglied zu Tode kommen, dann ist der nächste männliche Verwandte des Getöteten moralisch verpflichtet, den Schuldigen ebenfalls zu töten, und wenn dieser nicht verfügbar ist, den nächsten männlichen Verwandten, und sei es ein Kind. Von der Familie des Täters wird dann umgekehrt wieder das gleiche erwartet... Wenn heute ein Scharia-Gericht einen Mörder zum Tode verurteilt, so kann seine Familie ihn für ein „Blutgeld" freikaufen, vorausgesetzt die Familie des Getöteten stimmt zu. Die Opferfamilie kann aber auch auf der Hinrichtung bestehen – oder dem Täter, kurz bevor das Schwert fällt, verzeihen und stattdessen das Blutgeld fordern. Der Ehrbegriff in der arabischen Kultur ist also <u>kollektivistisch</u>.

Da die Ehre einer Familie besonders mit dem Verhalten ihrer weiblichen Mitglieder verknüpft ist und eine Frau bezüglich der Ehre auch nach Eheschließung immer noch zu ihrer Herkunftsfamilie gehört, hat dies besonders schwerwiegende Auswirkungen. Bei einer „Verfehlung" der Frau (das kann nur üble Nachrede, aber auch eine Vergewaltigung sein), ist nicht ihr Ehemann für sie zuständig, sondern die Herkunftsfamilie ist in ihrer Ehre getroffen und muß diese durch Tötung der Frau wiederherstellen (s.a. Ehrenmorde in Deutschland).

Andererseits, wenn ein Mann seine Frau nicht schützen kann, dann wird er als schwach eingestuft und seine Frau ist gefährdet. Wenn durch Todesfall o.ä. eine Frau ohne Mann zurückbleibt, ist sie in Gefahr, denn kein (starker!) Mann kann sie mehr vor den anderen Männern schützen. Dann ist es wichtig für ihr Überleben, daß sie in ihre Herkunftsfamilie zurückkehren kann, wo sie wieder unter männlichen „Schutz" steht. Ich glaube, man kann nicht sagen, daß dies noch für deutsche Verhältnisse zutrifft, wenn man einmal von unseren orthodoxen moslemischen Mitbürgern absieht.

6.   Stammeskultur

Anders als bei uns wird ein arabischer Jugendlicher auch mit Volljährigkeit nicht aus der Familie entlassen und von ihm wird nicht erwartet, daß er sein Leben selbstbestimmt und eigenverantwortlich führt. Im Gegenteil! Das arabische Familiensystem ist hierarchisch geprägt, und er bleibt immer ein Mitglied der Ursprungsfamilie in der ihm zugewiesenen hierarchischen Stellung. Er muß sich vor ihr verantworten, aber sie verteidigt ihn auch gegen Außenstehende. Die Herkunft bestimmt seine Ressourcen und seine soziale Stellung. Im Unterschied zu Deutschland liegt in arabischen Ländern der Schwerpunkt auf Beziehung und Moral!

Es ist diese Stammeskultur, die die Einführung demokratischer Systeme so überaus schwierig macht. Man ist Fremdstämmen gegenüber nicht loyal! Selbst hier in den UAE wird in den Zeitungen davon berichtet, wenn einer der hohen Scheichs, die die Regierung stellen, einem bestimmten Stamm innerhalb der UAE seine Aufwartung gemacht hat. Besondere soziale Projekte (z.B. Wohnungs-, Damm- und Straßenbau) mitten in der Wüste oder im Gebirge nähren unsere Vermutung, sie könnten der Befriedung der dortigen Stämme und der Förderung der Loyalität dienen.

Wir in Deutschland wählen dagegen eine Regierung, und es ist uns völlig gleichgültig, aus welchem Clan der zu Wählende stammt, selbst die Herkunftsschicht ist bedeutungslos, bestimmend sind höchstens noch Aversionen oder Vorurteile bei unserer Wahl (wie z.B. zwischen Bayern und Preußen, Grünen und Schwarzen oder Roten u.ä.).

7.   Handarbeit, Leistung

Natürlich ist es auch bei uns leider immer noch so, daß „Handarbeit" einen geringeren Status hat als die Tätigkeiten, bei denen man sich nicht „die Hände schmutzig machen muß". Allerdings wird wohl bei uns ein Buchhalter, eine Bankangestellte oder ein Pförtner kaum mehr verdienen als ein Automechaniker, ein Gärtner oder ein Schreiner. Es wird sogar vorkommen, daß ein Handwerker mehr verdienen kann als ein

Büroangestellter. Der Beruf eines Kunsttischlers, Restaurators usw., das erfordert alles „Handarbeit", trotzdem kann man mehr verdienen als ein Büroangestellter. Wenn ein Ingenieur mehr verdient als ein Techniker, so trägt das auch der aufwendigeren Ausbildung Rechnung. Geisteswissenschaftler absolvieren zwar auch eine aufwendige Ausbildung, sind auch – wie das Wort besagt – keine „Handarbeiter", müssen sich aber trotzdem nach beendetem Studium des Öfteren kärglicher als ein „Handarbeiter" durchs Leben schlagen. Die aufwendigere Ausbildung allein bedeutet also noch keine Einkommensgarantie. Es gibt bei uns zwar immer noch das Statusdenken zwischen Kopf- und Handarbeit, trotzdem sieht es auf der Einkommensebene differenzierter als in manchen Köpfen aus.

Anders im arabischen Raum: Der Status der „sauberen Hände" (ich möchte sie nicht unbedingt „Kopfarbeiter" nennen) ist z.B. in Dubai im letzten Jahr durch verdoppelte Gehälter für Staatsbedienstete zusätzlich aufgebessert worden; schon mit den bisherigen Gehältern konnten sie sich leicht mit 40 Jahren zur Ruhe setzen. Die Emiratis drängen folglich in den Staatsdienst. Die Privatwirtschaft gleichen Status, die natürlich mit den staatlichen Gehältern nicht mithalten kann, wird nur als Übergang gesehen, bis man den begehrten Job im Staatsdienst erhält. Dr. Mohammed Al Asooni, ein Wirtschaftsschriftsteller der UAE, bemerkt hierzu: „There is a need to preserve UAE's national identity through enhancing national culture and changing common understanding of the value of work". (Gulf News, 28.05.2008, Rapid growth threatens to erode identity.) Das wird wohl schwerlich gelingen, wenn ohne Leistungs-zuwachs die Gehälter der Staatsangestellten (nur UAE Nationals!) einfach verdoppelt oder verdreifacht werden. Der aus dem Öl entstandene Reichtum hat die Einstellung zu Arbeit und Leistung noch zusätzlich korrumpiert, und „Vetternwirtschaft" hat aufgrund des Stammesdenkens nicht den gleichen negativen Beiklang wie in unserer Kultur. Im arabischen Wirtschaftsleben ist sie eine soziale Verpflichtung!

Daß es mit der Leistungsfreude in Deutschland auch nicht mehr weit her ist, da muß ich einer Zuschrift recht geben. Seit den (nicht von meiner Seite) so gepriesenen 68igern ist das Leistungsprinzip ausgehöhlt und diskreditiert worden, obwohl andererseits über die Härten der deutschen „Leistungsgesellschaft" geklagt wird. (Hier ist also eine gewisse gespaltene Sicht zu bemerken.) Mit zunehmend umfassender ausgebauten Sozialsystemen ist zeitgleich die Eigenverantwortlichkeit zurückgegangen und an den Staat delegiert worden. Insofern könnte man von einer gewissen Arabisierung deutscher Verhältnisse sprechen…

Trotzdem besteht (immer noch) ein erheblicher Unterschied, wenn ich zum Beispiel die von Studenten erwarteten Voraussetzungen anschaue:

In Deutschland:
Es wird intrinsisches Lernen erwartet, die Motivation soll also vom Studenten selbst kommen, er soll Mitdenken, Eigenverantwortung übernehmen, hinterfragen und einen kritischen Diskurs pflegen. (Auch wenn man es damit bei manchen Professoren schwer hat, ich weiß!)

In arabischen Ländern:
Es wird extrinsisches Lernen erwartet, die Motivierung erfolgt durch Belohnung/Strafe, Eigeninitiative ist unerwünscht, Lehranweisungen sollen befolgt werden, Konformität wird erwartet, hierarchische Strukturen: also keine Kritik am Professor („Der Lehrer hat immer Recht!")

*

Ich habe die Hoffnung, daß das in Dubai schon etwas anders geworden ist – aber vielleicht auch wegen der vielen Lehrkräfte aus westlichen Ländern.

Ihr werdet es mir kaum glauben, aber einer Umfrage im arabischen Raum (Seminarskript von Gabi Kratochwil, 2006) ist zu entnehmen, daß Araber folgende Eigenschaften positiv an uns Deutschen wahrnehmen: Wir seien zielstrebig, ehrlich, ordnungsliebend, zuverlässig, einsatzbereit, treu, fleißig etc. Negativ bemerken sie aber auch, daß wir detailversessen, besserwisserisch, beziehungsarm, humorlos, unhöflich etc. seien.

Wir haben festgestellt, daß wir als Deutsche von Emiratis bevorzugt behandelt werden, also noch vor Indern, Engländern oder Ägyptern. Jetzt könnte ich mir einbilden, daß das an unseren guten Eigenschaften liegt! Es kann aber auch eine ganz einfache Erklärung haben: Wir treten weder in Massen auf, noch waren wir in Dubai jemals als sog. Kolonialisten, und wir gehören auch nicht zu ihren moslemischen Brüdern und Schwestern aus anderen arabischen Ländern, denen sie auch nicht so ganz trauen.

Was auch immer der Grund sein mag, die Beziehungen zu unseren arabischen Freunden sind herzlich! Gerhard darf sich sogar mit seinen arabischen Kollegen auf arabische Art „hitzig und gestenreich streiten" und bleibt trotzdem ihr „bester Freund"! Denn eines ist gewisslich wahr: Wer das Glück hat, daß ein Araber ihn Freund nennt, der wird eine ungeahnte Warmherzigkeit und Großzügigkeit erleben!

Ila-l-liqa, bis nächstes Mal,
Regina

III. DIE ARABER – VERSUCH EINER ANALYSE

August 2008

1. Bedeutung der arabischen Sprache für Alltag, Religion u. Politik

Araber sehen die arabische Sprache als allen anderen Sprachen überlegen an, weil sie schön und ausdrucksstark, besonders geeignet zur Rezitation klassischer arabischer Dichtkunst und natürlich, weil sie nach ihrer Überzeugung die Ursprungssprache des Korans und Verbindung zu ihrer „ruhmvollen Vergangenheit" ist. Lauscht man einem arabischen Vortrag – auch wenn man selbst der Sprache nicht mächtig ist, so fällt die von Emotionen getragene ausdrucksvolle Rhetorik auf. Wenn Araber miteinander sprechen, so findet daß mit erheblicher Lautstärke, oft gleichzeitig und mit offensiver Körpersprache statt. Ihre Kommunikation ist personenbezogen und emotional, ihr Sprachtempo hoch und von wenig Pausen unterbrochen. Reden hat etwas mit Eloquenz zu tun und wird als Kunst betrachtet. Worte beeinflussen einen Araber mehr als Ideen und Tatsachen, weshalb im alltäglichen Gebrauch der Inhalt einer Rede oft zweitrangig gegenüber Wortklang und Sprachrhythmus ist.

Der Bezug der Sprache zum Koran ist für Muslime von besonderer Bedeutung. Nach ihrer Auffassung ist er – als Wort Gottes den Menschen direkt über den Propheten Mohammed geschenkt – in vollkommenem, unnachahmlichem Arabisch vermittelt und geschrieben. Das Arabisch des Korans wird daher als eine „Heilige Sprache" verstanden. Für einen großen Teil der Araber ist die Sprache des Korans allerdings nicht mehr verständlich, und selbst die islamischen Rechtsgelehrten verstehen einige Stellen des Korans nicht. Nach Christoph Luxenberg ergeben genau diese Stellen jedoch einen Sinn, wenn man davon ausgeht, daß der Koran auf einem christlichen Buch basiert, das in einer Mischsprache von aramäisch und arabisch verfasst war. (vgl. Christoph Luxenberg, Die syrisch-aramäische Lesart des Korans, ISBN 3-89930-028-9, Berlin 2004). Eine umstrittene These, aber daß die heutige Sprache des Korans nicht identisch mit der des

„Urkorans" ist, darin sind sich die Koranforscher weitgehend einig. Man geht davon aus, daß zu Mohammeds Zeit eine Mischsprache mit aramäischen, semitischen Elementen gesprochen wurde (vgl. Th. Nöldeke, A. Neuwirth, K.-H. Ohlig, G. Lüling u.a.) Noch Mitte des 20. Jahrhunderts stellte Wilfred Thesiger, wie bereits vor ihm der Wüstenforscher Bertrand Thomas, fest, daß es in Südarabien noch Wüstenstämme gab, die statt arabisch einen Dialekt sprachen, der den alten semitischen Sprachen verwandt war (Wilfred Thesiger, Arabian Sands, Continent Books Ltd., o.J., S. 47).

Erst 20 Jahre nach dem Tod Mohammeds bestimmte der Kalif Uthman, aus den unterschiedlichen, im Umlauf befindlichen Koranversionen einen Text als die allein verbindliche Version des Korans, den sog. uthmanischen Kodex. Da jedoch auch dieser Text keinen festen orthographischen Regeln unterworfen war, entwickelten sich daraus wiederum verschiedene Lesarten, von denen sich dann wieder einige als verbindlich durchsetzten (vgl. Rainer Nabielek, Weintrauben statt Jungfrauen als paradiesische Freude, Zu einer neuen Lesart des Korans..., www.christoph-heger.de). Nach Nabielek u.a. folgt der heute gültige Text des Korans einer Lesart, die erst mehr als 150 Jahre nach dem Tode Mohammeds entwickelt wurde. Das widerspricht der weithin vertretenen Auffassung, der heute verbindliche Korantext wäre der gleiche, den der Kalif Uthman (reg. 644-656) festgelegt habe.

Die Suren, die einen eingängigen, poetischen Sprachrhythmus haben (der natürlich in den Übersetzungen verloren geht), werden von den Kindern in den Koranschulen auswendig gelernt und von den Rechtsgelehrten interpretiert vermittelt. Unser ägyptischer Freund, den wir einmal baten, uns einige der Suren zu übersetzen, hatte große Lese- und Verständnis-probleme. Die Wortmuster, Bilder und Metaphern sind nicht mehr ohne Interpretationshilfen zu verstehen. Da im Arabischen nur die Konso-nanten und die Langvokale geschrieben werden, die Kurzvokale aber nur durch kleine Zeichen über oder unter dem Wort angedeutet werden oder aber ganz weggelassen werden, wird das Lesen und Verständnis zusätzlich erschwert. Ihr könnt Euch das Problem vorstellen, wenn Ihr einem Freund einmal eine E-Mail schickt, die nur aus Konsonanten besteht. Selbst wenn ein Vokalzeichen angegeben ist, bringt das im

Arabischen noch keine Klarheit, weil jeder Dialekt einen anderen Vokal für das gleiche Wort verwendet.

Da der Inhalt der Suren nur sinngemäß erfasst werden kann, fallen die Übersetzungen ins Deutsche alle etwas unterschiedlich aus. Nach moslemischer Auffassung ist eine Übersetzung des Korans nicht möglich und Übersetzungen gelten nur als Interpretationen. Das Wesentliche war stets die Rezitation, und der Koran als Buch wurde nur als Lesehilfe betrachtet. Die abweichenden Texte aus islamischer Frühzeit galten als vernichtet (vgl. Thomas Schirrmacher, „Bibel und Koran als Gottes Wort", IfI, Nr. 1/2005, S. 8-9). So war es eine Sensation, als Anfang der 70iger Jahre Textfragmente im Jemen gefunden wurden, die auf den Zeitraum 50 Jahre nach Mohammeds Tod datiert werden. (vgl. Nabielek, ebd.) Das Rezitieren der Suren wie auch das Beten auf Arabisch ist jedoch für alle Muslime verbindlich, auch wenn sie des Arabischen nicht mächtig sind, was erhebliche Probleme für nicht arabisch sprechende Konvertiten mit sich bringt.

Die Eigenheiten der arabischen Sprache tragen viel dazu bei, das Menschen aus dem Westen die Araber so schwer verstehen: einerseits aus Unkenntnis der Sprache und ihrer Eigentümlichkeiten, andererseits aus Unkenntnis des kulturellen Hintergrundes. Es wird oft nicht berücksichtigt, daß die arabische Sprache bis heute stets im historisch-religiösen Kontext des Islam mit seinen Normen und Wertvorstellungen verwurzelt geblieben ist. Diese Kenntnis ist aber Voraussetzung, um arabische und insbesondere auch islamistische Politik verstehen zu können. „Arabische Führer sind sich dieser Fehleinschätzung des Westens sehr wohl bewusst und ziehen daraus häufig mittels rhetorischer Akrobatik großen Nutzen." (G.W., „Islamische Freitagspredigten in Palästina – Wegweiser zum Frieden?", Zeitschrift des Instituts für Islamfragen (IfI), Nr. 1/2004, S. 15) Der Verfasser des Zitats nennt als Beispiel Yassir Arafat als einen „Meister der politischen Rede", dessen Doppelzüngigkeit in einer 2001 vor ranghohen Fatah-Mitgliedern abgegebenen Stellungnahme deutlich wurde: *„Achten Sie nicht auf das, was ich den Medien, dem Fernsehen und auf öffentlichen Veranstaltungen sage. Beachten Sie lediglich meine schriftlichen Befehle."* (ebd., zitiert in Caspit, Ben. Arafat: On Killing Israelis, in: Ma´ariv

Daily, 11.07.2001) Wenn man die Freitagspredigten, politischen Ansprachen und Aufrufe von arabischen Politikern, Muftis und Imamen in den arabischen Medien verfolgt, kann man feststellen, daß das nichts Ungewöhnliches ist und zur üblichen Rhetorik gehört (unter www.memri.org gibt es reichlich Beispiele von übersetzten TV-Reden und Stellungnahmen).

Ich bin keine Linguistin und kann Euch daher leider keine Sprachanalyse anbieten, aber ich möchte versuchen, ein paar der Merkmale und Eigentümlichkeiten zu veranschaulichen, die für ein westliches Verständnis der Vorgänge in den arabischen Ländern unbedingt notwendig sind! Für ein Sprachverständnis haben mir die Unter-suchungen von E. Shouby sehr geholfen (vgl. E. Shouby, „The Influence of the Arabic Language on the Psychology of the Arabs", The Middle East Journal, Band 5, 1951, pp. 300-301).

2.   Vagheit im Denken

Shouby spricht in seiner Sprachanalyse des Arabischen davon, daß arabische Sätze umso schwerer zu verstehen sind, umso neuartiger und abstrakter der Inhalt ist, den sie beschreiben sollen. Die Sprache ist eingezwängt in eine rigide und komplizierte grammatikalische Anhäufung von Regeln. Von einem erfolgreichen arabischen Schrift-steller wird nicht erwartet, sein Thema klar und unmissverständlich darzustellen, solange er die grammatikalischen und idiomatischen Aspekte berücksichtigt. Er wird sich also in den meisten Fällen nur mit allgemein bekannten Wortschablonen/-kompositionen begnügen. Es geht nicht darum, die linguistischen Strukturen seinen Gedanken anzupassen, sondern umgekehrt, er muß seine Gedanken den vorgegebenen Struktur-elementen anpassen. Zusätzlich erklärende Worte und Anmerkungen, wie wir sie in den europäischen Sprachen gewohnt sind, fehlen. Der Leser ist darauf angewiesen, den Inhalt des Textes mehr oder weniger zu erraten oder zu erahnen. Das erschwert natürlich auch das Verständnis des Buches aller Bücher, des Korans! Ein Test von „highly intelligent" Arabern mit der Rorschach-Technik lässt Shouby zu der Vermutung kommen, daß es die Sprache, deren Eigenheiten natürlich auf den Muttersprachler zurückwirken, sei, die den Arabern den Zugang zu der modernen Welt teilweise erschwert. Zumindest könnte das die

Beobachtung von Shouby unterstützen, daß Araber, um einen sachlichen, ernsthaften Text zu verstehen, ihn lieber in englischer Sprache lesen.

Hierzu eine Erfahrung von Gerhard:

Eine arabische Airline wünschte, daß ihre Piloten von arabisch sprechenden Fluglehrern ausgebildet würden. Nachdem dieses kurze Zeit so praktiziert wurde, kam eine Revision mit dem Wunsch, man möge doch den Unterricht und das Flugtraining in Zukunft in englischer Sprache abhalten. Als Grund wurde angegeben, daß es mit arabisch als Ausbildungssprache zu viele Missverständnisse gäbe.

Die arabische Sprache erschwert den Zugang zu den modernen technologischen Entwicklungen, die zu einem Verständnis klar und präzise dargestellt und so auch erfaßbar sein müssen. So ist kaum bekannt, daß alle mathematischen Fortschritte in der Algebra der Araber ohne eine symbolische Formelsprache gemacht wurden. Sie wurden vielmehr mit Begriffen der Umgangssprache beschrieben und gelöst. Hier ein Beispiel von Al-Chwarizmi (780-850): Er verwendete für die Unbekannte „x" das Wort „schai" = „Ding"; für „x^2" das Wort „mal" = „Vermögen" etc. Die Lösung der Gleichung $x^2 + 10x = 39$ hat er in arabischer Umgangssprache wie folgt formuliert: „Nehme die Hälfte der Zahl der Wurzeln, das ist fünf, und multipliziere sie mit sich selbst, so bekommst du fünfundzwanzig. Addiere dies zu neununddreißig, und du bekommst vierundsechzig. Nimm davon die Quadratwurzel, das ist acht, und subtrahiere von ihr die Hälfte der Zahl der Wurzel, das ist fünf. Das Resultat drei ist die gesuchte Lösung." Man stelle sich nun vor, wie die Beschreibung eines komplexen Systems mehrerer Differential-gleichungen aussehen würde (vgl. www.mathematik.uni-dortmund.de), ganz zu schweigen von anderen hochkomplexen Systemen der bis heute entwickelten Technologien.

Die großen Fortschritte in der Mathematik sind ohne symbolische Formelsprache nicht denkbar. Diese Sprache ist allerdings nicht von den Arabern, sondern erst von Europäern im 15. Jahrhundert vollständig entwickelt worden.

3.   Übertreibung und Überbetonung

Die rhetorische Ausdruckskraft der Sprache wird von einer entsprechenden Neigung zur Übertreibung begleitet. Das verwendete Vokabular ist reichhaltig, die Sätze sind abgerundet und komplex. Weitere Merkmale sind eine stilistisch sorgfältige, kunstfertige Ausarbeitung sowie stilistische Übertreibung und Überbetonung; manches würde uns als „blumig" erscheinen. Die Ansprache oder Begrüßung wird gern mit einem reichen Schatz an Sprichworten und den Inhalt charakterisierenden Redewendungen ausgeschmückt, mit Gleichnissen und Metaphern. Der Araber hat eine Vorliebe für Superlative und Wiederholungen, die mit steigender Betonung und mit leichten, stilistischen Variationen vorgetragen werden, um den Zuhörer zum Beispiel von seiner Entschlossenheit zu überzeugen.

So sagt er nicht einfach „Danke", sondern schmückt eine Bestätigung mit umfangreichen sprachlichen Zusätzen aus, die gute Wünsche für die Gesundheit vermitteln oder Allahs Willen herab beschwören. Er sagt auch nicht einfach nur „guten Tag" zur Begrüßung, sondern etwa: „Möge Dein Tag glücklich und gesegnet sein!" („Sabaah al-khair!") Die Antwort lautet: „Ich wünsche Dir einen Tag voller Licht!" („Sabaah annoor!") Das doppelte „aa" und „oo" bedeuten, daß diese Vokale sehr gedehnt und betont gesprochen werden, so daß der Satz melodisch und ausdrucksvoll klingt.

Auch in der arabischen Literatur ist es beliebt, die Bedeutung von Wörtern überzubetonen und mit Wortspielen zu arbeiten. Die Vorliebe, den Gedanken lieber an das Wort oder an die Kombination von Wörtern, statt das Wort an den Gedanken anzupassen, hat zur Folge, daß die Wörter nicht die Gedanken repräsentieren, sondern sie ersetzen. Hinzu kommt, daß Araber Freude am Klang der Worte, an dem Rhythmus und der Harmonie von Sätzen haben. Diese Liebe zum Klang und Rhythmus der Sprache ist in Poesie und Literatur wichtiger als die Bedeutung des Gesprochenen, erhöht aber auch wieder die Vagheit des Gemeinten (vgl. Shouby).

Auf seinen Expeditionen von 1946-48 durch die Rhub al-Khali im Süden Arabiens bemerkte Wilfred Thesiger, daß die ihn begleitenden Beduinen von der Schönheit der arabischen Sprache emotional berührt waren. Die sonst so lebhaften Gespräche am Lagerfeuer verstummten, wenn einer der Beduinen begann, arabische Dichtkunst zu rezitieren. Das Schweigen wurde nur unterbrochen vom gemeinsamen Rezitieren der jeweils letzten Strophe eines Verses (ebda., S. 86-87).

Die Neigung zur Übertreibung ist nicht nur in Alltag und Literatur zu finden, sondern kommt auch in der Politik zum Ausdruck. Patai zitiert hierzu ein Beispiel aus dem Jahr 1948, vor Beginn des Krieges mit Israel, als der syrische Präsident dem palästinensischen Führer Musa Alami erklärte: *„Ich bin in der glücklichen Lage, Dir versichern zu können, daß unsere Armee und unsere Ausrüstung in bestem Zustand ist und kein Problem haben wird, mit ein paar Juden fertig zu werden; und ich kann Dir im Vertrauen sagen, daß wir sogar eine Atombombe haben... Ja, sie ist lokal hergestellt worden; glücklicherweise fanden wir einen schlauen Burschen, einen Blechschmied..."* Der Premierminister des Irak meinte sogar, daß die Juden bereits mit *„ein paar Besen"* ins Meer zu fegen seien, und in Kairo versicherten ihm Vertraute von König Ibn Saud, daß es nur noch grünes Licht von den Briten bedürfe, um die Juden mit Leichtigkeit hinauszuwerfen.

Wenn man die Psychologie der Araber kennt, dann weiß man, daß solche Aussagen nicht mehr als eine Erklärung von arabischer Seite sind, was man ggf. gern tun würde. Als Empfänger der Botschaft sollte man jedoch nicht damit rechnen (obwohl man natürlich nie sicher sein kann!), daß diesen Worten konkrete Taten folgen. Der Wunsch führt zu einer Aussage, als wäre der erwünschte Tatbestand bereits herbeigeführt – also braucht nichts weiter getan zu werden! (Englisch: „wishful thinking", siehe auch unten „Worte ersetzen Handlungen").

Patai zitiert hierzu ein Interview, daß er am 19. Juli 1971 mit dem stellvertretenden israelischen Gesundheitsminister ´Abdu´l-´Aziz Zu´bi in Jerusalem geführt hat, der die arabischen Eigenschaften so charakterisiert: *„Unsere Herzen tun die Arbeit unseres Kopfes. Wir übertreiben in beidem, in der Liebe und im Haß. Wir sind eher emotional als kühl analytisch. Das Ehrgefühl wird übertrieben, auf Kosten der wirklichen Notwendigkeit. Wir stellen uns gern gewisse Dinge vor und glauben bereits, daß sie vorhanden sind."*

4.   Missverständnisse

Ein Araber interpretiert eine einfache Zustimmung „Ja", die ohne
Überbetonung (z.B.: „Ich schwöre bei Allah!"), Wiederholungen und
Ausschmückungen erfolgt, allenfalls als eine höfliche Form des
Ausweichens, während ein „Ja" für seinen westlichen Gesprächspartner
bereits eine eindeutige Zusage bedeutet. Araber unter sich sind zu
Überbetonungen und Wiederholungen in jeglicher Kommunikation
geradezu gezwungen, um sicherzustellen, daß der andere nicht das
Gegenteil von dem versteht, was er ihm eigentlich mitteilen will. Er kann
es nicht einordnen, wenn sein westlicher Gesprächspartner seine
Stellungnahme in einen kurzen, sachlichen Satz kleidet. („Was meint er
denn nun?") Einige von Euch werden das von Shouby angeführte Beispiel der Beziehung zwischen einem englischen Mädchen und einem
arabischen Jugendlichen vielleicht kennen. Ich führe es trotzdem an, weil
es dieses Missverständnis so deutlich macht:

*„Das Mädchen beschwerte sich, daß ihr arabischer Freund (a) ihr mit
seinen Aufmerksamkeitsbezeugungen und Liebeserklärungen auf die
Nerven ginge, und daß er (b) sich weigere, ihr „Nein" als Antwort zu
akzeptieren, mit der sie völlig klargestellt habe, daß sie überhaupt kein
Interesse an ihm hätte. Der Araber dagegen teilte vertraulich mit (a),
daß das englische Mädchen ihn dazu ermutige, zärtlich mit ihr zu
werden, und (b) daß er bisher erst wenig Interesse und Bewunderung
gezeigt habe. Beide waren völlig ehrlich und wahrheitsgemäß in ihrer
Aussage, auch sich selbst gegenüber. Aber es war ihnen nicht bewusst,
welch ein Gegensatz zwischen arabischer Überbestätigung und
englischem Takt und Understatement besteht, was zu einem völligen
Missverstehen der jeweils anderen Seite führte."*

5.   Worte ersetzen Handlungen

Patai ist der Ansicht, daß das arabische Konzept des „Worte ersetzen
Handlungen" den kleinen Jungen (im Unterschied zu den Mädchen)
durch die traditionell inkonsequente und „verzärtelnde" Erziehungspraxis
von Seiten der Mütter vermittelt wird. Ich kann die Erziehungspraxis
nicht beurteilen, aber diese Verhaltensweisen sind bei arabischen
Männern im Alltag wie in der Politik zu beobachten. Im Konfliktfall
bedeutet der Austausch verbaler Attacken die erste Eskalationsstufe, bei

der es sein Bewenden haben kann. Der Konflikt kann sich aber auch über mehrere verbale Eskalationsstufen entwickeln, bis er am Ende vielleicht doch in einem offenen Kampf endet. Man kann sich also nie sicher sein, ob die Worte nicht doch noch in Handlungen umgesetzt werden! Ich werde das in meiner IV. Analyse beschreiben. Im Folgenden geht es mir erst einmal nur um das grundlegende Konzept des „Worte ersetzen Handlungen".

In der ersten Eskalationsstufe ist es üblich, einen Widersacher durch verbale Drohungen einzuschüchtern, ohne daß die Absicht besteht, diese auch in die Tat umzusetzen. Der ägyptische stellvertretende Außenminister Salah Gohar stellte das im April 1971 gegenüber einem Interviewer des *Time* Magazins so dar: *„Wenn Araber sich streiten, so fangen sie damit an, sich jeweils von der anderen Straßenseite zuzuschreien 'Ich werde Dich in Stücke reißen!' und 'Dies wird Dein letzter Sonnenuntergang sein!' Dann, nach etwa 10 bis 15 Minuten, gehen sie einfach weg und nichts geschieht...*" Die verbal ausgestoßenen Drohungen haben bereits genug psychologische Erleichterung verschafft. Die Worte sind ein Ersatz für Handlungen geworden. Das gleiche in der Politik: Wenn etwas geplant worden ist, dann ist es (im Denken) schon so gut wie geschehen. Es reichen also Plan und Worte, die Umsetzung wird überflüssig. Der psychologische Druck zu handeln, ist bereits mit der Absichtserklärung, etwas tun zu wollen, reduziert worden. Daß ein Plan mit großem Enthusiasmus vorgetragen wird, bestätigt das nur. Ein Beispiel: Man kann es so kurz fassen wie es der ägyptische Erziehungsminister Kamal al-Din Husayn 1959 in seinem Aufsatz über das Jahr 2000 tat: *„Einheit ist der Weg zum Erfolg... Wir haben den ersten Schritt auf dieser Straße getan und seht! wir sind bereits angekommen...*" (Patai, zitiert nach dem Arabisten Arnold Hottinger)

6. Polarisierung

Die Neigung, die Welt in polarisierenden Gegensätzen wahrzunehmen, hat T.E. Lawrence in „Seven Pillars of Wisdom" so charakterisiert: *„Semiten haben in ihrem Wahrnehmungsverzeichnis keine Halbtöne. Sie sind ein Volk von Primärfarben, oder eher schwarz und weiß, die die Welt nur in Umrißlinien (Konturen) sehen... Dieses Volk ist nicht nur in seiner Wahrnehmung sondern auch in seiner innersten Ausstattung* *schwarz und weiß... Sie leben vorzugsweise in Superlativen.*" Verschiedene Arabisten schrieben diese Neigung zu Extremen dem Leben in der Wüste zu, das dazu verleitet hätte, das Leben in scharfen Kontrasten zu sehen. Hieraus ließe sich die Warmherzigkeit und Sanftheit einerseits, und die leidenschaftliche Entflammbarkeit und Hitzigkeit andererseits erklären.

Auch Patai sieht das Leben des Arabers in kontraproduktiven Extremen zerrissen: Scham versus Ehre, Aggression vs. Unterwerfung, Rache vs. Vergebung, Verrat vs. Ehrlichkeit, Bescheidenheit vs. Stolz, Lethargie vs. Aktivitätsausbrüche. Hazem Zaki Nuseibeh spricht in „The Ideas of Arab Nationalism" von der *„Schizophrenie im arabischen Denken und in den Emotionen"*. (Anm.: Nuseibeh entstammt einer der ältesten arabischen Familien Jerusalems, die traditionell Schlüsselverwahrer der Kirche des Heiligen Grabes ist.)

7.   **Kontrolle und Temperament**

Ein plötzlich auftretender emotionaler Kontrollverlust wird von einem Araber als etwas völlig Normales betrachtet, ist für einen Europäer oder Amerikaner jedoch nur schwer nachvollziehbar, ja schockierend. Noch verblüffter sind letztere, wenn der emotionale Ausbruch jäh wieder endet und der Araber ihn, als seinem „besten Freund", freundschaftlich auf die Schultern klopft.

Patai beschreibt das mit dem Bild des Wadis, ein für den größten Teil des Jahres oder sogar jahrelang ausgetrockneter Flusslauf, der sich plötzlich, nach einem heftigen Regenfall irgendwo im Gebirge mit einer reißenden Wasserflut füllt, die alles hinwegschwemmt, Steine, Bäume, Tiere, Menschen, die aber so unvermittelt wieder vorbei ist, wie sie begonnen hat. Nach Sania Hamady (Temperament and Character of the Arabs, 1960) kommuniziert der Araber *„durch Schreien, begleitet von Zeichen des Zorns"*.

Ob er auf dem Markt handelt, ob er sich verletzt hat oder mit jemandem in Streit liegt, die Emotionen werden lautstark geäußert. Margaret Nydell beschreibt ihre wilde Fahrt mit einem Taxi durch Kairo; der Fahrer, wild gestikulierend, fluchend, sich beklagend, dreht sich zwischendurch lachend und augenzwinkernd zu ihr um und bemerkt: *„Wissen Sie, das* *macht mir einfach Spaß!*" (Margaret K. Nydell, Understanding Arabs, 1988-2006, S. 98) Auch bei einem Todesfall werden von einem arabischen Mann Gefühlsausbrüche, in einer emotional anrührenden Situation dagegen Tränen erwartet. Streitigkeiten in der Familie sind normal, wie ein syrisch-libanesisches Sprichwort es beschreibt: „*Zu jeder Mahlzeit ein Streit, mit jedem Bissen ein Verdruß (Sorge, Ärger).*"

Gedanken, Wünsche und ihr verbaler Ausdruck entwickeln sich unabhängig von der Realität. Ideal und Wirklichkeit vermischen sich miteinander. Entgegen der Realität wird vorgegeben, daß das Ideal bereits ausgeführt und praktiziert wird. Die unkontrollierten, emotionalen Ausbrüche könnten auch als Frustration begriffen werden, wenn der Araber mit der Realität konfrontiert wird und die Diskrepanz offensichtlich wird. Die Phantasie- und Wunschwelt stößt sich an der Wirklichkeit.

Ma´a salamah,
Regina

Regina von Fürstenmühl

III.a DIE ARABER, Anhang

Zur arabischen Streitkultur (von Gerhard)

Als „Chief Instructor" für die Boeing unterstehen mir vier Ägypter, die sich als Araber verstehen, ein Saudi, zwei Franzosen, ein Norweger und ein pakistanischer Christ. Mich eingeschlossen, haben wir also ein statistisches Gleichgewicht zwischen Arabern und Nicht-Arabern. Nun sollte man meinen, daß die allgegenwärtigen großen und kleinen menschlichen Probleme des Alltags sich ebenfalls statistisch mit der Wahrscheinlichkeit ½ ausgewogen verteilen. Weit gefehlt - und keine Überraschung für Regina. Wenn ich ihr sage, es gäbe da ein Problem, daß ich lösen muss, ist ihre Reaktion spontan: „Na, gibt es mal wieder Streit unter Deinen Arabern?" Die Trefferwahrscheinlichkeit ist nahezu 100%. Man kann natürlich einwenden, bei meinem Ensemble handele es sich ja keineswegs um eine repräsentative Auswahl. Das ist richtig und ich will daraus auch keine verallgemeinernden Schlüsse ziehen. Allerdings widersprechen diese Beobachtungen nicht den Analysen anderer Autoren (Regina eingeschlossen).

Bei Streitigkeiten werde ich meist, obwohl Nicht-Araber, als Moderator angerufen. Ich frage also nach dem Grund des Streites. Daraufhin bekomme ich erst einmal zu hören, daß man dem (oder den) anderen Kollegen auf gar keinen Fall trauen kann, und überhaupt hätte er schlechte Angewohnheiten und im übrigen zur Hölle mit ihm. Aber man versichert mir nachdrücklich: "Trotz allem, er ist mein Freund…, hätte er nur nicht diese schlechten Charakterzüge." Nach Anhörung der einen Seite weiß ich meist immer noch nicht, worum es eigentlich geht. Also befrage ich den „Gegner". Was bekomme ich zu hören? -- Unnötig es zu schreiben: Beginne hierzu wieder mit Satz 2 dieses Absatzes.

Hätte ich nicht inzwischen viel aus Reginas Analysen gelernt und würde die Parteien ernst nehmen, müsste ich sie nach deren gegenseitigen Schilderungen für charakterlose, hinterhältige Schufte halten. Das sind sie aber keineswegs! Trotzt aller Schwüre, den anderen umzubringen, sind sie allesamt nette, hilfsbereite Kerle. Was tut man also als Moderator? **Nichts!** Kleine Bemerkungen während der Beschimpfung der Gegenseite sind erlaubt: „Yes", „No", „Really?", „I believe you" (das Letztere wird allerdings nicht ernst genommen). Warum sollte man unbedingt vermeiden hier einzugreifen? Weil man dadurch zwar mit ziemlicher Wahrscheinlichkeit die Kontrahenten im Moment einen würde – aber nur um selbst zum Gegner der ehemaligen Widerparts zu werden. Im Übrigen wird sich die arabische Gemeinschaft abends ohnehin friedlich zum gemeinsamen Abendmahl treffen, egal ob der Streit geschlichtet ist oder nicht, denn: „… trotz allem, er ist mein Freund", und Alleinsein wäre allemal schrecklicher.

Mir sind allerdings Zweifel gekommen, ob – zumindest in diesen Situationen – meine Araber unter „mein Freund" das gleiche wie wir Europäer darunter verstehen. Selten habe ich z. B. gehört, daß einer den anderen lobt, stattdessen höre ich viel Eigenlob. Bescheidenheit und Demut werden eindeutig als Schwäche ausgelegt und demokratisches Verhalten als Mangel an Führungsqualität.

Anfangs habe ich den Fehler eines demokratischen Führungsstiles begangen, da er mir mehr liegt als ein autoritärer Stil. Wenn ich mehrere Vorschläge machte und bat, diese zu diskutieren und den besten auszuwählen, löste ich damit sofort den nächsten heftigen Streit aus, der regelmäßig mit der Aufforderung endete: „You are the boss! Tell us what we have to do!" - Wie geht man nun damit um, wenn man selbst einer dieser verbalen Attacken eines arabischen Kollegen ausgesetzt ist?

Beispiel: Ich hatte eine „Richtlinie" für ein bestimmtes Flugtraining geschrieben und an meine Fluglehrer verteilt, aber leider vergessen, einem abwesenden arabischen Kollegen ein Exemplar zu reservieren. Als er das später bemerkte, bekam ich zu hören: *„I'll kill you!"* etc. Ohne die arabische Mentalität zu kennen, wäre man vielleicht schockiert. Da ich damit jedoch täglich zu tun habe, antwortete ich ihm, er solle sich ja vorsehen, mein deutsches Schwert sei aus Solinger-Stahl und sehr scharf (Solinger-Stahl ist bei den Arabern allgemein bekannt). Allgemeines Gelächter auf arabischer Seite.

Ein anderes Mal bekam ich zu hören: *"I'll send you to hell!"* Meine arabisch imitierende Antwort war: *„Gut, bereite dort schon mal meinen Empfang vor, denn Du wirst vor mir dort sein."*

Solch ein Wortwechsel wird, findet er unter gleichrangigen Freunden, Kollegen oder Bekannten statt, keinesfalls als unhöflich oder beleidigend aufgefasst. Er wird oft so im Vorübergehen geführt und fordert den anderen heraus, eine möglichst schlagfertige Antwort zu geben. Ein Spiel mit Worten, das sich nicht selten zu einem längerem, mitunter emotional gefärbten Wortgefecht steigern kann. Sorgfältig davon zu unterscheiden sind emotionale heftige Wut- oder andere Gefühlsausbrüche.

Beispiel: Training zweier Piloten arabischen Air Force auf dem Simulator (als ich noch nicht viel Erfahrung mit arabischen Piloten hatte). Der ranghöhere Offizier war sichtlich unter Stress, da er sich keine Fehler gegenüber dem rangniedrigeren Offizier eingestehen konnte. Ich wollte ein Flugmanöver mit ihm einüben, musste es aber wegen einiger Fehler wiederholen. Da der Pilot, der das Manöver ausführen sollte, sichtlich angespannter wurde, versuchte ich ihn zu beruhigen und sagte: *"Keep calm and relax for a short while."* Zu meiner Verblüffung brauste er sichtlich erregt auf: *„How can I fly this exercise in a calm and relaxed manner, when you shout at me that I shall stay calm and fly relaxed!"* Dann weigerte er sich zunächst eine Zeitlang, weiter zu trainieren. Später, nach erfolgreichem Abschluß seines Trainings, nannte er mich dann einen guten Freund, und als ich ihm einmal die Tür aufhalten wollte, belehrte er mich: *„No, no, you are my teacher and therefore I am your slave! That is our tradition!"*

Ma´a salamah,
Gerhard

IV. DIE ARABER – VERSUCH EINER ANALYSE

Oktober 2008

1. Einigkeit und Konflikt

Schaut man sich die arabische Welt an, fällt einem unweigerlich die Häufigkeit auf, mit der arabische Politiker in ständig wiederholten Stellungnahmen erklären, daß alle Araber eine Einheit, eine Nation wären (was auch in die Verfassung einiger arabischer Länder mit aufgenommen worden ist). Betrachtet man dann aber die innerarabischen Beziehungen, so fällt auf, daß diese durch ebenso ständige Konflikte und Streitereien gekennzeichnet sind. Man braucht hierzu nur die wiederkehrenden Treffen der „Arabischen Liga" zu verfolgen. Bei ihrem Treffen in Damaskus am 29.03.2008 hat Ghaddafi das in seiner Rede auf den Punkt gebracht. Ich übersetze: „... *Wir hassen einander, wir täuschen einander, wir weiden uns am Unglück des anderen, und wir verschwören uns gegeneinander. Unsere Geheimdienste konspirieren gegeneinander, anstatt uns gegen den Feind zu verteidigen. Wir sind jeder des anderen Feind, und der Feind eines Arabers ist der Freund des anderen Arabers...*" Seine Aussage gipfelte in der Feststellung: „*Die einzige Gemeinsamkeit, die wir haben, ist der Saal hier!*" (Video-Clip No. 1731, www.memri.org, Middle East Media Research Institute).

Die Uneinigkeit und Konfliktträchtigkeit, die – wie ich zeigen werde – ein Charakteristikum vorislamischer, arabischer Stammeskulturen auf der arabischen Halbinsel war und noch ist, läßt sich wohl kaum besser verdeutlichen als durch die Betrachtung der Jahre nach dem Tod des Propheten Mohammed. Sein Leichnam war noch nicht beerdigt, da brachen schon erbitterte Kämpfe um seine Nachfolge aus. Keiner seiner Nachfolger (Kalifen) starb eines natürlichen Todes. Ermordet wurden: Abu Bakr, Umar, Uthman, Ali. Dann brachen die brutal geführten, bis heute nahezu ununterbrochen andauernden Kämpfe zwischen Sunniten, Schiiten und den Mutaliziten aus.

Nabih Amin Faris (geb. 1906), libanesischer, christlicher Araber, bezeichnete zunächst Sprache und Geschichte als das Gemeinsame der Araber. Mohammed Tawfik Husayn, muslimischer Araber und Co-Auditor von Faris, bezeichnete dagegen die Religion (Islam) und die Mentalität (Denkart, Geisteshaltung) als entscheidend. Mit der Mentalität ist eine ähnliche Haltung gegenüber Lebensproblemen gemeint, gekennzeichnet durch Würde, Ehre, Männlichkeit, Loyalität, Großzügigkeit, Gastfreundschaft etc., durch die die arabische Gesellschaft geformt wird. Nach gemeinsamer Auffassung von Faris und Husayn tendiert der Islam jedoch dazu, die kreative Willenskraft der Araber zu verkrüppeln. Er ließe sie nur noch von vergangenen Ruhmestaten träumen und die dringenden gegenwärtigen Probleme vernachlässigen (vgl. Nabih Amin Faris, Al-Arab Al-Ahya (*The Living Arabs*), Beirut, 1947, in der Übersetzung von Grunebaum, Modern Islam.

Nabih Amin Faris beschreibt die islamischen Werte so: „*Piety and virtue lie in obedience and conformity, while nothing is more repugnant than change and innovation*". Übersetzt: "*Pietät/Achtung und Tugendhaftigkeit liegen in Gehorsam und Anpassung, während nichts widerwärtiger ist als Wandel und Erneuerung*". (vgl. Nabih Amin Faris, ebda.)

Die Idee einer einzigen arabischen Nation (Pan-Arabien) im Sinne einer politischen Einheit ist nach Patai im arabischen Raum erst im 19. Jahrhundert durch europäischen Einfluß entstanden. Zuvor wurde vorrangig die Gesamtheit aller, in erster Linie arabischer Muslime (Umma) als eine Einheit betrachtet, da es nach islamischer Auffassung keine einzelnen Nationen in der Umma geben kann. Deutlicher als zum Beispiel Zuheir Mohsen (PLO) 1977 kann man es kaum zum Ausdruck bringen: „*Ein palästinensisches Volk gibt es nicht. Die Schaffung eines palästinensischen Staates ist ein Mittel zur Fortsetzung unseres Kampfes gegen Israel und für die arabische Einheit. Da Golda Meir die Existenz eines palästinensischen Volkes leugnet, behaupte ich, daß es ein solches gibt und daß es von den Jordaniern zu unterscheiden ist. Doch in Wirklichkeit gibt es keinen Unterschied zwischen Jordaniern und Palästinensern, Syrern und Libanesen. Wir alle gehören zum arabischen Volk. Nur aus politischen und taktischen Gründen sprechen wir von der*

Existenz einer palästinensischen Identität, da es im nationalen Interesse der Araber liegt, eine separate Existenz der Palästinenser dem Zionismus gegenüberzustellen..." (W. Roxan, Israel und die Palästinenser, Darmstadt 1978, S. 66)

Die Haltung der Pan-Arabisten ist dagegen nach Patai stets doppeldeutig gewesen. Einerseits waren sie stolz darauf, daß es die Araber gewesen sind, die den Islam verbreitet haben, andererseits unterschieden sie zwischen den arabisch muslimischen und den nicht-arabisch muslimischen Ländern. Die Anhänger des Pan-Arabismus behaupten, daß es die muslimischen Araber waren, die die wesentlichen Merkmale der westlichen Zivilisation schufen. Die zentrale Rolle im Islam macht sie nach ihrer Überzeugung zu einem auserwählten Volk, wie es im Koran steht: *„Ihr seid die beste Gemeinschaft, die unter den Menschen hervorgebracht worden ist, sofern ihr das Rechtmäßige gebietet, das Unrechtmäßige untersagt und an Allah glaubt. Wenn die Schriftbesitzer* (Christen u. Juden) *wirklich geglaubt hätten, wäre es für sie besser gewesen. Unter ihnen gibt es Gläubige, aber die meisten von ihnen sind Frevler."* (Sure 3, Vers 110). Insofern beschwören arabische Führer immer wieder die arabische Einheit, und ganz besonders vehement dann, wenn sie mit einem anderen arabischen Land in Konflikt liegen. Nichts darf die Gewissheit erschüttern, daß alle Araber Brüder sind. Jedoch ist Pan-Arabismus bis heute nur ein Euphemismus für die imperialistischen Ambitionen einzelner arabischer Herrscher und Dynastien gewesen (vgl. Efraim Karsh, Islamic Imperialism, Yale University Press, 2007, Kapitel 9 u. 10).

Weder die Berufung auf den Islam als einigende Religion noch die Berufung auf die arabische kulturelle und emotionale Einheit konnten jedoch die Konfliktträchtigkeit unter den Arabern bisher verringern. Diese „Konfliktkultur" ist begründet in der vorislamischen Stammes-kultur. Hier geht es auch um das alttestamentlich/koranische „Auge um Auge, Zahn um Zahn" oder wie es im Arabischen heißt: „Blut fordert Blut". In Anbetracht dessen, daß die Ehre einer Familie/ Clan/Stamm stets die höchste Priorität hatte, konnte jeder ungewollte oder gewollte Totschlag eine Kettenreaktion hervorrufen, um den Ehrverlust in endloser Folge wieder auszugleichen. *„...domination gives honor,* *submission gives shame"* (Philip Carl Salzmann, Culture and Conflict in the Middle East, Humanity Books, New York, 2008, S. 106). Sieger wurden gefeiert, Opfer allgemein verachtet. Sich zu unterwerfen bedeutete für einen Araber, in den Status eines Sklaven abzusinken (David Hawarth, King Ibn Saud, Continental Publications, Beirut, 1964, S. 67).

Aber auch der Kampf als solcher brachte zusätzliche Ehre für den siegreichen Stamm ein, und die jungen Männer wurden schon früh in die Tradition der gegenseitigen Überfälle und Raubzüge eingeführt (vgl. Wilfred Thesiger, Arabian Sands, Continent Books Ltd, o.J.). In einem stark hierarchisch geprägten Umfeld einem strengen Gehorsamsgebot unterworfen, besaß das erlaubte Ausleben von Aggressionen gegenüber vom Moralkodex legitimierten Zielen eine Ventilfunktion für die vorrangig jungen Kämpfer. Sie konnten bei Erfüllung ihres Auftrages darüber hinaus ein psychologisches „Hoch" (was man heute einen „Kick" nennt) erleben, also hoch euphorische Gefühle, die sie zur Wiederholung motivierten (vgl. Salzman, ebda.). Um das nachzuvollziehen, braucht man heute nur die Biographien von „Selbstmordattentätern" und die in den Trainingslagern (Afghanistan, Gaza-Streifen) vermittelte Ideologie zu studieren. Das Phänomen ist in der Psychologie bekannt. Gewalt, die durch den Ausstoß von Endorphinen Lustgewinn produziert und dazu noch gesellschaftlich belohnt wird, wird zu einem kulturellen Wert, der legitim gegen den „Feind" angewandt werden kann.

Selbst innerhalb eines Stammes ging es selten friedlich zu. Als Thesigers Begleiter einmal wieder, wie so oft, über irgendein vergangenes triviales Ereignis tagelang heftig stritten, beschwerte er sich entnervt. Daraufhin sahen ihn seine Begleiter sehr erstaunt an und bemerkten: *„Aber so vergeht die Zeit schneller!"* (Thesiger, ebda., S. 252) Der Streit innerhalb einer Gruppe wurde (und wird) also auch als ein Mittel angewandt, um die Langeweile zu bekämpfen.

Die Kämpfe der Wüstenstämme und ihre Überfälle auf Dörfer und Handelskarawanen waren so sehr Bestandteil des Alltags, daß der Prophet Mohammed es für nötig hielt, für vier Monate eines jeden Jahres einen „heiligen Waffenstillstand" auszurufen, damit den religiösen

Pflichten in Ruhe nachgegangen werden konnte. Um den Islam auszubreiten, musste er allerdings die Stammesethik von „Kampf und Beute" in seine Strategie einbinden, was ihm die gleichen Probleme bereitete wie später den Wahhabiten und Ibn Saud: *„Die Beduinen würden den Wahhabismus so lange mit mörderischer Inbrunst annehmen, wie sie den Menschen, die sie ohnehin abschlachten wollten, das Etikett des Häretikers anheften konnten. Aber sie würden den Glauben genauso schnell wieder ablegen, wenn er ihren wechselnden Begierden und Zielen nicht mehr genügen würde."* (David Hawarth ebda., S. 70)

Kämpfende Beduinen, die anfingen sich zu langweilen oder die glaubten, sie könnten auf der Verliererseite sein, gingen einfach wieder nach Hause – die Truppe löste sich auf. Oder sie nahmen kurzerhand einen Frontenwechsel vor und kämpften auf Seiten des siegreichen Feindes weiter. Es passierte auch, daß sie angesagten Feldzügen gleich ganz fern blieben (vgl. Hawarth, ebda.) Sie waren also unzuverlässige Bundesgenossen, ein Problem, mit dem Mohammed wie Ibn Saud des Öfteren konfrontiert waren. Mohammed versuchte dieses Problem zu lösen, indem er den Überfällen und Beutezügen zur Expansion des Islam eine göttliche Autorisierung verlieh und die Beute großzügig verteilte. Ibn Saud musste weltlicher vorgehen, mit Taktik, Geschick, Strukturkenntnissen und manchmal einfach Glück sowie mit seiner wohl unzweifelhaften charismatischen Ausstrahlung (vgl. David Hawarth, ebda.)

Im Koran findet man die Ermahnungen und Versprechungen Mohammeds wieder:

Sure 48, Vers 12: *Diejenigen unter den Wüstenarabern, die zurückblieben* (bei der Schlacht von Tabuk), *werden zu dir sprechen: „Unsere Besitztümer und unsere Familien hielten uns beschäftigt, drum bitte um Verzeihung für uns." Sie sprechen mit ihren Zungen, was nicht in ihren Herzen ist. Sprich: „Wer vermag etwas für euch bei Allah, wenn Er euch Schaden oder Nutzen zudenkt? Nein, Allah ist wohl kundig dessen, was ihr tut."*

Sure 48, Vers 17: *Sprich zu den Wüstenarabern, die zurückblieben: „Ihr sollt gegen ein Volk von gewaltigen Kriegern aufgerufen werden; ihr sollt sie bekämpfen, bis sie sich ergeben. Dann, wenn ihr gehorcht, wird Allah euch schönen Lohn geben; doch wenn ihr den Rücken kehrt, wie ihr ihn zuvor gekehrt habt, so wird Er euch bestrafen mit qualvoller Strafe.“*

Sure 48, Vers 19: *Allah war wohl zufrieden mit den Gläubigen, da sie dir Treue gelobten unter dem Baum* (bei Hudaibiya), *... und belohnte sie mit einem Sieg* (bei Chaibar), *der nahe zur Hand war.*

Sure 48, Vers 20: *Und viel Beute, die sie machen sollen. Und Allah ist allmächtig, allweise.*

Auch wenn sie sich – freiwillig oder gezwungenermaßen – zum Islam bekannten, führten die Beduinen ihr traditionelles Leben in der Wüste weiter, mit den alltäglichen gegenseitigen Überfällen, aber auch unter Beibehaltung der abergläubischen Riten und Bräuche aus vorislamischer Zeit. Mit den strengen Vorgaben Mohammeds, wie dem fünfmaligen täglichen Gebet (Salat) und der Almosensteuer (Zakat) taten sie sich schwer (vgl. Donald P. Cole, Nomads of the Nomads, Aldine Publishing Company, Chicago, 1975; R. Paret, Mohammed und der Koran, Kohlhammer-Verlag, Stuttgart, 1980). In den Berichten Thesigers über seine Expeditionen in Südarabien 1945-50 ist nachzulesen, daß die Stämme dort auch noch Mitte des 20. Jahrhunderts ihr Leben in traditioneller, vorislamischer Weise führten. Erst das Bündnis der Wahhabiten mit Ibn Saud zwang die Wüstenstämme in deren Herrschaftsbereich im heutigen Saudi-Arabien auf eine „reine“ Lehre des Islams zurück (die allerdings, wenn man in die Hadith und in die Fatawa/Rechtsgutachten schaut, ebenfalls viele abergläubische Elemente enthält). Gewalttätige Stammesfehden wurden unter Ibn Saud erstmals ganz verboten. Das hielt jedoch die Stämme in den Anrainerländern Jemen, Hadramaut, Oman und in den kleinen Golf-Emiraten nicht davon ab, bei ihren Beutezügen auch in Saudi-Arabien einzudringen, dessen Stämmen es untersagt war, zurückzuschlagen. Erst als diese Überfälle einen größeren Maßstab annahmen, gab Ibn Saud seinen Beduinen einen Dispens zum Gegenschlag (vgl. Wilfred Thesiger, ebda.; Donald P. Cole, ebda.)

In der *Gulf News* las ich letztes Jahr den Bericht einer Familie aus dem Westen, die diesen Strukturen noch im Jahr 1968 begegnet ist: Bei ihrer Rückkehr von Dibba, am Indischen Ozean, nach Dubai, wurde sie am Hajar-Gebirge von einer polizeilichen Straßensperre aufgehalten: Zwei Bergstämme bzw. -familien bekämpften einander mit Waffengewalt und machten die Region kurzzeitig unpassierbar.

Insofern verstehe ich auch die von Scheich Mohammed in den Bergen des Emirates Dubai neu erbauten, strahlend schönen Dorfanlagen als Befriedungskonzept, wie es bereits Ibn Saud mit seinem Versuch, die Stämme in Dorfgemeinschaften und Bewirtschaftungseinheiten anzusiedeln (Ikhwan), angewandt hat. Wer Grund und Boden bewirtschaftet, hat etwas zu verlieren und ist kontrollierbar, anders als ein Nomade, der sein Zelt einpackt, seine Herden sammelt und einfach weiterzieht. Und so verstehe ich auch die in der Gegenwart noch jährlich wiederkehrenden Rundreisen Scheich Mohammeds im Emirat Dubai und das Verteilen von Geschenken wie z. B. Häusern, denn ein herrschender Scheich muß immer wieder Präsenz zeigen, seine Macht demonstrieren, die sich auch in Großzügigkeit ausdrückt, ein Konzept, daß man bei dem Propheten Mohammed, über Ibn Saud bis zu den heute regierenden Scheichs studieren kann (vgl. Wilfred Thesiger, ebda.; David Hawarth, ebda.)

Die Untersuchungen von Salzman befassen sich vorrangig mit halbnomadisierenden oder auch sesshaften Stämmen im Gebiet des heutigen Iran und im Mittelmeerraum. Aus den Untersuchungen wird ersichtlich, daß Stämme, die sich ansiedeln, nicht ihre traditionellen Strukturen und Moralkodizes aufgeben. Stammesangehörige bringen ihre Abstammungsgruppen und Fehden in die Ansiedlungen mit.

Viele der Kampfhandlungen zwischen diesen Stämmen begrenzten sich allerdings nach seiner Beobachtung auf das Werfen von Steinen oder das Schlagen mit Stöcken. Der Streit entstand oft aus einem nichtigen Anlaß; ein streunendes Kamel, das von den Datteln des Nachbarstammes fraß, konnte schon Grund genug sein. Die Auseinandersetzung konnte sich dann über Jahre hinziehen und sich von verbalen Beleidigungen bis hin zu physischen Verletzungen oder einem Totschlag steigern. Spätestens dann wurde ein neutraler Vermittler angerufen, der in Verhandlungen zwischen den beiden Parteien wieder Frieden herstellen sollte. Die

Lösung bestand in der Regel in einer Kompensation, die beiden Seiten die Möglichkeit gab, den Streit unter Gesichtswahrung zu beenden, denn: Gewinner zu sein, heißt Ehrgewinn; Verlierer zu sein, heißt Ehrverlust! Die Ehre aber muß verteidigt werden, welches Opfer sie auch immer verlangt. Ein Menschenleben ist nichts gegen die Ehre! Die optimale Lösung eines Konflikts hieße also: Zwei Gewinner!

Die Clan-Kämpfe im Gaza-Streifen vermitteln auch heute noch ein sehr anschauliches Bild dieser traditionellen Gepflogenheiten: Kämpfe zwischen der Hamas und dem Hilles-Clan (der Fatah zugeordnet), zwischen dem Durmush- und dem Abu-Reish-Clan. Für einen europäischen Beobachter kann das sehr verwirrend sein, weil ihm Kenntnisse über die Clan-Strukturen fehlen. Übergeordnet geht es darum, welcher Clan bzw. Stammesverband am Ende die Kontrolle über den Gaza-Streifen hat und wer anschließend über die Westbank: die Clans der Hamas oder der Fatah? (vgl. Daniel Pipes, Direktor des Middle East Forum, „Applying Philip Salzman´s Theory to Gaza", 24.01.2008; Schlomo Brom, „Hamas tightens grip on Gaza", Jerusalem Post, 13.08.2008; Philip Carl Salzman, ebda.). Natürlich spielt hierbei auch eine Rolle, daß die Hamas ein Zweig der in Ägypten gegründeten und inzwischen weltweit vernetzten Moslembruderschaft ist (siehe Hamas Charta). Doch das wäre ein eigenes, sehr umfangreiches Thema, und darum möchte ich es an dieser Stelle nur anmerken.

Die Bereitschaft der Araber, sehr schnell heftige verbale Anschuldigungen und Bedrohungen auszustoßen, kann aber auch als traditionelles Mittel gesehen werden, die Möglichkeit einer physischen Gewaltaktion zu verringern und damit das Abgleiten in eine Blutfehde abzuwehren. Solange die Auseinandersetzung auf verbaler Ebene bleibt, besteht die Hoffnung, daß sich die Aggressionen in Worten erschöpfen. Umso heftiger der Streit, umso größer die Wahrscheinlichkeit der ausreichenden emotionalen Erleichterung, und – nicht zu vergessen – Worte ersetzen Handlungen! Wenn es allerdings doch zur physischen Attacke kommt, dann greifen ältere Mechanismen, die es jeder Seite unmöglich machen Frieden zu schließen, bevor sie nicht gesiegt hat oder vollständig besiegt worden ist. Es sei denn, der Kampf wird mit Hilfe eines Vermittlers „gütlich" beendet oder durch Waffenstillstandspausen zumindest unterbrochen. Oft dient aber die Verhandlung nur zum Kräftesammeln für die nächste Kampfhandlung.

Auch das kann man gut bei dem Kampf zwischen Hamas und Fatah studieren, bei dem immer neue und wechselnde Vermittler (Ägypter, Saudis, Qataris) in der Regel kurze Waffenstillstandspausen aushandeln. Manchmal gibt es dann auch scheinbare Absurditäten wie in diesem Fall und wie in der arabischen Geschichte nicht das erste Mal geschehen: Um sein Ziel zu erreichen, muß man sich (natürlich nicht offiziell!) mit den Ungläubigen (in diesem Fall dem Erzfeind Israel) „verbünden" --- denn würden die Israelis ihre Truppen aus der Westbank abziehen, dann stände der Sieger (Hamas) bereits fest! Eine sehr verzwickte Lage, und das Ende ist nicht absehbar (zum Verhältnis Hamas/Fatah: siehe die Rede Ghaddafis). Der Palästina-Konflikt hat eben auch gefährliche innerarabische Facetten, die im Westen so gut wie gar nicht wahrgenommen und verstanden werden.

2.   Fallbeispiel eines Stammeskonflikts

Um den Ablauf einer typischen Stammesfehde mit ihren Eskalationsstufen zu schildern, wie sie heute immer noch stattfindet, möchte ich kurz ein Fallbeispiel von Salzman aufgreifen. Die Begebenheit fand zwischen 1960 und 1990 im israelischen Ramla, 18 km südöstlich von Tel Aviv, statt. In Ramla lebten zu der Zeit unter 30.000 jüdischen Bewohnern 3.800 Araber in 3 Familienclans. Obwohl die Araber inzwischen feste Häuser mit modernem Umfeld bewohnten und mit modernen landwirtschaftlichen Arbeitsmitteln ausgestattet waren, lief der Konflikt nach traditionellem Muster ab.

Ein Geldbetrag, den ein Clan dem anderen schuldete, führte bei einem Zusammentreffen von Clanmitgliedern zu unfreundlichen Bemerkungen. Diese wurden von der Seite des Gläubigers als grobe Beleidigung nicht nur des Einzelnen, sondern des ganzen Clans aufgefasst (kollektive Solidarität: Einer für Alle!) Auf eine Beleidigung nicht zu reagieren, würde bereits einen Ehrverlust bedeuten. Derjenige, der die Beleidigung ausgesprochen hatte, wurde kurze Zeit später von einigen jungen Männern des „beleidigten" Clans überfallen und unter Bedrohung seines Lebens zur Zahlung der geschuldeten Summe aufgefordert. Der Überfallene beschwerte sich daraufhin bei dem ranghöchsten der 3 ansässigen Clans über die zugefügte Verletzung, in der Hoffnung auf Unterstützung seiner Schadensersatzforderung. Der wegen der Verletzung beschuldigte Clan machte nun geltend, daß die Schadensersatzforderung durch seinen Verzicht auf die Rückzahlung des geliehenen Geldbetrages ausgeglichen sei.

Der Konflikt schaukelte sich jedoch weiter auf mit gegenseitigen Angriffen und Überfällen bis hin zu größeren Verletzungen von Personen. An diesem Punkt versammelten sich Mitglieder der betroffenen Clans erstmals in den traditionellen Versammlungsräumen. Gleichzeitig wurde die israelische Polizei hinzugezogen, die die Durchführung des Mediationsprozesses gewährleisten sollte. Dieser Prozess beinhaltete als vorbereitende Maßnahme ein Waffenstillstandsabkommen, während dem die Mediatoren die formale Waffenruhe ausarbeiten sollten. Erst im Verlauf der formalen Waffenruhe sollte durch weitere Mediation und Verhandlungen die offizielle Versöhnung erreicht werden.

Weil die zahlenmäßige Größe eines Clans eine wichtige Rolle in einem Konfliktfall spielt, versuchte in der Zwischenzeit jede am Konflikt beteiligte Familie ihre Gruppenstärke zu vergrößern, indem sie im Umfeld verstreut lebende Mitglieder um sich sammelte. Selbst Clanmitglieder, die über die Presse von der Auseinandersetzung gehört hatten, zogen hinzu, um die Gruppenstärke zu erhöhen. Zu diesem Zweck wird auch gern der demographische Faktor eingesetzt, also die Geburtenzahl der Kinder erhöht, denn viele männliche Kinder bedeuten viele potentielle Kämpfer. Um die Zahl der Kämpfer weiter zu erhöhen, werden neue Mitglieder durch Heirat rekrutiert.

*

Um zu verdeutlichen, wie ernst der Einsatz des demographischen Faktors gemeint ist, eine kleine Zitatauswahl:

"Die Gebärmutter der palästinensischen Frau ist eine Fabrik für den Konflikt; sie produziert kämpfende Kinder..." (Dr. Georgette Attiyya, syrische Historikerin, Video-Clip No. 715, www.memri.org, 15.06.2005)

"(Ein) Zeichen für den Sieg ist die palästinensische Mutter, die ihren

Sohn darauf vorbereitet, ein Kämpfer zu sein und die Nachricht, daß er für Allah gestorben ist, mit Jubelrufen des Glücks empfängt. " (Isma´il Haniya in „Isma´il Haniya: Portrait of the Hamas Candidate for Palestinian Prime Minister", Center for Special Studies, Intelligence and Terrorism Information Center, March 1, 2006)

"Alle Menschen müssen Muslime werden... In Europa gibt es 50 Millionen Muslime. Es gibt Anzeichen, daß Allah dem Islam einen Sieg in Europa bescheren wird – ohne Schwerter, ohne Waffen, ohne Eroberungen. Die 50 Millionen Muslime Europas werden es in wenigen Jahrzehnten in einen Muslimischen Kontinent verwandeln... " (Ghaddafi-Rede, Al-Jazeera, Video-Clip No. 1121, www.memri.org, 10.04.2006)

"Das wichtigste ist, daß es in Europa 25-30 Millionen Muslime gibt... Die Muslime bekommen laufend Kinder, während die Europäer keine bekommen. (lacht) *Das bedeutet, daß die Muslime in 20 Jahren in der Mehrheit sind, was außergewöhnlichen Einfluß auf Entscheidungen haben kann* (lacht wieder)... " ('Amr Khaled, ägypt. muslimischer Prediger, Video-Clip No. 1821, www.memri.org, 10.05.2008)

*

Um zu dem Fallbeispiel in Ramla zurückzukehren: Zu Beginn der Verhandlungen rühmte erst einmal jede Seite ihre eigene Tapferkeit und stellte die ernsthaften Verletzungen heraus, die sie der anderen Seite zugefügt hätte. Gleichzeitig wurde von jeder Seite geleugnet, daß sie ihrerseits ernsthafte Verletzungen davongetragen habe. Jeder Clan stellte sich also als Sieger dar, um damit zu bezeugen, daß er keinen Ehrverlust erlitten habe.

In der nächsten Verhandlungsphase, als es um den Schadensausgleich ging, wurde ganz anders herum argumentiert: Der „Verursacher" des Konfliktes beschwor die eigene Unschuld und versuchte den verursachten Schaden klein zu reden. Das „Opfer" dagegen übertrieb nunmehr die erlittenen Verletzungen bzw. den Schaden, um möglichst viel Schadensersatz herausholen zu können.

Der ersten Verhandlung folgte wiederum eine weitere Abfolge von Konfliktausbrüchen, Verhandlungen, Gruppenverstärkung, Aufrüstung usw. usw. Der Konfliktausgang wurde letztendlich dadurch entschieden, daß einer der am Konflikt beteiligten Clans seine Mitgliederstärke derart erhöhen konnte, daß der gegnerische Clan bei den tätlichen Auseinandersetzungen wiederholt unterlag und folglich in einen minderen Rang zurückfiel. Der unterlegene Clan war damit Verlierer im jahrelangen Konflikt, ungeachtet des Ausgangspunktes: ein geliehener Geldbetrag.

Dem Vorgang liegt nach Salzman zugrunde, daß derjenige, der Schadensersatz leistet, als Sieger gilt; derjenige, der den Schadensersatz erhält, gilt als Verlierer. Der Sieger gewinnt Ehre, der Verlierer verliert Ehre – und in einer Gesellschaft, in der die Ehre die hierarchische Stellung bestimmt, steht der Sieger grundsätzlich über dem Verlierer. Es findet also fortwährend so etwas wie ein Wettbewerb um den gesellschaftlichen Rang in Bezug auf die Ehre statt.

*

Dieser vorislamische Moralkodex der Wüstenstämme Arabiens hat bis heute überlebt. Er prägt das Leben auf dem Land wie in den Städten, und man findet ihn im Konflikt der Schiiten-Sunniten im Beirut von 1980 wie im heutigen Libanon wieder, in Bagdad, im Gazastreifen oder auch im Jemen, in dem die Stämme immer noch nach ihren eigenen Gesetzen leben und der Staatsmacht trotzen. Kämpfe und Plünderungen sind das traditionelle Mittel, um Ehre zu gewinnen und räumlich zu expandieren. Für das Überleben von nomadisierenden Wüstenstämmen mögen diese Strukturen förderlich gewesen sein, will man allerdings eine Staatsform mit demokratischen Strukturen aufbauen, stellen sie ein Problem dar, weil sie einem gesellschaftlichen Zusammenhalt oder auch nur Zusammengehörigkeitsgefühl diametral entgegenstehen.

Zitat eines libanesischen Dichters in Fouad Ajami, The Dream Palace of the Arabs, 1999, S. 121:*"Er hatte erlebt, daß all die großartigen Ideen und all die Ideologien in Gemetzel endeten, und die Rückkehr der Libanesen und der anderen Araber im Libanon zu einem primitiven Stammessystem/Tribalismus."*

3. Dichtkunst, vorislamisches Mittel der Konfliktbewältigung

Ich möchte hier den Bereich der arabischen Dichtkunst nicht unerwähnt lassen, der bis zu Mohammeds Zeiten eine traditionelle Form der Konfliktbewältigung mit friedlichen Mitteln darstellte. Leider hat sie meines Wissens nicht überlebt. Man stelle sich nur vor, die Araber würden ihre politischen Auseinandersetzungen der Gegenwart in Gedichtform austragen!

In vorislamischer Zeit war es üblich, daß die Stämme von eigenen oder engagierten Dichtern Spottgedichte und –lieder auf den gegnerischen Stamm dichten ließen. Während in den Gedichten die eigenen großen Taten gepriesen wurden, wurde der Gegner herabgesetzt und verspottet. Nach Patai war dies bis in islamische Zeiten beliebtes Ausdrucksmittel. Mir erzählten noch in den 70iger Jahren Araber in Ta´if von den einst regelmäßig stattfindenden Dichterwettbewerben im Suq al Ukaz in der Nähe von Ta´if. Übertriebenes Selbstlob und Prahlerei waren üblich und wurden erwartet. (Überprüft doch einmal die Reden arabischer Führer daraufhin!) Der Wahrheitsgehalt des Gedichtes war zweitrangig und die Beleidigungen trafen gezielt wunde Punkte der Ehre. Die Reaktionen waren entsprechend heftig: Dichter lebten gefährlich und konnten Leben oder Zunge verlieren! Mohammed hat Dichtern ihre auf ihn gemünzten Spottgedichte und –lieder übel vergolten. Und auch den Juden kostete ihr Spott über den neuen Propheten bereits in ihrer alten Heimat Medina Gut und Leben. Um nur drei Dichter zu nennen, die Mohammed durch Auftragstäter umbringen ließ:

624: Asm´a Bint Marwan, Dichterin aus Medina
    Weil, 2. Band, S. 337, www.muslime.worldpress.com;
    E. Dülfer, Internationales Management…,
    Oldenbourg Wissenschaftsverlag, 2001, S. 339
    Abu Afak, Dichter (soll angeblich 100 Jahre alt gewesen sein)
    (wie oben)

627: Kaab Ibn Al´aschraf, Dichter (Halbjude)
    Weil, 2. Band, S. 7;
    Bukhari Vol. 5, Buch 59, Nr. 285 (Hadith)

Wer sich noch für andere Auftragsmorde Mohammeds aus dieser Zeit interessiert, kann sich auf folgender Website informieren: www.derprophet.info/inhalt/auftragsmorde.htm. Die Website gibt Quellenhinweise auf Koransuren und Hadith, die die Morde belegen. Auch „Die Chroniken der Stadt Mekka" von Ferdinand Wüstenfeld (1861) geben über Dichtermorde Auskunft. Google hat eine Kopie dieses im Handel nicht mehr verfügbaren Buches ins Internet gestellt. *(Anm. 2014: Inzwischen bei Amazon wieder erhältlich.)*

Ich denke, aus diesen Ausführungen wird ersichtlich, daß in einer Situation ständiger Spannungen im Zusammenleben der Stämme, geprägt vom Moralkodex Ehre und Kampf, eher aggressive Eigenschaften als positiv gefördert wurden, was sich auch deutlich im Koran, in den Hadith und in der islamischen Geschichte wiederspiegelt, wenn man einmal von den heute wieder verstärkt propagierten Mythen über die friedliche und tolerante Natur des Islam abstrahiert. Dem Propheten Mohammed gelang es, das traditionelle Konzept mit Überzeugungskraft, List und Gewalt für seine Ziele zu nutzen (s.a. Sure 2, 4, 9, 47), indem er dem Sprichwort *„Ich gegen meinen Bruder, mein Bruder und ich gegen meinen Cousin, ich und meine Cousins gegen..."* einen weiteren Kreis hinzufügte: *„Wir, die Gläubigen, gegen die Ungläubigen und Polytheisten"* (*Anm.: Mit Polytheisten sind übrigens auch die Christen wegen ihrer Dreieinigkeitslehre gemeint!*)

Damit band er die Stammesgesellschaft in den Islam ein indem er ihr einen gemeinsamen Gegner bot: die Ungläubigen. Antrieb war das Versprechen auf Sieg (Ehre) und Beute, denn *"... es ist niemals schwierig gewesen, die Kampfeslaune des Wüstenarabers zu wecken, wenn es um die Hoffnung auf das Paradies oder auf Beute ging, oder einfach aus Lust am kämpfen"*. (David Hawarth, ebda., S. 15)

Kommt es zu einer angeblichen Beleidigung von Islam oder Mohammed, fühlt sich folgerichtig auch heute noch die Gesamtheit der Muslime angesprochen, die Ehre der Umma wiederherzustellen, was sich in verbalen oder auch tätlichen aggressiven Akten entladen kann. Und erst, wenn sich die Welt der Ungläubigen zumindest entschuldigt hat, ist das Gleichgewicht wieder hergestellt (vgl. Salzman, ebda.).

4. „Konferenziade"

Um aus den Anfängen des Islams wieder in die Gegenwart zurückzukommen: Die arabische Neigung zu Konflikten kann auch gut nachvollziehen, wer die Treffen bzw. bereits die Planung von Treffen der Arabischen Liga verfolgt, die 1945 auf Initiative der britischen Regierung gegründet wurde. Ihre Treffen bieten in der Regel ein Schauspiel von Uneinigkeit und enden ebenso regelmäßig mit größeren Meinungsverschiedenheiten, als sie begonnen haben – aber stets mit der Absichtserklärung, bei dem nächsten Treffen alle offenen Punkte zu klären. Die Regierungen beklagen die Uneinigkeit und die Ränkespiele in den arabischen Beziehungen. Nasser beklagte sich einmal über die Feindseligkeit, mit der Ägypter ihren eigenen Landsleuten begegnen (vgl. Nasser, „Egypt's Liberation"), und die von mir bereits erwähnte Rede Ghaddafis in Damaskus führt es deutlich aus: Kein Araber traut dem anderen Araber!

König Hussein von Jordanien beschreibt in seinem Buch „*My 'War' with Israel*", wie er sich immer wieder der Anschläge und Verschwörungen seiner arabischen Verbündeten erwehren musste, vom Aufruf Radio Kairos: „*Bevor wir Tel Aviv befreien, müssen wir Amman befreien!*" bis zu einer Autobombe der Syrer (1967). Ich denke dabei auch an den Versuch der PLO, das jordanische Königshaus zu stürzen, um selbst die Macht zu übernehmen. Der Gastgeber, der eigentlich mit seiner mehrheitlich palästinensischen Bevölkerung selbst beabsichtigte, einen palästinensischen Staat auszurufen, trennte sich daraufhin mit Gewalt von seinen Gästen. An diesem in der palästinensischen Geschichtsschreibung so genannten „schwarzen September" 1970 wurden manchen Angaben zufolge 3.000 bis 5.000 Palästinenser getötet (Dietmar Herz/Julia Steets, Palästina, Beck-Verlag, 2002, S. 52-53), nach anderen Angaben sollen es sogar insgesamt 40.000 Palästinenser gewesen sein, die umgekommen sind (vgl. Helena Sabbagh, Universität Hamburg, Dpt. Sozialwissenschaften, „Jordanien (Schwarzer September)", 14.07.2004). Die häufigsten Angaben, die ich hierzu las, lagen bei einer Zahl von 10.000 Toten.

Selbst angesichts eines gemeinsamen Gegners fällt es den Arabern also schwer, die internen Zwistigkeiten und das gegenseitige Misstrauen beiseite zu legen und eine gemeinsame Strategie zu verfolgen.

Nun sollte man denken, daß die Araber selbst mit der Erfolglosigkeit ihrer Konferenzen unzufrieden wären. Bei weitem gefehlt! Diese Erfolglosigkeit scheint niemanden weiter zu erstaunen: Man verabredet am Ende der Konferenz bereits Ort und Zeitpunkt der nächsten Konferenz, auf der die anstehenden Punkte dann gelöst werden sollen – und nach einer weiteren erfolglosen Konferenz einfach die nächste, die übernächste usw. Auch das vollständige Scheitern einer Gipfelkonferenz wird von keinem der Beteiligten als wirkliches Problem betrachtet. Es werden einige großartige Reden im Nachhinein gehalten, die aber wohl nur vom Westen ernst genommen werden, der wiederum erstaunt ist, wenn auch diese Reden keine weiteren Folgen zeitigen. Von den Arabern wird jede Konferenz nur als ein notwendiges Stadium auf dem Weg zur Problemlösung gesehen – wann immer diese auch kommen mag.

Ich denke, auch Ihr werdet hier das Muster wieder erkennen, nach dem die Stammeskonflikte traditionell geregelt werden. Die Entscheidung, eine neue Konferenz einzuberufen, wahrt den Eindruck von Einigkeit, verhindert Gesichtsverlust und verschafft eine Atempause.

Wenn man den genauen Ablauf einer Konferenz analysiert (Westler tun so etwas gern!), wird man feststellen, daß sie oft verspätet beginnen und selten zur verabredeten Zeit enden, das kann sich um Stunden oder auch um Tage handeln. Zeit ist für den Araber kein feststehender Faktor! Die Uneinigkeit drückt sich darin aus, daß die Konferenz von einigen arabischen Ländern immer wieder einmal boykottiert wird oder man entsendet nur Regierungsmitglieder niedrigeren Ranges, daß Delegationen die Konferenz einfach vor Abschluß verlassen und daß in ihrem Verlauf Streitigkeiten ausbrechen oder Animositäten ausgetragen werden, die im bereits beschriebenen rhetorischen Stil vorgetragen werden und in der Regel zum Anlaß in keinem Verhältnis stehen. Sollte eine Konferenz einmal mit eindrucksvollen Beschlüssen enden, so werden diese selten ausgeführt (Worte ersetzen Handlungen!).

Patai zitiert den Ablauf von Gipfelkonferenzen, wie ihn Leila S. Kadi vom Forschungszentrum der PLO in Beirut in ihrer Studie (1966) beschreibt. Eine typische Gipfelkonferenz würde nach Leila S. Kadi ein

Anschlußkomitee einrichten, daß über die Streitfrage einen Beschluß fassen soll. Dieses Komitee *„wird einen toten Punkt erreichen; es verweist die Streitfrage an die Außenminister, um darüber zu entscheiden; auch diese kommen an einem toten Punkt an; und die Streitfrage wird weiter an die Premierminister gegeben; diese ihrerseits, verweisen die Frage weiter an die Gipfelkonferenz, da es ihnen unmöglich ist, zu einer Entscheidung zu gelangen. Wenn die Streitfrage dann endlich auf der Gipfelkonferenz diskutiert wird, ist es zu spät, und die Konferenz endet schließlich mit einer einmütigen, allgemeinen Entscheidung, die im größten Teil der Fälle von den Mitgliedsstaaten nicht ausgeführt wird".*

Wie ineffektiv die Vermittlungsversuche auch auf dieser Ebene sein mögen, so werden doch evtl. bereits stattfindende Kampfhandlungen immer wieder einmal unterbrochen, was eine Eskalation verhindern kann. Auch bei der Arabischen Liga kann man also feststellen, wie tief verwurzelt die Traditionen der Konfliktbewältigung sind, so daß sich die Konfliktbeteiligten selbst bei erbitterten Kämpfen immer wieder erneut von einem Vermittler an den Verhandlungstisch rufen lassen, in der Hoffnung, eine Lösung zu finden. Oder sei es nur, um festzustellen, daß ein anderer die Schuld hat, wie Michael Thumann es in seinem Artikel vom 28.03.2008 über die Damaskus-Konferenz anschaulich darstellt (vgl. Michael Thumann, „Schuld ist Amerika", www.zeit.de/online/ 2008/14/meinung-thumann-arabische-liga). Er stellt die Eingangsfrage *„Wozu gibt es eigentlich die Arabische Liga?"*, um am Ende des Gedankenexperiments festzustellen: Wenn man sich die Liga einfach einmal wegdenkt, *„...siehe da: Nichts würde sich ändern, niemandem würde etwas fehlen".* Darüber weiter nachzudenken, möchte ich jetzt Euch überlassen…

Ma´a salamah,
Regina

Regina von Fürstenmühl

V. DIE ARABER – VERSUCH EINER ANALYSE

März 2009

Frauen unter der Scharia
1. Teil: Geschichtlicher Hintergrund

Um den Islam und hier besonders die Stellung der Frau zu verstehen, muß man sich mit der Biographie und der Persönlichkeit des Propheten Mohammed beschäftigen, denn alle Regeln, Vorschriften und Weisungen für das öffentliche wie private Leben eines Moslems werden von ihm abgeleitet. Dies bezieht sich nicht nur auf die nach dem Glauben der Moslems von Allah direkt an sie offenbarten Lebensregeln und Anweisungen; die Vorschriften umfassen Handels-, Familien- und Strafrecht, religiöse Pflichten bis hin zu den öffentlichen und innerfamiliären Verhaltensregeln und Einzelheiten des persönlichen Lebensstils. Mohammed gilt als absolutes Vorbild für das Leben eines jeden Moslems.

„Wahrlich, ihr habt an dem Propheten Allahs ein schönes Vorbild für jeden, der auf Allah und den Letzten Tag hofft und Allahs häufig gedenkt.“ (Sure 33:22)

„Es gehört zum Glauben dazu, den Gesandten (Muhammad) zu lieben. Allahs Gesandter sprach: „Bei dem, in dessen Hand mein Leben steht, keiner von euch wird Glauben haben, bis er mich mehr liebt als seinen Vater und seine Kinder.“ (Bukhari, „The Book of Belief", Vol. 1, 1984, S. 19/20, zitiert aus IfI, Institut für Islamkunde, Nr. 1/2001, S. 22-23)

Und lässt sich in Mohammeds Leben kein Beispiel oder eine Handlungsanweisung für ein öffentliches oder privates Problem finden, so werden die Rechtsgelehrten befragt, die dann hierzu eine Fatwa erlassen (religiöses Rechtsgutachten).Vorher werden jedoch der Koran, die Sunnah / Hadith und die Sirat Rasul Allah befragt.

Koran

Der Koran ist die heilige Schrift des Islam und nach moslemischem Glauben die direkte Offenbarung Allahs an Mohammed, vermittelt durch den Erzengel Gabriel. Im Koran sind vorislamische Elemente aus der Nomadenkultur enthalten wie auch Erzählungen aus dem Alten Testament, z.B. Straflegenden wie Sodom und Gomorra (vgl. Karl-Heinz Ohlig, Weltreligion Islam, Eine Einführung, 2000).

Wie Ohlig bezweifeln auch andere Forscher inzwischen, daß der gesamte Koran auf Mohammed zurückzuführen ist und nehmen an, daß Teile in späterer Zeit hinzugefügt, verändert oder weggelassen wurden (vgl. Ohlig, ebd.; u. meinen Bericht III, August 2008) Diese These wird umso wahrscheinlicher, wenn man die Geschichte dieses Buches in Augenschein nimmt: Die auf Rinde, Steinen, Palmblättern, Stofffetzen u. ä. geschriebenen „Offenbarungen" wurden erstmals vom ersten Nachfolger und Schwiegervater Mohammeds, dem Kalifen Abu Bakr (632-634 n. Chr.) gesammelt und durch mündliche Überlieferungen ergänzt. Diese Offenbarungen waren nach Aussage Aishas, der Lieblingsfrau Mohammeds, bereits nicht mehr vollständig, da Teile davon, die unter ihrem Bett aufbewahrt wurden, von einem Haustier gefressen worden seien. Neben der Koransammlung Abu Bakrs gab es noch drei andere konkurrierende Sammlungen. Die unterschiedlichen Versionen zogen Streit und Mord nach sich. Der Kalif Uthman (644-656 n. Chr.) ließ deshalb eine Standardversion anfertigen, zu der er auch die von Hafsa (eine der Ehefrauen Mohammeds) aufbewahrte Sammlung des Abu Bakr hinzuzog. Danach ließ er alle anderen Koranversionen einschließlich der Originalsammlung verbrennen (vgl. www.orientdienst. de). Man fragt sich natürlich unwillkürlich, warum er sie verbrennen ließ! Wollte er für die Zukunft einen Vergleich mit den ursprünglichen Surensammlungen oder gar den Originalen ausschließen?

Im Schöpfungsbericht des Korans scheint es zunächst einmal keinen Unterschied zwischen Mann und Frau zu geben (vgl. Sure 4:2). Mann und Frau sind gleich vor Allah, worauf Moslems immer wieder stolz hinweisen, um zu beweisen, daß die Frau im Islam besser gestellt sei als im Christentum. Mann und Frau werden aber im Koran unterschiedliche Aufgaben zugewiesen – dem Mann außerhalb des Hauses, der Frau innerhalb des Hauses, woraus unterschiedliche Rechte und Pflichten abgeleitet werden, auf die ich später noch eingehen werde. In den Hadith (s. u. Definition) ist zudem eine vom Koran abweichende Aussage Mohammeds zu finden, von der man annehmen muß, daß sie sich auf das Alte Testament bezieht:

„Behandelt die Frauen gut, denn die Frau ist aus einer Rippe geschaffen worden und ist einer solchen auch ähnlich. Wenn Du versuchst, eine Rippe gerade zu biegen, wird sie brechen; ich beschwöre Euch daher, auf die Frauen acht zu geben." (Bukhari 4, 55, 548 u. a., zitiert u. übersetzt aus: Center for the Study of Political Islam, The Submission of Women and Slaves, Vol. 11, 2007)

In einer weiteren Hadith weist Mohammed meines Erachtens eindeutig auf die Erbsünde hin:

„Wenn es nicht wegen Eva gewesen wäre, dann würden Ehefrauen ihre Männer niemals betrügen." (Bukhari 4,55,547 u. 611, ebd.)

Hieraus wird auch ersichtlich, daß Mohammed Talmud- bzw. Bibelkenntnisse besaß, die in seine Lehre einflossen. Das ist nicht verwunderlich, denn das Arabien seiner Zeit war auch von Arabern jüdischen und christlichen Glaubens bewohnt. Der Cousin von Khadidja, der ersten Frau Mohammeds, Waraqa bin Naufal, der vom Judaismus zum Christentum konvertiert war, wird als Priester bezeichnet und hat ihm viele Kenntnisse seines Glaubens vermittelt (vgl. Robert Spencer, The Truth about Muhammad, 2006, S. 39)

Begründet wird die andere Lebensstellung der Frau im Islam in den Hadith auch mit ihrem angeblich häufig unzulänglichen Erinnerungsvermögen und ihrer emotionalen Instabilität. Hierzu gibt es folgende Überlieferung:

„Der Gesandte Gottes ging einmal zum Gebet ... und traf einige Frauen. Er sagte: „O ihr Frauen! Gebt Almosen, denn ich habe erkannt, daß die Mehrzahl der Höllenbewohner ihr (Frauen) seid." Die Frauen fragten: „Warum ist das der Fall, Gesandter Gottes?" Er antwortete: „Ihr sprecht häufig Verwünschungen aus, und ihr seid undankbar gegen eure Ehemänner. Ich kenne niemand, der von seiner Intelligenz her und seiner

Religionsausübung noch unzulänglicher wäre als ihr (oder: ihr seid die Geringsten von eurer Intelligenz und Religionsausübung her). Ein bedächtiger, empfindsamer Mann kann von einer Frau leicht in die Irre geführt werden." Die Frauen fragten: *„O Gesandter Gottes! Warum ist unsere Intelligenz und Religionsausübung so unzulänglich?"* Er antwortete: *„Liegt nicht der Beweis darin, daß das Zeugnis zweier Frauen das eines Mannes aufwiegt?"* Sie bejahten. Er sprach: *„Darin wird euer Mangel an Intelligenz deutlich. Und stimmt es etwa nicht: Eine Frau kann während ihrer Menstruation weder beten noch fasten?"* Die Frauen bejahten. Er fuhr fort: *„Daraus wird eure unzulängliche Religionsausübung sichtbar."* (Bukhari, The Book of Menses, Bd. 1, zitiert aus IfI Nr. 1/2001, S. 22-23)

Wer den Koran gelesen hat, wird feststellen, daß in ihm ein ziemliches Durcheinander herrscht. Man muß wissen, daß die Suren nicht in chronologischer Reihenfolge sondern nach ihrer Länge angeordnet sind, d.h. der Koran fängt mit der längsten Sure an und endet mit der kürzesten. Dadurch stehen häufig die friedlicheren Suren aus der Mekka-Zeit, als Mohammed noch für seinen Glauben werben musste, neben den aggressiven Suren aus der anschließenden Medina-Zeit, als Mohammed sich zum Machtpolitiker entwickelte; des Öfteren stehen Suren auch zueinander im Widerspruch.

Das Problem der widersprüchlichen Suren versuchten die Rechts-gelehrten schon sehr früh nach Mohammeds Tod durch die sog. Abrogationslehre zu lösen (Abrogation lt. Wahrig: Abschaffung/ Aufhebung eines Gesetzes). Als Mohammed von seinen Gefährten auf die Widersprüche hingewiesen wurde, hat ihm Allah hierzu rasch eine „Offenbarung" eingegeben: *„Welches Zeichen wir auch aufheben oder dem Vergessen anheim geben, Wir bringen ein besseres dafür oder ein gleichwertiges. Weißt du nicht, daß Allah die Macht hat, alles zu tun, was er will?"* (Sure 2:107)

Dieser Sure entnehme ich, daß Allah sich irren kann! Die Abrogationslehre wurde maßgeblich von **Hibat Allah Ibn Salama** (gest.1019 nach Chr.) in einem Handbuch zusammengefasst. Eine Besonderheit sind allerdings Koranverse, die zwar gestrichen wurden oder keine Aufnahme fanden, juristisch aber weiterhin Gültigkeit haben, zum Beispiel der

Steinigungsvers: Die Steinigung ist die Strafe für Unzucht. Im Koran findet man hierzu aber nur widersprüchliche bzw. unvollständige Bestimmungen, weshalb zu einer Auslegung die Sunnah (Hadith) herangezogen wurde, die wiederum behauptet, daß es sich bei dieser Strafe um eine Offenbarung aus dem Koran handelt. Insofern abrogiert die Sunnah die eigentlich höher bewerteten Bestimmungen aus dem Koran. Nach Moslem (B017, N4194) ist die Steinigung eine Pflicht, die im Buche Allahs niedergelegt ist. Nach mehreren Aussagen, u. a. der von Aisha, soll die Forderung nach Steinigung bei Unzucht einst in der Sure 33 enthalten gewesen sein. Auch hier gibt es Vermutungen, daß das Surenblatt, ein Palmenzweig, einem Haustier im Haushalt Aishas zum Opfer gefallen ist (vgl. Ahmad Ibn Hanbal 25112; Ibn Maja 1934). Nach Ibn Abbas (192; 333) und bestätigt von Bukhari, Moslem und Tirmidhi soll Umar, der zweite Kalif nach Mohammed, gepredigt haben:

„Ich habe gehört, einige (Moslems) fragen sich, warum die Strafe der Steinigung in Allahs Buch in Auspeitschung umgewandelt wurde. Allahs Prophet hat gesteinigt und wir haben nach ihm (nach seinem Vorbild) gesteinigt... " (zitiert nach IFI Nr. 1/2005, S. 32-33)

Folglich wird für Unzucht in einigen Ländern die Strafforderung der Sunnah angewandt:

- 100 Peitschenhiebe und einjährige Verbannung für ledige volljährige Personen
- 100 Peitschenhiebe und anschließende Steinigung für Ehebrecher/Innen.
(vgl. auch www.derprophet.info)

Die Strafe der Steinigung soll nach den Hadith in vorislamischer Zeit sogar den Affen bekannt gewesen sein:

Bukhari V5 B58 N188 berichtet von ´Amr bin Maimum:
Während der vorislamischen Zeit der Unwissenheit sah ich einen weiblichen Affen, der von einer Anzahl anderer Affen umgeben war. Diese haben das Weibchen gesteinigt, weil es sich unerlaubtem Beischlaf hingegeben hat. Auch ich habe dann beim Steinigen geholfen. (vgl. ebd.)

Das scheinen die Affen „Gott sei Dank" wohl später vergessen zu haben, denn niemand sonst hat sie bisher bei einer Steinigung beobachtet.

Was den Koran weiterhin schwer verständlich macht, ist, daß viele Suren nur im Zusammenhang mit Begebenheiten in Mohammeds Leben zu verstehen sind, was ein Studium der Sunnah erforderlich macht. Um nur zwei Beispiele in Bezug auf Frauen zu nennen:

1. Die „Halsbandaffäre": Als Mohammeds Lieblingsfrau Aisha des Ehebruchs beschuldigt wurde, schickte Allah dem verunsicherten Mohammed – wiederum gerade noch zur rechten Zeit – eine Offenbarung, die Aisha rettete:

Und diejenigen, die züchtige Frauen verleumden, jedoch nicht vier Zeugen beibringen geißelt sie mit achtzig Streichen und lasset ihre Aussage niemals gelten, denn sie sind es, die ruchlose Frevler sind. (Sure 24:5)

2. Als es dem Propheten nach der Frau seines Adoptivsohnes gelüstete, er diesen Wunsch jedoch „zurückhielt", da er damit gegen das Inzest-Tabu verstoßen hätte, befahl ihm Allah selbst, daß er Zainab ehelichen solle:

„Es trifft den Propheten kein Vorwurf für das, was Allah ihm auferlegt hat. Das war Allahs Vorgehen gegen jene, die vordem hingingen – und Allahs Befehl ist ein unabänderlicher Beschluß," (Sure 33:39; siehe hierzu auch Sure 33:38)

Die Stellung der Gläubigen gegenüber Allah und seinem Propheten wird in Sure 33:37 unmißverständlich zum Ausdruck gebracht:

„Und es ziemt sich nicht für einen gläubigen Mann oder eine gläubige Frau, wenn Allah und Sein Gesandter eine Sache entschieden haben, daß sie in ihrer Angelegenheit eine Wahl haben sollten. Und wer Allah und Seinem Gesandten nicht gehorcht, der geht wahrlich irre in offenkundigem Irrtum."

Vorkommnisse wie oben unter 2. beschrieben, die des Öfteren in

Mohammeds Sexualleben auftraten, veranlaßten Aisha zu der Anmerkung: *„Es scheint, dein Herrgott ist nur mit der Befriedigung deines „Teils" beschäftigt."* In mehreren Hadith (u.a. Bukhari, Moslem) wird diese Aussage belegt (vgl. www.turandursun.com, Mohammeds Sexualleben).

Sunnah / Hadith

Die Sunnah ist die Beschreibung des Leben Mohammeds. Sie hat Vorbild- und damit nach islamischer Lehre Gesetzescharakter und ist zusammen mit dem Koran die wichtigste Grundlage für die islamische Rechtsprechung. Eine Hadith ist eine Erzählung über Mohammeds Leben oder darüber, was er für richtig gehalten hat. Aus den Hadith-Sammlungen leiten die Rechtsgelehrten religiös-moralische Verhaltens-maßregeln für die Gläubigen ab. Die wichtigsten Sammlungen stammen von

Bukhari   810-870
Moslem   817/821-875
Abu Dawud   817-888
Tirmidhi   815-892
Nisai   830-915
Ibn Madsche 824-886

Voraussetzung für die Aufnahme einer Hadith in die Sammlungen:

- Sie muß eine lückenlose Reihe von Gewährsmännern aufweisen.
- Sie muß ausdrücklich anzeigen, daß Mohammed dies oder jenes gesagt oder getan hat.
- Sie muß einen Inhalt haben, der in die Frühzeit der Frühgemeinde hineinpasst.
  (vgl. www.alahram.de, moslemische Webseite)

Jeder Jurist oder Psychologe weiß natürlich heute, wie ausgesprochen fragwürdig eine solche auf Erinnerungen aufbauende Datensammlung ist.

Sirat Rasul Allah

Dies ist die älteste erhaltene Biographie Mohammeds. Sie wurde **150** Jahre nach seinem Tod von ***Ibn Ishaq*** verfasst (vgl. de.wikipedia.org).

Aus den Grundlagen von Koran, Sunnah und Sirat Rasul Allah leitet sich die Scharia ab.

Scharia

Sie ist Mittel- und Ausgangspunkt des islamischen Ehe- und Familienrechts, auf daß ich in diesem Bericht eingehen möchte (das Strafrecht wäre ein weiteres Thema). Das Ehe- und Familienrecht gründet in erster Linie auf Koran und Sunnah sowie einigen Rechtsauslegungen aus der beduinischen Stammesgesellschaft des 7. und 8. Jahrhunderts. Durch teilweise unterschiedliche Auslegungen entstanden bis zum 10. Jahrhundert 4 Rechtsschulen mit teils voneinander abweichenden normativen Festlegungen. In einzelnen Ländern finden sich in der Scharia auch kulturelle Elemente der jeweiligen Gesellschaften. Die Scharia wird als die von Allah den Menschen gegebene Ordnung betrachtet und darf nach streng moslemischer Überzeugung nicht durch menschliche Gesetze ersetzt werden.

In der Kairoer Erklärung der Menschenrechte im Islam (1990) wurde festgelegt, daß die Scharia in allen islamischen Ländern Basis der Gesetzgebung sein soll. Auf der Grundlage der Scharia wird teilweise bis vollständig Recht gesprochen zum Beispiel in Saudi-Arabien, Libyen, Iran, Pakistan (s. dpa-Meldung 16.02.2009, „Pakistan lässt Scharia zu – Militante jubeln"), Ägypten, Sudan, Gaza-Streifen (s. www.europenews. dk vom 19.11.08 u. a.: „HAMAS führt Rechtssystem der Scharia ein"), Jordanien, Marokko, Indonesien, mit zunehmender Tendenz besonders in Afrika (s. Nigeria, Somalia). Besonders drakonisch wird die Scharia z. B. in Saudi-Arabien, Iran, Sudan und in einigen Bundesstaaten Nigerias praktiziert.

Die Re-Islamisierung seit Beginn der 70iger Jahre wird vor allem durch die expandierenden islamistischen Organisationen vorangetrieben (vgl. Johannes Kandel/Reinhard Hempelmann, Der Erzbischof von Canterbury und die Scharia, Anmerkungen zum Islam in Europa, 2008, www.islaminstitut.de). Hier ist besonders die Moslembruderschaft aktiv (Ursprungsland Ägypten), die aber in der Regel nicht offen auftritt. Wer weiß schon, daß die HAMAS ein Ableger der Moslembruderschaft ist? In der Missionierung (Afrika!) sind auch besonders Saudi-Arabien und die Golf-Länder tätig, die staatlicherseits oder durch reiche Privatspender mit den Einnahmen aus dem Ölgeschäft und aus den Wohlfahrtsspenden (Zakat, eine der 5 Glaubenssäulen des Islam) entweder pro-islamische Gruppen und Verbände unterstützen oder soziale Einrichtungen und den Ausbildungsbereich mit missionarischem Ziel finanzieren. Das kann im Alltag bedeuten: Wenn eine christliche Familie Zugang zu Bildung, Schulen oder auch nur Wasser haben möchte, so wird eine Konversion zum Islam zur Voraussetzung gemacht!

Berichte zu der Situation der Kopten in Ägypten kann man im Internet finden, z. B. auf www.kath-info.de oder auf www.igfm.de, Internationale Gesellschaft der Menschenrechte e.V.; zu Nigeria vgl. IfI Nr. 2/2003, Islamische „Da´wa" in Schwarzafrika: Interview mit Obiora Ike, S. 23-32; zum Sudan vgl. Center for the Study of Political Islam, ebd. , S. 134. Wohlfahrt also nur für Moslems, nicht für „Ungläubige"! Die Taktik, über den sozialen und erzieherischen Bereich im islamistischen Sinne gezielt Einfluß auf ansässige moslemische Minderheiten zu nehmen, wird allerdings auch in Europa und in den USA verfolgt.

Die Scharia ist in drei unterschiedliche Vergehensarten unterteilt:

1. Grenzvergehen (Hadd-Vergehen)

Grenzvergehen werden als Kapitalverbrechen gewertet, weil sie göttliches Recht verletzen. Beweisverfahren und Strafmaß sind im Koran und der Sunnah hierzu festgelegt. Zu den Grenzvergehen gezählt werden

- Ehebruch und Unzucht
- Verleumdung wegen Unzucht (Tatbestand, wenn ein Vergewaltigungsopfer den/die Täter anzeigt, ohne 4 Zeugen benennen zu können.)
- Schwerer Diebstahl
- Schwerer Straßen- und Raubmord
- Genuß von Wein (Alkohol und Drogen)
- Apostasie: Der Abfall vom Glauben ist ebenfalls nach Auffassung aller Rechtsschulen ein Kapitalverbrechen und verlangt die Todesstrafe.

Strafen für „Grenzvergehen" sind: Steinigung, Kreuzigung, Enthauptung, Abschneiden von Händen und Füßen (wechselseitig), Auspeitschung und Verbannung.

2. Wiedervergeltungsvergehen (Quisas-Vergehen)

Als Wiedervergeltungsvergehen gelten Mord und Totschlag. Sie werden nicht als Kapitalverbrechen bewertet, weil sie „nur" menschliches Recht verletzen. Strafe hierfür ist die Zufügung derselben Verletzung bzw. Tötung des Schuldigen unter Aufsicht des Richters („Auge um Auge, Zahn um Zahn..."). Ein Wiedervergeltungsvergehen kann durch ein zu vereinbarendes Blutgeld (vorislamische Tradition) oder durch eine religiöse Bußleistung ausgeglichen werden.

3. Ermessensvergehen (Taczir-Vergehen)

Alle Straftaten, die nicht unter 1. und 2. fallen sind Ermessensvergehen, deren Strafmaß also dem Ermessen des Richters unterliegt. Ermessensvergehen sind:

- Aufruhr, Beleidigung, Bestechung, Urkundenfälschung, Unterschlagung
- Verkehrsverstöße, Betrug, Erpressung, Kidnapping

Mögliche Strafen: langes Einkerkern, Verbannung, Auspeitschung, Geldstrafen, evtl. Todesstrafe bei Homosexuellen, Häretikern gegen den Islam, Rauschgifthändlern, Spionen.

(zu 1. – 3. vgl. www.derprophet.de; www.igfm.de)

Diese Rechtsprechung war zur Zeit Mohammeds üblich und möglicherweise im Vergleich zu den vordem archaischen, oft willkürlichen Racheakten eine Eingrenzung, die Wiedervergeltungsstrafe sogar ein Fortschritt, indem sie der maßlosen Vergeltung eine Grenze setzte. Wogegen ich mich aber wende, ist, daß sie in vielen Ländern auch in der Gegenwart noch angewandt, von vielen moslemischen Rechts- und Religionsgelehrten vehement vertreten und ihre Verbreitung von diesen auch im Westen gefordert wird. Ich weise nur auf die seit 1982 in Großbritannien agierenden „Islamic Sharia Councils" hin, bei denen Moslems in Ehe-, Familien- und Erbschaftsangelegenheiten – toleriert vom britischen Staat – Entscheidungen nach islamischen Recht suchen können. Eine offizielle Anerkennung wird angestrebt.

*

Es wird immer wieder behauptet, daß Mohammed die gesellschaftliche und rechtliche Stellung der Frau im Gegensatz zur vorislamischen Zeit verbessert habe. Angeführt wird dann meist, daß er der Frau im Unterschied zum Vorislam ein Erbrecht eingeräumt hat, nämlich stets die Hälfte eines männlichen Erben, d.h. der Mann bekommt 2/3 und die Frau 1/3 des Erbes; des weiteren daß er verboten hat, weibliche Neugeborene zu töten. Das mag durchaus in diesen und einigen anderen Punkten zutreffen, da es jedoch wenig Untersuchungen über das Leben der Frauen auf der arabischen Halbinsel in vorislamischer Zeit gibt, bleibt vieles an dieser Behauptung fragwürdig, insbesondere wenn man die Folgen für die Frauen seit Einführung des Islam bis heute betrachtet. Was man aber wohl zu Recht sagen kann, ist, daß Mohammed der Bevölkerung der arabischen Halbinsel erstmalig ein einheitliches Glaubens- und Rechtssystem gegeben bzw. aufgezwungen hat.

Es gibt Hinweise, daß die vorislamischen nomadischen Gesellschaften sehr unterschiedliche Normsysteme hatten, was natürlich auch stark durch die ökonomischen Verhältnisse beeinflusst war. Zwar wird davon ausgegangen, daß vorherrschend patriarchalische Verhältnisse geherrscht haben, in denen die Mehrheit der Beduinen monogam lebte, doch war die Lage der Frau nicht rechtlos: Bei der Beduinenfamilie gehörte zum Beispiel das Zelt immer der Frau. Wollte sie sich von ihrem Ehemann trennen, dann konnte sie das einfach zum Ausdruck bringen, indem sie den Zeltausgang zur entgegengesetzten Seite verlegte. Dem Mann blieb dann nichts anderes übrig, als zu seiner Mutter zurückzukehren und zu versuchen, mit seiner Frau zu verhandeln. Er war abhängig davon, daß eine Frau ihn in ihr Zelt aufnahm (vgl. Wilfred Thesiger, o. J., Annegret Nippa, 1991, u. a.). Eine Frau konnte ihren Ehemann selbst wählen und sich auch wieder trennen, die Kinder blieben nach einer Scheidung bei ihr, und sie konnte wieder heiraten. Die Polygamie kam zwar vor, aber auch die Polyandrie, die der Frau bis zu 10 Männer gestattete (vgl. Ohlig, 1998).

Einige Frauen nahmen gesellschaftlich geachtete Stellungen ein. Ein belegtes Beispiel hierfür ist die erste Frau Mohammeds, Khadidja bint Khuwaylidj (gest. 619), eine wohlhabende Geschäftsfrau aus Mekka, die Karawanenhandel betrieb, Sklaven besaß und dem 15 Jahre jüngeren

Mohammed, einem Habenichts, einen Heiratsantrag machte. Es wird immer wieder, auch von moslemischer Seite, lobend darauf hingewiesen, daß Mohammed in all den Jahren seiner Ehe mit Khadidja nie eine weitere Frau hinzugenommen hat. Wenn ich allerdings die rechtliche und wirtschaftliche Stellung Khadidjas betrachte, dann meine ich, es ist offensichtlich, warum er sich erst nach ihrem Tod eine beträchtliche Anzahl von Frauen, Nebenfrauen und Sexsklavinnen zulegte. Gegenüber Khadidja war er in einer schwächeren sozialen Stellung; wenn sie ihn „des Zeltes" verwiesen hätte, wäre er wieder ein „Habenichts" gewesen (vgl. Robert Spencer, ebd., 38; Center for the Study of Political Islam, ebd., S. 19; Ali Dashti, Die Karriere des Propheten Muhammad, 2007, S. 190-191). Nach ihrem Tod war Mohammed ökonomisch unabhängig und seine gesellschaftliche Stellung gesichert. Daß sich die Stellung der Männer gegenüber den Frauen weiter verbesserte, dafür sorgte er mit Offenbarungen und Bestimmungen, nachdem seine Position als Prophet gefestigt war. Einzelne Aussagen Mohammeds aus der Anfangszeit, daß die Araber mit ihren Frauen gut umgehen sollten, haben dagegen wenig Gewicht und stellen keinen Rechtsanspruch dar. Zudem sind weitaus mehr Hadith zu finden, in denen Mohammed den Status der Frau abwertet. Hier nur eine kleine Auswahl aus Bukhari (zitiert u. übersetzt aus: Center for the Study of Political Islam, ebd., S. 15-16, S. 48), die sich auch heute noch in Fatawa und Rechtsprechung widerspiegeln:

„Wenn es überhaupt ein schlechtes Omen gibt, dann sind es das Pferd, die Frau und das Haus." „Die schädlichste Plage/Heimsuchung, die ich den Männern hinterlassen werde, sind die Frauen." „Als ihr mitgeteilt wurde, daß ein Gebet ungültig ist, wenn an dem Betenden entweder ein Hund, ein Esel oder eine Frau vorbeigeht, sagte Aisha: Stellst Du uns Frauen mit Hunden und Eseln gleich?..." „Während der Schlacht von Al-Jamal hörte Mohammed, daß das Volk von Persien die Tochter von Khosrau zu ihrem Herrscher gemacht hatten. Daraufhin sagte er, „Eine Nation, die eine Frau zu ihrem Herrscher macht, wird niemals Erfolg haben." „Wenn einer von euch eine Frau heiratet oder einen Sklaven kauft, dann sollte er sagen: „Oh Allah, sage mir, was in ihr gut ist und welche Veranlagung du ihr gegeben hast; ich suche bei Dir Zuflucht vor dem Bösen in ihr und in der ihr von Dir gegebenen Veranlagung..."

Um noch einmal auf die vorislamischen Gebräuche zurückzukommen: Mohammed weist selbst in einer Sure auf die lockeren Umgangsformen auch der Frauen in der vorislamischen Zeit hin: *„Und bleibt in euren Häusern und prunkt nicht wie in den Zeiten der Unwissenheit..."* (Sure 33:34) Männer und Frauen unterhielten sich freizügig über sexuelle Themen, gingen im alltäglichen Leben ungezwungen miteinander um, und selbst die damals noch „heidnische" Kaabah wurde von ihnen gemeinsam umtanzt, zuweilen im nackten Zustand. Besonders geschiedenen Frauen soll ein hohes Maß an sexueller Freiheit eingeräumt worden sein; sie konnten den Vater ihres Kindes selbst aus dem Kreis ihrer Liebhaber bestimmen (vgl. Aziz Al-Azmen, Cicero, 2005)

Einen anderen Hinweis auf eine freizügigere Lebensweise gibt der hohe Alkoholkonsum der Araber, der sie oft wegen Trunkenheit vom Gebet abhielt und zu Streitereien führte. Mohammed schränkte ihn zunächst nur ein (Sure 2:220; Sure 4:44), um keinen Aufruhr zu erzeugen, denn mit dem selbst angebauten und erzeugten Wein wurde Handel getrieben. Später verbot er den Alkohol zusammen mit dem Glücksspiel jedoch ganz (Sure 5: 91/92).

Die Handels- und Pilgerstädte Mekka und Medina waren bekannt für Prostitutionsgewerbe und Konkubinat (vgl. ebd.). Über Sexualität jedoch hat auch Mohammed noch freizügig gesprochen, nach Azid Al-Azmen kam es bei den Arabern erst im späten 19. Jahrhundert zu einer Tabuisierung.

Welcher Druck der neue Kodex des Islams auf die Frauen ausübte, lässt sich auch aus der Geschichte der „Prostituierten von Hadramut" erahnen, „Prostituierte" genannt, weil sie weiterhin die vorislamische Freiheit der Frauen für sich in Anspruch nehmen wollten. Der Ort Hadramut lag im Osten des Jemen, und die Frauen dieses Ortes warteten ungeduldig auf die Nachricht vom Tod Mohammeds. Als die Nachricht endlich eintraf, schmückten sie sich, musizierten, tanzten und feierten ihre Befreiung. Doch der Nachfolger Mohammeds, Abu Bakr, strafte sie bitter: Er schickte seine Häscher in den Jemen, ließ ihnen die Hände und Füße kreuzweise abhacken und die Zähne ziehen. Wer versuchte, sie zu verteidigen, wurde getötet (vgl. Arzu Toker, Mohammeds Rache, FREITAG u. TAZ, 2002).

Auf der Grundlage der Scharia wird Recht gesprochen und jede Handlung im Leben eines Moslems bewertet, vom Mord über die Reinheitsgebote bis hin zu den kleinsten Alltagshandlungen. Was durch die Scharia nicht abgedeckt wird, weil es nicht zu jedem Vorkommnis eine passende Sure oder ein Beispiel aus dem Leben Mohammeds gibt, müssen die Rechtsgelehrten – wie bereits oben erwähnt – in ihren Fatawa (Rechtsgutachten) entscheiden. Eine maßgebliche für die Fatawa bei den Sunniten zuständige Institution ist die Al-Azhar-Universität in Kairo/Ägypten. Wer eine Vorstellung von dem Ausmaß dieser Eingriffe in das alltägliche Leben eines gläubigen Moslems bekommen möchte, braucht nur einmal bei www.islaminstitut.de in das Fatawa-Archiv Einsicht zu nehmen.

„Heutzutage glauben die Menschen, daß die Frauen im Westen frei geworden sind und daß die Befreiungsbewegung der Frauen im 20. Jahrhundert begann. Tatsächlich wurde die Befreiungsbewegung der Frauen aber nicht durch die Frauen begonnen, sondern sie wurde durch Gott im 7. Jahrhundert einem Mann offenbart, dessen Namen Mohammed (Friede sei mit ihm) war, der als letzter Prophet des Islam bekannt ist. Der Koran und die Überlieferungen des Propheten (Hadith oder Sunnah) sind die Quellen, aus denen sich die Rechte und Pflichten jeder Moslemischen Frau ableiten." „Der Moslemischen Frau sind bereits vor 1400 Jahren eine Rolle, Pflichten und Rechte gegeben worden, die die meisten Frauen heutzutage nicht genießen. Diese sind von Gott und dazu bestimmt, die Gesellschaft im Gleichgewicht zu halten; der Islam ist der vollkommene Pfad des Lebens." (zitiert u. übersetzt aus der Missionsschrift: Discover Islam your Birth Right, Sharjah, UAE, 2005)

2001 und 2003 hat der Europäische Gerichtshof für Menschenrechte die Unvereinbarkeit der Scharia mit den Menschenrechten festgestellt. In fünf Bereichen sind die bis heute geltenden Scharia-Bestimmungen nicht mit den Menschenrechten vereinbar:

1. **Körperstrafen** (Verstoß gegen Art. 5 der „Allgemeinen Erklärung der Menschenrechte", Verbot inhumaner Strafen, der Folter und erniedrigender Behandlung)

2. **Religionsfreiheit** (Benachteiligung anderer Religionen: Verstoß gegen Art. 18 AEMR)

3. **Apostasie** („Abfall vom Islam", Verstoß gegen Art. 18 AEMR)

4. Im Blick auf die militante Konzeption von „**Dschihad**" (Verstoß gegen Art. 3, Recht auf Leben)

5. hinsichtlich der **Frauenfrage** (Verstöße gegen Art. 16 AEMR und Art. 7, Gleichberechtigungsgrundsatz).

(zitiert aus: Johannes Kandel/Reinhard Hempelmann, 2008, ebd.)

Was das Leben unter der Scharia nun im Einzelnen in der Alltagspraxis und in der bis heute ausgeübten Rechtsprechung für die Frauen bedeutet, werde ich im 2. Teil beschreiben.

Ma´a salamah,
Regina

VI. DIE ARABER – VERSUCH EINER ANALYSE

Juni 2009

Frauen unter der Scharia
2. Teil: Auswirkungen in Rechtsprechung und Alltag
a) Ehe, Gehorsamspflicht, Züchtigungsrecht, gewohnheitsrechtliche Ehe,
   Zeitehe, Ehe des Durchreisenden, Polygamie

Vorwort
Vorab möchte ich darauf hinweisen, daß ich vorrangig die Auswirkung
des klassischen islamischen Rechts (Scharia) beschreibe. Traditionell
beruht das islamische Recht auf der Ungleichheit der Geschlechter. Vor
Allah sind nach dem Koran Mann und Frau zwar gleich, aber ihre
faktische Ungleichbehandlung begründet sich nach muslimischer
Auffassung in *„der „Komplementarität" der Geschlechter, die, in ihrer*
„Natur" von Gott unterschiedlich erschaffen, auch unterschiedliche
Rechte und Pflichten haben, sich dabei jedoch ergänzen." (Anna Würth,
Frauenrechte in der arabischen Welt, Hrsg. GTZ, 2004, S. 10)

In den einzelnen islamischen Ländern kam es jedoch während bzw. nach
der Kolonialzeit zu Varianten durch den Erlaß von Gesetzen nach
europäischem Vorbild. In bestimmten Bereichen, insbesondere im
Familien- und Erbrecht, wurde das islamische Recht jedoch entweder
ganz in der traditionell überlieferten oder in kodifizierter und refor-
mierter Form beibehalten. (Peter Scholz, Islam-rechtliche Eheschließung
und deutscher ordre public. In: Das Standesamt, Heft 11/2002, 321 ff)

Unterschiede ergeben sich auch zwischen Stadt und Land; auf dem Land
wird das islamische Recht i. d. R. strenger befolgt als in der Stadt. Eine
Beschreibung der Varianten in den einzelnen Ländern würde allerdings
den Rahmen dieser Analyse sprengen. Hinweisen möchte ich aber auf
Marokko, dessen König Mohammed VI 2003/04 neue Richtlinien im
Familienrecht durchgesetzt hat, und auf zwei bemerkenswerte Aus-
nahmen: die Türkei und Tunesien. Kemal Atatürk erklärte die Türkei
1923 zur Republik, übernahm das schweizerische Zivilrecht und führte

die Zivilehe ein; Tunesiens 1. Präsident Habib Bourgiba führte 1957 die Trennung von Staat und Kirche und im Familienrecht die Einehe ein. Durch die seit den 70iger Jahren stattfindende Re-Islamisierung finden allerdings auch hier, wie in anderen islamischen Ländern, traditionelle Elemente des Familienrechts wieder verstärkt Eingang in Gesetzgebung und Rechtsprechung.

Ehe

Eine islamische Ehe ist auch heute noch in der Mehrzahl eine von den Eltern arrangierte Ehe und wird von dem Vormund des Mädchens oder der Frau, ohne daß ihre Anwesenheit erforderlich ist, vor einem Imam in Anwesenheit von Zeugen geschlossen. Allerdings wird in einigen islamischen Staaten inzwischen die amtliche Registrierung der Ehe verlangt. Traditionell wird ein Mädchen ab 9 Jahren als geschlechtsreif und damit heiratsfähig angesehen. Dies leitet sich aus dem „Vorbild" Mohammed ab, der seine Lieblingsfrau Aisha mit 6 Jahren heiratete und die Ehe mit ihr vollzog, als sie das 9. Lebensjahr erreichte. Er selbst war 52 Jahre alt (vgl. www.turandursun.com, Mohammeds Sexualleben 1).

Einige Länder haben das Mindestheiratsalter für Mädchen inzwischen auf 16-18 Jahre erhöht, was aber diese Praxis nicht außer Kraft gesetzt hat. In einem Artikel der **Gulf News** stand vor kurzem ein Bericht über Kinderehen in Saudi-Arabien (Health Centre helps prevent child marriages, www.archive.gulfnews.com/articles/09/01/04/10272303.html), der diese Praxis verurteilt. Immer wieder wird in islamischen Ländern das Vorbild Mohammed angeführt, auch im Falle eines 10jährigen Mädchens in Saudi-Arabien, dessen Vater sie mit einem 60jährigen Mann verheiraten wollte, nachdem dieser ihm 100.000 saudische Riyal (ca. 19.000 Euro) angeboten hatte. (vgl. Presse-information IfI, 24.07.2008) Ein Gerichtsprozeß, den die Mutter dagegen anstrengte, endete damit, daß der Richter die Heirat für Rechtens erklärte.

Im letzten Jahr ging der Fall eines 8jährigen jemenitischen Mädchens durch die Presse (u. a. Spiegel), das von seinem Vater an einen 22-jährigen Mann verheiratet wurde, der mit ihr gewaltsam den Geschlechtsverkehr vollzog. Mit Hilfe engagierter Frauen gelang es ihr, einen Richter zu überzeugen, das Scheidungsverfahren einzuleiten (vgl.

www.europolitan.de, 16.04.2008). Die jemenitischen Gerichte bemühen sich sehr, das gesetzlich festgelegte Mindestalter für die Verheiratung von Mädchen durchzusetzen, trotz der Widerstände aus Kreisen von Religionsgelehrten und von Parlamentsmitgliedern aus den Stämmen. (vgl. Court Stops marriage of 10-year-old, Gulf News 05.03.2009; Yemeni dispute over legal age to marry heats up, Gulf News, 24.02.2009)

Auch in Ägypten ist die Lage faktisch nicht anders, was aus einem Fernsehinterview mit der Tochter des ehem. Präsidenten Ägyptens Anwar as-Sadat hervorgeht, die mit 12 Jahren von ihrem Vater zwangsverheiratet wurde – Nasser war noch Präsident und trat als Trauzeuge auf. (vgl. News IfI, 15.03.2009) *Anmerkung: Nach islamischem Recht sind Zwangsehen zwar nicht zulässig, sie werden aber als Teil des rechtskulturellen Selbstverständnisses praktiziert.*

Im Unterschied zur christlichen gibt es bei der islamischen Eheschließung nicht das Versprechen, in guten wie in bösen Tagen füreinander da zu sein. „Böse Tage", wenn die Frau also ungehorsam, krank oder unfruchtbar ist, sind Scheidungsgründe für den Mann. Es gibt kein Treueversprechen, denn der Mann kann noch bis zu drei weitere Frauen heiraten und sich unbegrenzt Nebenfrauen nehmen (Sure 4,4), und es gibt nicht das Versprechen, einander „zu lieben und zu ehren". Die islamische Eheschließung ist in jeder Hinsicht ein zivilrechtlicher Vertrag. (vgl. IfI 2/2004)

Der Ehevertrag wird vom Vormund der Braut und dem Bräutigam unterzeichnet. Er ist ein Vertragsabschluß, der die gegenseitigen Rechte und Pflichten der Ehepartner regelt, insbesondere die Höhe der Braut-/Morgengabe, die Unterhaltspflicht des Mannes und die Gehorsamspflicht der Frau. Unterhalts- und Gehorsamspflicht bedingen einander, denn wenn die Frau die Gehorsamspflicht verletzt, dann ist der Mann nicht mehr zum Unterhalt verpflichtet – und umgekehrt. Mit dem Vertrag stimmt der Ehemann nicht einer auf Dauer angelegten, ausschließlichen Beziehung zu; es werden sogar darüber hinaus bereits die Modalitäten für eine eventuelle spätere Scheidung festgelegt.

Was nicht im Ehevertrag festgelegt worden ist, kann bei einer Scheidung weder vom Ehemann noch von der Ehefrau eingeklagt werden. Deshalb kann es besonders für die Frau sehr wichtig sein, welche Pflichten und Rechte im Vertrag aufgenommen werden, z.B. die Beendigung einer Ausbildung, Fortführung einer Berufstätigkeit oder Scheidungs-möglichkeit, wenn der Ehemann eine Zweitfrau nimmt (vgl. Schirr-macher/Spuler-Stegemann, Frauen und die Scharia, Goldmann 2006). Allerdings wird ihr dieses Recht auf Mitbestimmung in islamischen Ländern wohl nur selten, und wenn, dann eher im städtischen Bereich, zugestanden werden. Selbst wenn es ihr gelingt, derartige Sonderklauseln im Ehevertrag aufnehmen zu lassen, so hat der Ehemann gute Chancen, diese später gerichtlich außer Kraft setzen zu lassen, da eine Vereinbarung nicht der Scharia widersprechen darf, diese also grundsätzlich Vorrang hat (vgl. ebd., S. 122).

Der Pflicht des Mannes zum Unterhalt der Frau (Nahrung, Kleidung, Wohnung, ärztliche Versorgung), steht die Gehorsamspflicht der Frau in allen Dingen gegenüber. Dem Ehemann steht das Recht auf Bestimmung des Aufenthaltsortes der Frau zu, es sei denn, daß ihre Sicherheit bedroht ist. Wenn sie rechtswidrig die ihr zugewiesene eheliche Wohnung verlässt, verliert sie – wegen Ungehorsam – ihren Unterhaltsanspruch. Dem Ehemann steht in diesem Fall zudem das Recht auf Disziplinierung seiner Frau zu (siehe Sure 4:35; Züchtigungsrecht) Sie muß zu jedem Verlassen der Wohnung, egal aus welchem Grund, die Erlaubnis ihres Ehemannes haben. (vgl. Peter Scholz, Islamisches Recht im Wandel, Fachbereichstag, FB Rechtswissenschaft FU Berlin, 46ff) Das gleiche gilt, wenn sie in der ehelichen Wohnung Besuch empfangen will.

Mit Abschluß des Ehevertrages und Übergabe der Braut-/Morgengabe darf die Braut den Geschlechtsverkehr nicht mehr verweigern. Es herrscht aber Übereinkunft bei islamischen Theologen, daß der Ehemann nicht die Frau selbst erwirbt, sondern nur die Nutzung ihres Körpers, also der Geschlechtsorgane. (vgl. Schirrmacher/Spuler-Stegemann, ebd., S. 102-104; siehe Gehorsamspflicht)

Eine muslimische Frau darf weder einen Christen, einen Juden noch einen anderen Nicht-Muslim heiraten. Muslimische Männer dagegen dürfen christliche und im Prinzip auch jüdische Frauen heiraten. Ziel dieser Bestimmung ist die Vergrößerung der muslimischen

Gemeinschaft, denn die Glaubenszugehörigkeit des Kindes wird nach muslimischem Verständnis durch diejenige des Vaters festgelegt. Da die „ungläubigen" Frauen im Scheidungsfall keinen Erbanspruch und kein Anrecht auf ihre Kinder haben, konvertieren sie oft nach der Heirat zum Islam. Wenn ein Vater mit christlicher Glaubenszugehörigkeit zum Islam konvertiert, werden auch seine Kinder zwangsläufig Muslime, selbst wenn ihre Mutter weiterhin Christin bleibt. (vgl. Interview mit dem ägypt. Juristen Rafiq Yousef, IfI Nr. 2/2004, S. 30-31)

Anmerkung: Nach muslimischer Auffassung ist der amerikanische Präsident Barack (Hussein) Obama ein Muslim, da er von einem muslimischen Vater abstammt, und auch seine Töchter sind folglich Muslime. Wenn er behauptet (wie er es getan hat) ein Christ zu sein, dann ist er nach dieser Auffassung ein Apostat.

Gehorsamspflicht

Im islamischen Eherecht muß die Ehefrau ihrem Ehemann – wie bereits oben erwähnt – in allen Dingen des Lebens gehorsam sein, es sei denn, sie würde damit gegen die Vorschriften von Koran und Scharia verstoßen. Besonders betrifft die Gehorsamspflicht jedoch die sexuelle Verfügbarkeit der Frau, bei deren Verweigerung der Ehemann seine Frau verstoßen kann.

„Eure Frauen sind euch ein Acker; so naht eurem Acker, wann und wie ihr wollt..." (Sure 2: 224)

Dr. Youssef al-Qaradawi, in Qatar ansässiger ägypt. Religionsgelehrter, bestätigt in einer Fatwa die Gehorsamspflicht der Ehefrau zum ehelichen Verkehr u. a. mit der viel zitierten Überlieferung, nach der Mohammed gesagt hat: *„Falls ein Mann seine Ehefrau in sein Bett ruft und sie ihm nicht gehorcht und ihn (dadurch) ärgert, wird sie bis zum Sonnenaufgang (die ganze Nacht) von den Engeln verflucht werden."* (www.Islaminstitut.de, 12.04.2006)

Im „Handbuch der muslimischen Frau" heißt es: *„Die Ablehnung der Frau ist nur dann rechtlich zulässig, wenn sie körperlich wegen Krankheit oder Erschöpfung, seelisch wegen Depression, einem Trauerfall (...), wegen dem Geschrei eines von Schmerzen geplagten*

Kindes ihren Mann zurückweist oder wenn sie ernsthaft ihre Scheidung begehrt und die Nähe ihres Mannes auf Dauer ablehnt." (Ibn Rassoul, Handbuch der muslimischen Frau, Verlag Islamische Bibliothek 1996, S. 259)

Die Empörung der westlichen Presse, hervorgerufen durch die Pressenachricht der Associated Press vom 02.04.2009, daß der afghanische Präsident einem Gesetz zugestimmt habe, daß die Ehefrau verpflichtet, ihrem Mann mindestens alle 4 Tage sexuell zur Verfügung zu stehen, zeigt, wie wenig dort die arabische Welt verstanden wird, stellt das Gesetz doch sogar eine Einschränkung der Scharia dar: Entgegen der Forderung nach ständiger sexueller Verfügbarkeit –

„Wenn ein Mann mit seiner Ehefrau verkehren möchte, muß sie ihm gehorchen, selbst wenn sie beim Backen ist..." (Ausspruch Mohammeds, Überlieferung at-Tirmidhis)

dürfte die Frau nach diesem Gesetz nur noch alle 4 Tage sexuell beansprucht werden, es sei denn, sie wäre <u>freiwillig</u> in kürzeren Abständen dazu bereit.

Züchtigungsrecht

Das Züchtigungsrecht leitet sich von Sure 4:35 ab: *„...Und jene, von denen ihr Widerspenstigkeit befürchtet, ermahnt sie, lasst sie allein in ihren Betten und straft sie..."*

In den Überlieferungen wird zwar die gute Behandlung der Frauen durch ihre Männer empfohlen, jedoch stehen dem zahlreiche andere Überlieferungen gegenüber, die die Frau eher abwertend und minderwertig darstellen und ihre Bestrafung bei unbotmäßigem Verhalten fordern. Al-Ghazali (1058-1111), persischer islamischer Theologe, Philosoph und sufistischer Mystiker, charakterisiert die Stellung der Frau so:

„Wäre es erlaubt vor irgendjemand außer Gott niederzufallen, dann sollten die Frauen vor ihren Ehemännern niederfallen." (zitiert in C. Schirrmacher, Frauen im Islam, 2004, S. 4) Nach den Überlieferungen (Bukhari) geht eine Frau nach ihrem Tod ins Paradies ein; bei

Unbotmäßigkeit wartet allerdings das Höllenfeuer auf sie. (vgl. ebd.)

„Der Prophet sprach: 'Ich sah das Höllenfeuer und daß die Mehrheit derjenigen, die in der Hölle waren, Frauen waren, die undankbar gewesen waren. Es wurde die Frage gestellt: 'Glauben sie nicht an Allah?' (oder sind sie undankbar gegen Allah?) Er antwortete: 'Sie sind gegen ihre Ehemänner undankbar, und sie sind undankbar für das Gute und die Wohltaten (guten Dinge), die ihnen widerfahren sind...“ (zitiert in IfI 1/2001; „The Book of Belief (Faith) in: Sahih al-Bukhari Arabic-English, Vol. 1, 1984, S. 29)

Schläge werden als „Erziehungsmaßnahme" betrachtet, die in Übereinstimmung mit der Scharia stehen und somit erlaubt sind. Erst unmäßige, wiederholte Schläge, die körperliche Verletzungen oder einen dauerhaften Schaden nach sich ziehen, geben der Frau in einigen islamischen Ländern das Recht, eine Gerichtsklage einzureichen, allerdings wird es trotzdem für sie schwierig sein, eine Scheidung durchzusetzen. Letztendlich bleiben ihr nur zwei Alternativen: Trotz aller Missstände in der Ehe auszuharren oder Verlust von Unterhalt und Kindern sowie soziale Stigmatisierung hinzunehmen. Ihr Umfeld wird letztendlich ihr die Schuld für ihre Lage geben nach dem Motto: Wäre sie ihrem Mann gehorsam gewesen, hätte er sie nicht schlagen müssen und die Ehe wäre nicht gescheitert (vgl. Schirrmacher/Spuler-Stegemann, ebd., S. 131-134)

Immer noch gibt es Diskussionen unter muslimischen Rechtsgelehrten aber auch Belehrungen, wie die Bestrafung einer ungehorsamen Ehefrau auszusehen hat, siehe www.memri.org: „Discussion of Wife Beating", Debate on Wife Beating as instructed in Qu'ran, Qatar TV, Sept. 26, 2005; oder „Wife must consent to Husband's Desire" von Sheik Muhammad Al-Munajid, Iqra TV (Saudi-Arabien), März 22, 2005 (alle Sendungen in Arabisch mit engl. Untertiteln)). Mit deutschen Untertiteln findet man diese Sendungen auch in „youtube", z. B. unter „Wie schlägt man seine Frau richtig?"

In einer 2008 in Jordanien durchgeführten Studie „Gewalt gegen Frauen" bezeichneten sich 97 % der befragten Frauen als Gewaltopfer. 52 % sahen keine Möglichkeit, der Gewalt auszuweichen, weil sie durch den

Ehemann ausgeübt wurde; 41 % der Frauen glaubten, daß ihr Ehemann zu dieser Gewalt berechtigt sei (siehe Sure 4:35; vgl. News Ifl, 12.02.2009)

Gewohnheitsrechtliche Ehe
Hiermit ist die traditionelle Ehe gemeint, die sich aus dem Gewohnheitsrecht der arabischen Stämme ableitet. Eine Ehe wird als Angelegenheit des Clans betrachtet und stellvertretend für die Frau von ihrem Vater oder Vormund geschlossen. Wenn der Staat die Registrierung einer Ehe vorschreibt, wird diese Art Ehe heute auch oft als „Besuchs-„ oder „Gelegenheitsehe" bezeichnet, weil sie wegen ihrer Nichtregistrierung durch Dokumente nicht nachweisbar ist, was einem Missbrauch Vorschub leistet. Die gewohnheitsrechtliche Ehe wird aus unterschiedlichen Gründen geschlossen, zum Beispiel:

1. um die gesetzlichen Bestimmungen zum Ehefähigkeitsalter zu unterlaufen,
2. wenn die finanziellen Mittel (Heiratszeremonie, Morgengabe etc.) fehlen, um eine staatlich registrierte Ehe einzugehen,
3. wenn die Zustimmung des Vormunds von Mann und/oder Frau verweigert wird,
4. von manchen Ehemännern wird sie genutzt, um heimlich eine weitere Ehefrau zu heiraten.

Für die Frau kann eine solche Ehe erhebliche Nachteile mit sich bringen: fehlende soziale Anerkennung, keinen Unterhaltsanspruch, keine Brautgabe, und sie kann die Eheschließung mangels Papieren nicht nachweisen. Aus dieser Ehe hervorgehende Kinder gelten als unehelich, wenn der Mann sie nicht offiziell anerkennt. Als Folge einer Trennung, die die Frau in der Regel mittellos hinterlässt, finden sich die verlassenen Kinder oft als Straßenkinder oder in Waisenhäusern wieder.

Ein Beispiel aus „Recht & Realität – Rechtswirklichkeit von Frauen in arabischen Ländern", GTZ, 2007, S. 17, ist das Schicksal der 27-jährigen ägypt. Designerin Hind Al-Hinnaway, die behauptete, daß ihre Tochter aus einer gewohnheitsrechtlichen Ehe mit dem Schauspieler Ahmed Al-Fishaway hervorgegangen sei. Al-Fishaway räumte zwar eine Liaison ein, bestritt aber eine gewohnheitsrechtliche Ehe. Da die Mutter kein Heiratsdokument vorlegen konnte, wurde ihre Klage in 1. Instanz abgewiesen. Normalerweise wäre damit der Fall erledigt gewesen, mit den üblichen Folgen für Mutter und Kind.

Doch der Richter der 2. Instanz fasste einen für Ägypten ungewöhnlichen Entschluß und schuf damit einen Präzedenzfall: Er ordnete einen DNA-Test an, der die Vaterschaft nachwies, und beschied, daß auch ein gemeinsames Kind ein ausreichender Beweis für eine Ehe sei – und gab der Vaterschaftsklage statt. DNA-Tests zur Feststellung der Vaterschaft wurden zudem von höchster islamischer Instanz als islamkonform erklärt.

2006 waren in Ägypten ca. 14.000 ähnliche, vor Gericht anhängige Fälle bekannt; es werden aber weitaus mehr vermutet. (vgl. Knowing our Rights, Publisher: Women Living Under Muslim Laws, 2006, ISBN 0-9544943-4-2, S. 242)

In der Türkei ist diese Ehe auch als „Imam-Ehe" bekannt. Obwohl sie nach staatlichem Recht nicht rechtswirksam ist, wird sie insbesondere in der östlichen Türkei immer noch bevorzugt eingegangen. Nach einer Studie wurden im Jahr 1993 im Westteil der Türkei 2,2 % und in den östlichen Regionen 22,4 % der Ehen als „Imam-Ehe" geschlossen. Um das Problem der „unehelichen" Kinder zu lösen, werden diese gewohnheitsrechtlichen Ehen in regelmäßigen Abständen vom türkischen Staat durch Amnestiegesetze legitimiert. (vgl. Anke Bentzin, Die soziale und religiöse Bedeutung der Eheschließung für türkische Frauen der 2. Generation in der BRD, Magisterarbeit HU Berlin, Kapitel 2, S. 26-29)

Zeit-/Genuß-/Mut´a-Ehe

Nach dem Koran ist es Moslems – bis auf Mohammed – nur erlaubt, (moslemische) Ehefrauen mit Ehevertrag und Morgengabe zu heiraten. Jeder Geschlechtsverkehr außerhalb der Ehe (es sei denn mit Sklavinnen) ist im Islam verboten und wird als Unzucht zu den Kapitalverbrechen gezählt. Auf den Kriegszügen Mohammeds führte dies zu Problemen, da die gläubigen Kämpfer sexuell unterversorgt waren, solange noch keine weiblichen Kriegsgefangenen als Sklavinnen zur Verfügung standen. Mohammed gestattete ihnen daher die Zeitehe, d.h. daß sie eine moslemische Frau zeitlich begrenzt „heiraten" durften.

Eine Hadith berichtet dazu:

„Wir pflegten an den Heiligen Kriegen teilzunehmen, die der Prophet unternahm und wir hatten keine Frauen (Ehefrauen) dabei. So fragten wir den Propheten: „Sollen wir uns kastrieren?" Aber der Prophet verbot uns, dies zu tun. Stattdessen erlaubte er uns, Frauen für eine befristete Zeit zu heiraten, indem wir sie entlöhnten..." (Bericht von Abdullah in Bukhari V6 B60 N139, zitiert in www.derprophet.de)

Allah legitimierte die Zeitehe durch eine „Offenbarung":

„Und verboten sind euch die ehrbaren Ehefrauen, außer was ihr an Ehefrauen als Sklavinnen besitzt. Dies ist euch von Gott vorgeschrieben. Was darüber hinausgeht, ist euch erlaubt, nämlich daß ihr euch als ehrbare Ehemänner, nicht um Unzucht zu treiben, mit eurem Vermögen sonstige Frauen zu verschaffen sucht. Wenn ihr dann welche von ihnen im ehelichen Verkehr genossen habt, dann gebt ihnen ihren Lohn als Pflichtteil!..." (Sure 4:24)

Eine Zeitehe darf nach der Überlieferung nur mit einer muslimischen Frau geschlossen werden, sie kann zeitlich beliebig begrenzt werden und der Mann geht keinerlei Verpflichtungen ein:

„Die Vertragspartner – Mut´a Frau und Mut´a Mann – schliessen einen Ehevertrag ab, der eine Art Mietvertrag ist, in dem die Dauer der Ehe oder eine bestimmte Anzahl von Sexualkontakten und die Besoldung der Frau festgelegt werden. Die Zeitehe kann Stunden, Monate oder Jahre dauern... Zum Vertragsabschluß werden weder Zeugen noch Imam oder Richter benötigt. ..." (Hiltrud Schröter, Das Gesetz Allahs, 2007, S. 84, zitiert in www.derprophet.de)

Was ist die Zeitehe also anderes als ein Ersatz für Prostitution? Praktiziert wird sie eben nicht nur – wie oft behauptet – bei den Schiiten, sondern auch im arabischen sunnitischen Raum. Gelöst werden soll damit das Triebproblem des Mannes, wenn er sich auf Reisen befindet oder fern von seiner Familie studiert oder arbeitet, manchmal wird eine solche „Ehe" auch nur geschlossen, weil dem Mann die häusliche Versorgung ungenügend scheint – aber dann immer ohne Wissen der

Ehefrau und der Familie. Die „7Days" vom 10.12.2006 thematisierte das Problem, daß in Saudi-Arabien die „Wochenendehe" immer populärer wird und daß sie zudem auch noch vom islamischen Klerus unterstützt wird. Über die Reisen reicher Araber vom Arab./Pers. Golf nach Indien um für ½ Std. oder eine Nacht eine Genußehe mit einem Kind oder einem jungem Mädchen einzugehen, kann man im Internet viele Berichte nachlesen; Ihr braucht nur bei Google das Stichwort „Arabischer Sex-Tourismus" eingeben. Überbevölkerung und Armut in den asiatischen und afrikanischen Ländern sorgen für reichliche, einfache und unverbindliche Angebote – und islamisch völlig korrekte legitimierte Zeitehen! In einem Welt-Artikel las ich über die TV-Aussage des iranischen Innenministers Mostafa Purmohammadi im Juni 2007, daß die Zeitehe eine Möglichkeit sei, soziale Probleme zu lösen. Er erklärte, der Islam sei eine reichhaltige und umfassende Religion, die für alle Probleme eine Lösung habe. (vgl. Alfred Hackensberger, 1. Mai 2008, www.welt.de/politik/article1955790/Saudis rechtfertigen Bordellbesuch mit Zeitehe.html)

Ehe des Durchreisenden

Von dieser Eheform las ich erstmals in einer Fatwa, die von dem offiziellen staatlichen Rechtsgutachter Ägyptens Dr. Ali Djuma´a herausgegeben worden ist. (vgl. www.islaminstitut.de, Fatwa-Archiv, 06.05.2009) In einer Publikation vom 16.04.09 hat er demnach die „Ehe des Durchreisenden" aus islamischer Sicht für legal erklärt. Die Ehepartner beziehen nach der Heirat keine gemeinsame Wohnung, der Ehemann hat keine Unterhaltspflicht gegenüber der Ehefrau und trifft seine Frau nur gelegentlich, wenn er gerade an ihrem Wohnort vorbeikommt, also „durchreist". Sie steht ihm dann jederzeit sexuell zur Verfügung.

Um diese Eheform zu rechtfertigen, wird auf eine Überlieferung Bezug genommen, in der Sauda, eine der Ehefrauen Mohammeds, auf die ihr turnusmäßig zustehende Nacht mit Mohammed zugunsten seiner Lieblingsfrau Aisha verzichtete. Allerdings war das keine ganz frei-willige Entscheidung Saudas, denn sie befürchtete, daß Mohammed sich von ihr scheiden lassen wollte, was für sie schwerwiegende Folgen gehabt hätte. Aufgrund ihrer Entscheidung behielt Mohammed sie jedoch weiterhin als Ehefrau. (Sahih al-Bukhari 4811 und Sunan al-Nisa'i. 3146)

Mit der Legalisierung dieser Eheform wird nach Auffassung der islamischen Rechtsgelehrten die Flexibilität der islamischen Rechtswissenschaft bewiesen und daß sie fähig sei, sich Änderungen im sozialen Zusammenleben der Menschen anzupassen. Allerdings wird diese Eheform wie auch die „Zeitehe" von einigen islamischen Religionsgelehrten und von muslimischen Frauenrechtlerinnen (es gibt sie!) kritisiert und als legalisierte Form von Prostitution betrachtet. *„Viele Witwen, geschiedene und alleinstehende Frauen würden in eine Zeitehe nur aus finanziellen Gründen einwilligen."* (Alfred Hackensberger, ebd.) Und ich möchte hinzufügen, um den gesellschaftlich anerkannten Status einer „Ehefrau" zu erwerben, egal zu welchem Preis!

Polygamie

Anders als in der Bibel, die den monogamen Ehebund als heilig und „bis der Tod Euch scheidet" (siehe dagegen moslemische Vertragsehe) erklärt: *„... und sie (nur die zwei) werden zu einem Fleisch werden"* (1. Moses 2,24; Matthäus 19,5), hat der Islam aus der vorislamischen Zeit die Polygamie übernommen, allerdings nur noch als Recht der Männer. Diese Einschränkung diente dem Ziel, viele Kämpfer zur Verbreitung des Islam zu produzieren. Nach der Überlieferung kam ein Mann zu Mohammed und fragte ihn:

„Ich habe eine hübsche vornehme Frau, die aber unfruchtbar ist. Soll ich sie heiraten?" Allahs Prophet antwortete: „Nein!" Der Mann stellte dieselbe Frage wieder. Allahs Prophet antwortete: „Nein!". Der Mann stellte dieselbe Frage zum dritten Mal. Allahs Prophet antwortete: „Nein! Heiratet (ihr Moslems) eine liebe fruchtbare Frau. Ich möchte eure Anzahl (erheblich) vermehren." (Sunan Abu Dauud 1754)

Mohammed hat im Koran die Anzahl der Ehefrauen auf vier beschränkt, die Anzahl von Konkubinen und Sklavinnen (Frauen „zur Rechten"), die jeder Moslem besitzen kann, ist jedoch nicht begrenzt:

„So heiratet, was euch an Frauen gut ansteht, zwei, drei oder vier; und wenn ihr fürchtet, nicht gerecht zu sein, (heiratet) eine oder was im

Besitz eurer Rechten (Sklavinnen) ist. " (Sure 4:4)

Allah hat jedoch seinem Propheten Sonderrechte eingeräumt:

„O Prophet, Wir erlaubten dir deine Gattinnen, denen du ihre Mitgift zu geben dich verpflichtet hast, und jene, die deine Rechte besitzt aus (der Zahl) derer, die Allah dir als Kriegsbeute gegeben, und die Töchter deines Vatersbruders, und die Töchter deiner Vaterschwestern, und die Töchter deines Mutterbruders, und die Töchter deiner Mutterschwestern, die mit dir ausgewandert sind, und jedwede gläubige Frau, wenn sie sich dem Propheten anvertraut, vorausgesetzt, daß der Prophet sie zu heiraten wünscht; (dies) nur für dich und nicht für die Gläubigen... " (Sure 33:51)

Nur Mohammed durfte mit Frauen ohne Brautgabe oder vorheriger Eheschließung Verkehr haben, was in anderen Fällen als Hurerei bezeichnet worden wäre. Auf die Beschwerde von Aisha in einem aktuellen Fall: *„Schämt sich die Frau nicht, sich einem Mann zu schenken!"* (Bukhari, Muslim u. a.), sandte Allah umgehend eine Offenbarung dazu: *„Du darfst die unter ihnen hinhalten, die du wünschest, und du darfst die zu dir nehmen, die du wünschest; und wenn du eine, die du entlassen, wieder nehmen willst, dann trifft dich kein Vorwurf... "* (Sure 33:52) Was Aisha zu der Bemerkung veranlasste: *„Oh, Allahs Prophet! Euer Gott wundert mich. Immer entsprechen seine Anordnungen Euren Wünschen. "* (Bukhari 4721 u.a.)

Dr. Muhammad Bakr Ismael, Dozent an der Al-Azhar Universität in Kairo/Ägypten, erkärt den Sinn der Polygamie in einer Fatwa so:

„Eine Erklärung der Polygamie besteht darin, daß es sein kann, daß ein Mann sehr potent ist und seinen sexuellen Trieb nicht beherrschen kann. Was soll ein solcher Mann tun, wenn seine Frau ihre Periode lange hat oder für einen bestimmten Zeitraum keine Lust auf Sex hat? Ist es nicht besser für ihn, seinen sexuellen Trieb auf eine legale Weise durch eine zweite Ehefrau befriedigen zu lassen als auf eine illegale Weise? ..." (www.islaminstitut.de, Fatawa-Archiv, 13.06.2006)

Da jedoch alle Ehefrauen von ihrem Ehemann gleich behandelt werden sollen – also gleiche Wohnverhältnisse, gleicher Unterhalt, aber auch gleich häufiger Beischlaf, ist es nur wirtschaftlich sehr potenten Männern möglich, mehrere Familien (legal) zu gründen und zu versorgen. Insofern ist zu vermuten, daß in den wohlhabenden islamischen Ländern (Golfländer) die Polygamie häufiger anzutreffen ist als in ärmeren Ländern. Im Darwinjahr 2009 könnte man das als Beispiel eines natürlichen Ausleseprinzips anführen, in dem vorrangig der Stärkere seine Gene fortpflanzen darf.

Moslemische Rechtsgelehrte rühmen die Polygamie als der im Westen praktizierten Monogamie weit überlegen und der menschlichen Natur am ehesten entsprechend. Im Islam kann nach ihrer Ansicht der Mann seinen Trieb legal ausleben, während er ihn im Westen illegal, außerhalb der monogamen Ehe befriedigen muß. Dies reduziert den Mann m. E. auf ein reines Triebwesen, dem mehrere Frauen in der Ehe angeboten werden müssen, um seinen offenbar unbeherrschbaren Sexualtrieb legal ausleben zu können.

Um noch einmal aus dem „Handbuch der muslimischen Frau", S. 54, zu zitieren: *„Die Ehefrau sollte – außer in Verbotszeiten oder wenn ernsthafte Hindernisse vorhanden sind – jederzeit bereit sein, ihrem Ehemann sexuelle Befriedigung, sofern er es wünscht, zu geben, damit bei ihm keine sexuelle Not entsteht, die ihn eventuell zur Unzucht, einer Zweitehe oder zur für einen verheirateten Mann unwürdigen Masturbation zwingt."*

Auch die Fatwa von Dr. Muhammad Bakr Ismael lässt sich aus einer Hadith ableiten, in der Cabir Ibn Abdullah berichtet, wie Mohammed, jedes Mal wenn er eine Frau sah, nach der ihm gelüstete, nach Hause eilte, um an Zainab (seiner ehem. Schwiegertochter) seine Lust zu befriedigen:

„Sie war gerade dabei, ein Stück Leder zu bearbeiten. Der Prophet hat sofort seinen Trieb mit ihr befriedigt und kam zu seinen Freunden zurück und sprach: „Das Weib erscheint in der Gestalt des Teufels und geht in dessen Gestalt auch wieder. Darum solltet ihr, wenn ihr eine Frau seht, gleich zu eurer eigenen gehen und mit ihr schlafen. Das zu tun wird die Lust in euch wieder löschen." (zitiert in www.turandursun.com nach Muslim, e´s-Sahih, Kitabu´n-Nikah/9-10, Hadith Nr.: 1403 u. a.)

El-Bahnassawi begründet die Notwendigkeit der Polygamie so: *„In den meisten Ländern der Welt übertrifft die Anzahl der Frauen die der Männer. Offizielle Statistiken zeigen, daß die weibliche Population in Russland und West-Deutschland die der männlichen um 20 Millionen übertrifft, in den USA um 2 Millionen. Es gibt keine andere Lösung, dieser Überzahl Herr zu werden, außer der islamischen Polygamie."* (Salim el-Bahnassawi, Die Stellung der Frau, 1993, S. 183)

Die Polygamie wird in der muslimischen Welt weiterhin praktiziert (die UAE eingeschlossen). Die einzigen islamischen Länder, in denen sie gesetzlich verboten ist, sind Tunesien und die Türkei. Selbst im Westen hält die Polygamie „durch die Hintertür" Einzug, obwohl sie natürlich auch dort verboten ist. Man braucht nur nach England zu schauen, wo es inzwischen Rechtspraxis geworden ist, daß muslimische Männer in Polygamie leben dürfen, wenn die Ehen vor dem Zuzug in einem Land geschlossen wurden, das die Polygamie gestattet. Das gleiche gilt in Deutschland, was die Frage nach den Rechtsfolgen aufwirft. Da im bürgerlichen Recht besonderer Nachdruck auf den Vertrauensschutz der Beteiligten gelegt wird, *„hat sich auch die deutsche Rechtsordnung entschlossen, solchen Frauen Schutz zu gewähren, z.B. im Unterhalts- und Erbrecht oder auch wie erwähnt im Sozialrecht, soweit die Ansprüche auf vom Ehemann geleisteten Beiträgen beruhen."* (Mathias Rohe, Scharia in Deutschland, Nov. 2008, S. 4, www.zr2.jura.uni-erlangen.de, Islamedia) Als Beispiel im Sozialrecht nennt Rohe § 34 Absatz 2 Sozialgesetzbuch I, *„der zu einer Verteilung von Ansprüchen unter mehreren Witwen (oder Witwern) führt und damit auch die traditionelle, islamrechtliche polygame Ehe erfasst."* (ebd., S. 3)

Ma´a salamah,
Regina

VII. DIE ARABER – VERSUCH EINER ANALYSE

Oktober 2009

Frauen unter der Scharia
3. Teil: Ehre, Scheidung, Kleiderordnung

Ehre (Ehrenmord)
"Honour for Arabs and other Middle Easterners is a constant concern and worry, as it is easily challenged and lost." (Philip Carl Salzmann, Culture and Conflict, 2008, S. 107)

In der Schamkultur des Nahen bzw. Mittleren Ostens muß die Familie handeln, wenn der Ruf ('ird) eines ihrer weiblichen Mitglieder in Frage steht, sei es, daß über sie ehrenrührig gesprochen wird, daß sie nicht das geforderte Verhalten in der Öffentlichkeit zeigt oder ihre sexuelle Integrität verletzt worden ist (Ehebruch, Vergewaltigung). Die Familienehre ruht in besonderer Weise auf der Frau und kann in einem orthodoxen islamischen Umfeld bereits verletzt sein, wenn eine Frau mit einem nichtverwandten Mann zusammen in einem Fahrstuhl fährt, denn: *„Immer wenn ein Mann und eine Frau sich allein treffen, ist der Teufel der Dritte unter ihnen."* (Sunan at-Tirmidhi; Musnad Ahmad Ibn Hanbal). Bereits die Vermutung einer Normabweichung oder auch nur die Absicht, einer anderen Familie zu schaden, kann dazu führen, daß ein Gerücht über ein weibliches Familienmitglied in die Welt gesetzt wird.

Die Ehre einer Familie kann aber auch auf dem Spiel stehen, wenn die Frau Widerstand gegen eine arrangierte Ehe leistet, wenn sie einen Scheidungswunsch äußert oder durch eine außereheliche Schwanger-schaft. Das letztere erfüllt bei einer ledigen, geschiedenen oder vergewaltigten Frau den Tatbestand der Unzucht, der durch eine Verehelichung mit dem beteiligten Mann oder dem Vergewaltiger ausgeglichen werden kann. Ist dies nicht möglich, so kann die Ehre der Familie durch schlagen, einsperren oder töten der Frau wieder hergestellt werden. *„A woman is like an olive tree. When its branch catches woodworm, it has to be chopped off so that society stays clean and* *pure."* (Tarrad Fayiz, jordan. Stammesführer, zitiert aus: „Honor" Murders..., Yotam Feldner, Middle East Quarterly, www.meforum.org) Die Ehre gilt mehr als ein Menschenleben!

Das Verhalten des Einzelnen ist in der traditionellen islamischen Gesellschaft einer ständigen Kontrolle unterworfen, die wenig Spielraum für Individualität zuläßt. Das Kollektiv schützt zwar das Individuum, es steht aber auch über ihm. Wenn es um die Familienehre geht, sind nicht nur die Frauen, sondern auch die Männer einer Familie einem extremen gesellschaftlichen Druck unterworfen, den Erwartungen gemäß zu handeln. Daß die Täter selbst teilweise auch unter einem erheblichen innerfamiliären Druck stehen, so daß sie sich geradezu zu einer Tötungstat gezwungen sehen können, schildert Philipp Carl Salzman in seinen Beispielen (Salzmann, Culture and Conflict, 2008, S. 122-5). Handeln sie nicht, so verlieren sie ihr Gesicht, sie gelten als schwach und unmännlich, die Familie ist dann insgesamt sozial stigmatisiert. Salzmann stellt dazu fest, daß es nicht die illegitime Beziehung einer Frau an sich ist, die Ehrverlust bedeutet, sondern erst ihr Bekanntwerden außerhalb der Familie. Der Öffentlichkeitsaspekt ist das Entscheidende!

Der Ehrbegriff gründet auf Traditionen, die bereits aus der vorislamischen Zeit stammen, ist aber in den islamischen Gesellschaften beibehalten worden und wird bis heute von einem großen Teil der islamischen Rechtsgelehrten und Theologen weiterhin vertreten. Das hat zur Folge, daß ein Ehrenmord nicht wie jeder andere Mord als Wiedervergeltungsvergehen entsprechend der Scharia verfolgt wird. Wenn in Ländern mit gemischter Rechtsprechung ein Urteil zu einem Ehrenmord gefällt wird, so ist die Strafe in der Regel nur geringfügig. Versuche, dies zu ändern, sind z. B. in **Jordanien** gescheitert. Obwohl sich die jordanische Königsfamilie zusammen mit einem breiten Spektrum städtischer Oberschichtangehöriger für eine Änderung des entsprechenden Gesetzesparagraphen eingesetzt hatte, wurde der Änderungsentwurf von der Mehrheit des Parlamentes 1999 und noch einmal 2000 abgelehnt, weil sich *„die Regierung mit dieser Vorlage dem „Willen des Westens" gebeugt habe, der es bezwecke, obszönes Verhalten zu legalisieren und die Frauen sittlich zu verderben... Eine Streichung des Artikels 340 würde somit darauf abzielen, islamische,* *soziale und familiäre Werte zu zerstören, indem sie die Männer ihrer menschlichen Natur entkleiden wollten, wenn sie Ehefrauen oder weibliche Familienmitglieder beim Ehebruch ertappen.*" (Silvia Tellenbach, Ehrenmorde an Frauen in der arabischen Welt, www.gair.de, S. 13; der Beitrag ist erschienen in „Wuquf – Beiträge zur Entwicklung von Staat und Gesellschaft in Nordafrika", Nr. 13, Hamburg 2003, S. 74-89)

In Syrien, Libanon u. a. islamischen Ländern gilt als Strafmilderungsgrund für vorsätzliche Tötung auch das „ehrenvolle Motiv" oder die „Provokation", die es für einen Mann bedeuten würde, wenn er eine mit ihm verwandte Frau bei einem verdächtigen Alleinsein mit einem nicht verwandten Mann antrifft. Gerichtsmedizinische Untersuchungen in Jordanien ergaben jedoch, daß über 90 % der im Namen der Ehre getöteten Frauen und Mädchen entweder überhaupt noch nie oder nicht in der fraglichen Zeit Geschlechtsverkehr gehabt hatten. (vgl. ebd.)

Im Bereich der Ehrenmorde wird von einer hohen Dunkelziffer ausgegangen. Morde können als Unfall oder Selbstmord getarnt werden, eine Frau ist vielleicht plötzlich verschwunden, von der Familie wird behauptet, sie sei davongelaufen, oder es werden gar keine Angaben gemacht. Nach einer Erklärung von Carol Bellamy, Executive Director bei UNICEF, zum Internationalen Frauentag 2000, „......*seien z. B. zwei Drittel der Morde im Gaza-Streifen und auf der Westbank im Jahr 1999 höchstwahrscheinlich Ehrenmorde gewesen, ebenso 36 Morde im Libanon zwischen 1996 und 1998 und durchschnittlich 23 Morde jährlich in Jordanien. Für den Jemen wurden für 1997 etwa 400 Ehrenmorde geschätzt, für Ägypten 52.*" (vgl. ebd.)

Zur Veranschaulichung ein paar Beispiele aus dem Alltag:

Am 31. Mai 1994 wurde Kifaya Husayn, ein 16jähriges jordanisches Mädchen, von ihrem 36jährigen Bruder an einen Stuhl gebunden. Er gab ihr ein Glas Wasser und forderte sie auf, ein islamisches Gebet zu rezitieren. Dann schlitzte er ihr die Kehle auf. Im Anschluß lief er auf die Straße, schwang sein blutiges Messer und schrie: *„Ich habe meine Schwester getötet, um meine Ehre wieder zu reinigen."* Kifayas Verbrechen? Sie war von einem anderen Bruder, einem 21jährigen Mann, vergewaltigt worden... (übersetzt aus: Yotam Feldner, „Honor"

Murders..., December 2000, Vol. 7, No. 4, pp. 41-50, Middle East Quarterly, www.meforum.org/article/50)

Ein anderes jordanisches Mädchen wurde von ihrem Bruder gesteinigt, weil er beobachtete, wie sie in Richtung eines Hauses ging, in dem junge Männer allein lebten. (vgl. ebd.)

In Pakistan verliebt sich Afsheen, Studentin aus einer bekannten Anwaltsfamilie, in einen Großcousin. Da dieser zu einem konkurrierenden Clan gehört, wird eine Heirat abgelehnt und ihr Großvater verheiratet sie stattdessen mit einem Enkel. Als die Ehe nach einigen Tagen scheitert, sucht der Großvater einen neuen Ehemann aus, woraufhin Afsheen mit ihrem Großcousin flieht. Afsheen wird aufgespürt, vom Großvater und seinen Söhnen ermordet, die Leiche verscharrt. Begründung:

„Ein richtiger Mann schlachtet die ungehorsame Frau in seiner Familie selbst, wie ein richtiger Mann auch am Morgen des Id ul-adha, des islamischen Opferfestes, eine Ziege, ein Kamel oder einen Ochsen schlachtet. Das läßt man keinen Metzger machen, das Blut muß über den Fußboden der eigenen Küche ... fließen.“
(zitiert aus: Buchbesprechung Welt Online vom 27.07.2007 „Der Sex-Trieb des Mannes als Maß aller Dinge“, aus: Betsy Udink, „Allah & Eva..., Beck Verlag)

Wafa Sultan, in den USA lebende Psychiaterin aus Syrien, schildert 2006 auf einer Konferenz in Washington (Veranstalter: AEI, American Enterprise Institute for Public Policy Research) zur Lage der Frauen im Mittleren Osten eindrücklich ein Beispiel, daß 2003 auf palästinensischem Territorium stattfand. Ich übersetze:

„ "Heute Abend wirst Du sterben, Rofayda,“ sagte sie zu dem Mädchen, bevor sie ihren Kopf fest mit einem Beutel umwickelte. Danach schnitt sie Rofaydas Handgelenk auf, sie ignorierte deren erstickte Bitte, „Nein, Mutter, nein.“ Nachdem ihr/e (unverständlich) schlaff wurde/n, schlug So-ad (die Mutter) mit einem Stock auf Rofaydas Kopf ein. Die Tötung ihres sechstgeborenen Kindes dauerte 20 Minuten, erzählte So-ad einem Besucher unter einem Strom von Tränen. „Sie tötete mich bereits, bevor

ich sie tötete," sagte die 43 Jahre alte Mutter von neun Kindern. „*Ich mußte meine Kinder beschützen. Das ist der einzige Weg, um die Ehre meiner Familie zu schützen." Die Sünde des getöteten Mädchens bestand darin, daß sie von ihren zwei älteren Brüdern vergewaltigt worden war."*

So werden auch Frauen zu Mörderinnen im Namen der Ehre.

Der Iraker Kanan Makiya (auch bekannt als Samir Al-Khalil) beschreibt, wie Gewalt gegen Frauen unter Saddam Hussein und seiner Ba`th Partei systematisch eingesetzt wurde, um politische Gegner gesellschaftlich zu diskreditieren. (vgl. Kanan Makiya, Cruelty and Silence, 1993, ISBN 0-393-31141-4) Den Ursprung der Gewalt gegen Frauen analysiert er so (übersetzt):

„*Die traditionelle Grausamkeit gegenüber Frauen hat ihre Ursache in ihrer Machtlosigkeit und ihrem herabgesetzten Status in der Kultur... Die Körper der Frauen werden gleichzeitig als Quelle, aus der die gesamte Ehre herzuleiten ist, und als Ursprung von **fitna** oder öffentlichem Aufruhr betrachtet. Aus diesem Grund fühlt sich die arabische Tradition von einer weiblichen Unabhängigkeit so bedroht. Die Machtlosigkeit von Frauen ist daher der wirkliche Ursprung jeglicher gegen sie gerichteter Grausamkeit."*(ebd, S. 298)

Nach Makiyas Hypothese, hat die Modernisierung der arabischen Welt eine wachsende Grausamkeit gegenüber der arabischen Frau nach sich gezogen.

Die saudische Frauenrechtlerin Wajiha Al-Huweidar drückt es in Bezug auf die Lage der Frauen in Saudi-Arabien in einem Interview noch drastischer aus (übersetzt):

"*Die saudische Gesellschaft ist gegründet auf Versklavung – die Versklavung von Frauen durch Männer und von der Gesellschaft durch den Staat. Die Menschen treffen immer noch nicht ihre eigenen Entscheidungen, aber insbesondere den Frauen von Saudi Arabien ist alles verweigert worden. Die saudische Frau lebt immer noch das Leben eines Sklavenmädchens. Also worin unterscheiden wir uns von Guantanamo? Im Fall von Guantánamo sind wenigstens viele Gefangene frei gelassen worden, während wir in diesem Gefängnis bleiben, und niemand hört jemals etwas von uns. Wann werden wir befreit werden? Ich weiß es nicht."* siehe http://www.memritv.org/clip/en/ 1657.htm

Scheidung

Eine muslimische Ehe endet mit dem Tod eines Ehepartners, dem Abfall des Ehemannes vom Islam oder durch Scheidung. Wenn der Ehemann vom Islam abfällt und zu einer anderen Glaubensgemeinschaft konvertiert, wird die Ehe rechtlich ungültig, da eine muslimische Frau nicht mit einem Nichtmuslim verheiratet sein darf. Auch kritische Äußerungen, das Lesen oder Verfassen kritischer Schriften zum Islam, eine absichtliche Nichteinhaltung der fünf vorgeschriebenen täglichen Gebete, die Beschädigung eines Korans, das Lesen in einer Bibel oder die Vollkommenheit Mohammeds in Zweifel zu ziehen, werden als Abfall vom Glauben angesehen (Apostasie). Wenn die Ehepartner die Ehe trotzdem beibehalten wollen, werden sie zwangsgeschieden. Leben sie danach weiter zusammen, können sie wegen Unzucht verklagt und bestraft werden (vgl. Frauen unter der Scharia, 1. Teil, Grenzvergehen). Konvertiert die muslimische Frau z. B. zum Christentum, so sollte man meinen, daß dies keine Konsequenzen für die Ehe hat, denn ein muslimischer Mann darf mit einer Christin verheiratet sein, allerdings kommt es darauf an, in welchem islamischen Land sie lebt: In Algerien wird die Ehe auch bei Apostasie der Frau ungültig; in Ägypten bleibt die Ehe gültig, die Frau verliert „nur" ihren Unterhaltsanspruch. Auf jeden Fall trifft sie der Vorwurf der Apostasie, denn im Islam gibt es keine freie Wahl der Religionszugehörigkeit. Einmal Muslim, immer Muslim!

Ein Beispiel, das auch durch die deutsche Presse ging, ist das des ägypt. Islamwissenschaftlers Nasr Hamid Abu Zaid. Seine kritischen Analysen zum Koran führten zur Anklage der Apostasie und 1995 zur Zwangsscheidung von seiner Frau durch ein religiöses Gericht, das in Ägypten für Ehe- und Scheidungsrecht zuständig ist. Wegen Morddrohungen ging er mit seiner Frau daraufhin ins holländische Exil. Nicht jeder überlebt den Vorwurf der Apostasie wie Abu Zaid, denn Apostasie zählt zu den Grenzvergehen. Die Ermordung eines Apostaten wird von der islamischen Gesellschaft als legal betrachtet, wenn ein Apostat den Widerruf verweigert. (Sure 3:86-91; 4:90; 4:138-139; 16:107) Die „Regelung" der Angelegenheit wird in erster Linie als Familienangelegenheit betrachtet, was für eine hohe Dunkelziffer bei Morden aus diesem Motiv spricht.

Wenn ein solcher Fall überhaupt in einem islamischen Land, wie z. B. Ägypten, zur Anklage vor ein staatliches Gericht kommt, dann lautet die Anklage nicht auf Apostasie (eine Anklage wegen Apostasie ist nach ägypt. Strafrecht nicht zulässig), sondern auf Hochverrat, denn: *„Apostasie bedeute vielmehr, dem islamischen Staats- und Gesellschaftssystem die Gefolgschaft aufzukündigen, ja zum Angriff auf dieses überzugehen. Apostasie falle also in die Sphäre des Hochverrats, der in allen Ländern der Welt mit schwerster Strafe bedroht sei."* (Silvia Tellermann, Die Apostasie im islamischen Recht, S. 9, zitiert nach Abu Hassan, www.**gair**.de/**pdf**/publikationen/**tellenbach apostasie**.pdf Die Bestrafung dafür ist im Koran nachzulesen:

„Der Lohn derer, die Krieg führen gegen Allah und Seinen Gesandten und Unordnung im Lande zu erregen trachten, wäre der, daß sie getötet oder gekreuzigt werden sollten oder daß ihnen Hände und Füße abgeschlagen werden sollten für den Ungehorsam oder daß sie aus dem Lande vertrieben würden. Das würde eine Schmach für sie sein in dieser Welt; und im Jenseits wird ihnen schwere Strafe." (Sure 5:34)

Nach einer Hadith soll Mohammed gesagt haben: *„Tötet denjenigen, der seine Religion wechselt!"* Durch Fatawa der Al-Azhar Universität wurde dies bestätigt (23.09.1978). Von muslimischen Verbänden und Theologen wird dagegen in der westlichen Öffentlichkeit lieber die Sure 2:257 *„Es soll kein Zwang sein im Glauben..."* zitiert! Die Bedeutung dieser Sure ist in der Koranexegese jedoch sehr umstritten, zumal sie nach einigen Exegeten durch die Suren 9.5, 9.29 und 9.73 abrogiert, also aufgehoben ist.

Das Scheidungsbegehren steht zwar in erster Linie dem Ehemann zu, aber bei schwerwiegenden Verstößen seinerseits (z. B. Unterhalts-versäumnis, Verschollensein, unheilbare Krankheit, Gefängnisstrafe oder Abfall vom Glauben) kann sich auch eine Frau von ihrem Ehemann gerichtlich scheiden lassen; ein Verstoßungsrecht steht ihr nicht zu. Da in der überwiegenden Zahl der islamischen Länder im Familien- und Eherecht die Scharia angewandt wird, ist eine Scheidung von Seiten der Frau jedoch fast unmöglich. Sie muß gerichtlich verwertbare Beweise für das Fehlverhalten des Mannes vorlegen können, und sie ist nach einer Scheidung sozial stigmatisiert.

Ein Mann muß nach einer von ihm veranlaßten Scheidung noch drei Monate lang Unterhalt an seine geschiedene Frau zahlen, und er muß den Rest der evtl. noch nicht vollständig bezahlten Morgengabe auszahlen. Wenn es die Frau ist, die vor Gericht die Scheidung durchsetzt, braucht der Mann weder den dreimonatigen Unterhalt zu leisten noch den Rest der Morgengabe auszuzahlen, was manche Männer dazu veranlaßt, die Einwilligung zur Scheidung so lange zu verweigern, bis die Frau selbst diesen Schritt unternimmt.

Die Ehefrau kann sich auch gegen ein Entgelt von ihrem Ehemann loskaufen (*khul´*), indem sie auf alle Vermögensansprüche verzichtet und die Morgengabe an ihren Mann zurückerstattet. Damit geht sie aber – wenn sie nicht über eigenes Vermögen verfügt – ein hohes finanzielles Risiko ein und ist evtl., wenn ihr eine neue Eheschließung nicht mehr möglich ist, im Alter nicht abgesichert. (vgl. Mathias Rohe, Das neue ägyptische Familienrecht, erschienen in: Das Standesamt 2001, S. 193-207)

In der traditionellen islamischen Gesellschaft kann eine Frau nicht allein leben. Sie ist nach einer Scheidung sozial und wirtschaftlich von der Aufnahme in ihre Ursprungsfamilie abhängig. Dort muß sie damit rechnen, daß sie sogleich wieder verheiratet wird. Ein Selbstbestimmungsrecht gibt es für die Frau nicht, sie ist stets einem männlichen Vormund unterstellt. Nach der Scheidung ist das stets das älteste männliche Mitglied ihrer Familie, sei es ihr Vater, ihr Bruder, ihr Onkel oder ihr eigener Sohn.

In einer Fatwa begründet Dr. Muhammad Abdul-Gani Schama, Dozent an der Al-Azhar Universität Kairo, das nach islamischen Gesetz – vorbehaltlich der oben genannten Gründe – dem Mann zustehende Scheidungsrecht u. a. damit, *„daß die Frau, egal wie kultiviert oder weise sie sein mag, ein Wesen bleibt, das oft von seinen Emotionen und nicht von seiner Rationalität beherrscht wird. Die Frau besitzt nicht so viel Geduld und Weisheit wie ein Mann. Infolge dessen würde sie beim Verfügen über das Scheidungsrecht dieses missbrauchen..."* (vgl.

www.islaminstitut.de, 19.09.2005, *Fatwa über das Scheidungsrecht der Frauen im Islam.*

Nach islamischem Recht braucht der Ehemann nur drei Mal „Ich verstoße Dich" zu sagen – die Frau muß dabei nicht einmal anwesend sein, noch Kenntnis von der Verstoßung haben – und sie ist geschieden. Er kann das „Ich verstoße Dich" auch zeitversetzt aussprechen und es nach dem 1. oder 2. Mal wieder zurücknehmen; erst beim 3. Mal ist es verbindlich und nach der darauf folgenden dreimonatigen Wartezeit rechtsgültig. Während dieser drei Monate, die dem Ausschluss einer möglichen Schwangerschaft dienen, muß der Mann seiner Frau weiterhin Unterhalt zahlen. Sollte sie von ihm schwanger sein, muß er bis zu der Geburt des Kindes Unterhalt leisten. Kommt es allerdings vor Ablauf der drei Monate zum Geschlechtsverkehr zwischen beiden Partnern, wird angenommen, daß das Scheidungsbegehren zurückgenommen worden ist, und die Ehe gilt wieder als rechtsgültig. Ein Mann kann also seine Frau in einem dauernden Schwebezustand halten, in dem sie nie ganz sicher ist: Scheidung, ja? Scheidung, nein? Und das kann sich dann in Abständen wiederholen.

Wie schnell es zu einer Scheidung kommen kann, las ich in der „7Days" (einer in Dubai herausgegebenen Zeitung) vom 10. Dez. 2006 unter „Fighting for marriage": Zwischen einem saudischen Ehepaar kam es zu einer Meinungsverschiedenheit, als sich am Flughafen der Abflug des Flugzeugs erheblich verzögerte. Die Ehefrau wollte am Flughafen auf die Ankunft des Flugzeugs warten und nicht, wie der Ehemann vorschlug, nach Hause zurück zu fahren, um dort die Ankunft abzuwarten. Daraufhin sprach der Ehemann wegen Ungehorsams die Scheidung aus. Dies ist nur ein Beispiel. Der Bericht drückt große Besorgnis über die steigende Scheidungsrate in Saudi-Arabien aus, was ganz im Gegensatz zu der Behauptung seitens muslimischer Religionsgelehrter steht, daß dies ausschließlich ein Problem des Westens sei, weil im Islam alles bestens durch die Scharia geregelt sei.

Nach Ablauf der dreimonatigen Wartezeit, ohne daß ein die Scheidung abwehrendes Ereignis eingetreten ist, braucht der Mann keinen Unterhalt mehr an seine Frau zu zahlen. Aus der Ehe hervorgegangene Kinder dürfen bis zu einem bestimmten Lebensalter (traditionell bei Jungen bis zum siebten LJ, Mädchen bis zum neunten LJ) bei der Mutter bleiben, danach fallen sie dem Vater zu. Kinder gehören grundsätzlich zu der Familie ihres Vaters.

In den Vereinigten Arabischen Emiraten und in einigen anderen Ländern wie z. B. Algerien, Irak und Marokko ist es übrigens etwas anders: Beide Parteien müssen eine Scheidung vor Gericht beantragen und nur (!) ein Gerichtsurteil gibt der Verstoßung Rechtskraft. Zudem ordnet das Gericht einen Versöhnungsversuch oder auch eine einjährige Versöhnungsphase an. Ein dreimaliges „Ich verstoße Dich" allein genügt nicht mehr, ob es nun mündlich oder per SMS ausgesprochen wird. (vgl. Islamisches Recht im Wandel, Peter Scholz, SS 2002, Fachbereichstag, FB Rechtswissenschaften FU Berlin)

Rohe stellt am Beispiel Ägypten fest, daß durch den heutigen Trend zur Kleinfamilienstruktur und durch die notwendige Erwerbstätigkeit der Ehefrauen ein hoher Druck auf Änderung des islamischen Familienrechts entsteht. Er weist auch auf die hohe ägyptische Scheidungsquote von 50-85 % hin, die angesichts der schwierigen wirtschaftlichen und gesellschaftlichen Lage geschiedener Ehefrauen eine Änderung geradezu herausfordert. (vgl. Mathias Rohe, Das neue ägyptische Familienrecht, ebd.)

Zum Abschluß möchte ich ein Beispiel erzählen, wie es einer Frau durch Kenntnis der islamischen Gesetze gelang, einfallsreich ihre Ehe aufzulösen. Ich fand es im Handbuch der WLUML, Women Living Under Muslim Laws:

„Eine junge Frau aus einer konservativen ländlichen Gemeinde in der pakistanischen Nord-West Grenzprovinz war glücklich verheiratet, bis ihr Ehemann ihr eines Tages verkündete, daß er eine weitere Frau heiraten würde. Die neue Frau kam, um mit dem Paar zu leben, und die junge Frau beschloß, auf die einzige Art, die ihr einfiel, aktiv zu werden. Als sie gerade dabei war, ihr Kind zu stillen, wurde sie aufgefordert, für das neu verheiratete Paar den Morgentee zu bereiten. Sie bereitete den Tee, aber mischte etwas von ihrer eigenen Milch hinein und servierte ihn so ihrem Ehemann und dessen neuer Frau.

Als diese den Tee getrunken hatten, verkündete sie, daß beide jetzt zueinander **haram** *(verboten durch islamisches Gesetz)* seien, da sie die Milch von der gleichen Frau getrunken hätten, und daß auch sie selbst jetzt für ihren Ehemann* **haram** sei, da sie nun seine ´Mutter´ sei.

Die Handlung wurde von der Gemeinde als eine gültige Scheidung bestätigt.“ (WLUML-Handbuch, 3. Ausgabe, 2006, S. 291)

Grundlage dieser „Scheidung“ war Sure 4:24: *„Verboten sind euch... eure Nährmütter, die euch gesäugt, und eure Milchschwestern...“* (Koran der Ahmadiyya Muslim Jamaat, 1993)

Kleiderordnung (Verschleierung)

Der Koran gibt keine eindeutige Anweisung, inwieweit muslimische Frauen sich in der Öffentlichkeit verschleiern müssen. Unter den Rechtsgelehrten und Theologen herrscht daher Uneinigkeit, und die Kleidungsvorschriften werden folglich in den einzelnen islamischen Ländern unterschiedlich praktiziert, je nach Landestradition oder Auslegung der entsprechenden Koranstellen. In Sure 33:59 heißt es z. B.:

Prophet! Sag deinen Gattinnen und Töchtern und den Frauen der Gläubigen, sie sollen (wenn sie austreten) sich etwas von ihrem Gewand (über den Kopf) herunterziehen. So ist es am ehesten gewährleistet, daß sie (als ehrbare Frauen) erkannt und daraufhin nicht belästigt werden. Gott aber ist barmherzig und bereit zu vergeben.“ (Koran-Übersetzung nach Rudi Paret)

Es wird nichts von einer Gesichtsverschleierung gesagt. Allerdings gibt Sure 24:32 den Frauen Verhaltensweisen vor, wie sie sich außerhalb der Familie im Unterschied zum innerfamiliären Bereich zu verhalten haben.

In Bezug auf Mohammeds eigene Frauen ist der Koran eindeutig. Sie dürfen von anderen Männern nicht gesehen werden (Sure 33:32, 33, 53), wie sie auch als „Mütter aller Gläubigen“ sich nach seinem Tod nicht wiederverheiraten durften, was zum Beispiel die 18jährige Aisha zur lebenslangen Witwe machte. Erst nach Mohammed wurde diese Vermummungspflicht auch auf andere Frauen übertragen. Ibn Taymiya (gest. 1328):

*„Die Verhüllung mit Kleidern und Häusern muß ihnen (den Frauen)
auferlegt werden, denn ihr öffentliches Erscheinen bedeutet **fitna**
(Aufruhr), und die Männer stehen über ihnen. "*

In Dubai ist das allerdings etwas anders. Die Bandbreite aller
Erscheinungsformen der weiblichen Kleiderordnung im Islam kann ich
beobachten, wenn ich durch die Mall gehe: Da gibt es Abaya (schwarzes,
mantelartiges Übergewand) und Kopftuch als Schmuck- und Modestück
getragen, elegant geschnitten und mit glitzernden Straßmustern besetzt,
bis hin zu der erzkonservativen Form, die bis auf einen schmalen
Augenschlitz den gesamten Körper unter schmuckloser, schwarzer
Bekleidung verbirgt, und Handschuhe selbst von den Händen kein Stück
Haut sehen lassen. Diese letztere, strenge Kleiderordnung vom
Gesichtsschleier bis zu den Handschuhen wird von strenggläubigen
Rechtsgelehrten und Theologen damit begründet, daß die Frau dafür
verantwortlich ist, dem Mann keinen Anlaß zur Sünde zu geben. Das
heißt in der Konsequenz, daß bei einer Vergewaltigung die Schuld bei
der Frau liegt (s.a. Ehre/Ehrenmord).

In Saudi-Arabien geht das Vermummungsgebot sogar noch weiter. Nach
Scheich Al-Habadan sollen Frauen, die ihr Haus verlassen, zusätzlich
eines ihrer beiden Augen bedecken. In der praktischen Umsetzung
erläutert er das so: *„Sobald eine Frau durch die Straßen oder auf einen
öffentlichen Platz geht, wird sie einen Schleier tragen und ein Auge mit
einem Stück Stoff bedecken. Wenn sie einkaufen geht und ein Produkt
genauer betrachten möchte, wird sie das Stück Stoff entfernen und so in
der Lage sein, beide Augen zu benutzen – für eine begrenzte Zeit."* (vgl.
Fatawa, Institut für Islamfragen, 18.10.2008)

Die Auswirkung einer so extrem ausgelegten Kleiderordnung zeigte sich
vor einigen Jahren in einem Ereignis in Jeddah: Eine Mädchenschule war
in Brand geraten, aber die Feuerwehr trieb die flüchtenden Mädchen in
die brennende Schule zurück, weil ihre Kleidung nicht den islamischen
Vorschriften entsprach. In diesem Fall empörten sich die Eltern der
verbrannten Kinder, so daß der Vorfall durch die Presse ging. (vgl.
Mathias Rohe, Islamisten und Scharia, erschienen in: Senatsverwaltung
für Inneres (Hrsg.) 2005)

Scheich Abdul Ghaffar Hasan erklärt dies in Bezug auf Sure 24:31 damit, daß *„der Islam versucht eine reine Gesellschaft zu errichten, in der nicht mal für Unzucht der Augen Raum bleibt...* , *damit das Auge nicht als Instrument des Teufels benutzt wird. Durch das Einhalten der Hijab (islamische Ganzkörperbedeckung) wird die Würde und Keuschheit der Frau geschützt. Ihre Kleidung gibt zu erkennen, daß sie nicht ein Objekt des Verkaufs ist, indem sie für ihre Schönheit wirbt und verfügbar ist für die begierigen Augen der Männer und ihre Wolfspfeifen...“* (Die Rechte und Pflichten der Frau im Islam, 2001, S. 12, www.al-islaam.de)

Ein Pressebericht meldete 2007 aus Basra (Irak), daß Frauen wegen ihrer Kleidung, ihrem Make-up oder weil sie ohne Kopftuch das Haus verlassen hatten, ermordet und enthauptet auf Müllhalden geworfen werden, mit der Notiz, daß sie für ihre unislamische Kleidung bezahlen mußten. Frauen berichteten, daß sie gewarnt wurden, sie sollten aufhören zu arbeiten und stattdessen heiraten und zu Hause bleiben. (vgl. „Die Presse“, Irak: Ohne Kopftuch droht Enthauptung, Karim El-Gawhary, 14.12.2007)

Im Sudan ist eine Journalistin verhaftet und ausgepeitscht worden, weil sie zusammen mit 12 anderen Frauen mit einer Hose bekleidet ein Restaurant besucht hatte. (vgl. AP-Meldung 04.08.2009, „Frauenprotest gegen islamische Kleiderordnung im Sudan“)

In Ägypten kämpfen orthodox-traditionelle Kräfte wie z. B. die Muslimbruderschaft gegen liberalere Kräfte, die z. B. vom Ministerium der *Waqfs* (waqf: islamische Stiftungen) vertreten werden: *„Die Niqab (Gesichtsschleier) zu tragen, ist keine Pflicht, die sich aus der Scharia herleiten läßt. Ich glaube, daß Muslime einen großen Fehler machen, wenn sie sich auf das Erscheinungsbild und oberflächliche Dinge konzentrieren und dadurch den Islam in ein schlechtes Bild rücken.“* (Hamdi Zaqzouq, Minister of *Waqfs*, veröffentlicht 16.04.2009; übersetzt aus dem Englischen)

In einer ins Deutsche übersetzten Schrift von Dr. Sherif Muhammad Abdul Azim von der Queens Universität, Kingston, Ontario, Kanada, Titel: „Die Frau im Islam im Vergleich zur Frau in der judeo-christlichen

Tradition", die zu Missionszwecken ins deutsche Internet gestellt wurde, hört sich das so an:

„Der Qu'ran drückt ganz klar aus, daß der Schleier etwas Wesentliches ist, um den Anstand zu wahren… Das ist der Punkt, um den es hier geht, der Anstand ist vorgeschrieben, um die Frauen vor Belästigung zu schützen oder einfach gesagt: Anstand ist Schutz. Somit ist einer der Hauptgründe der Verhüllung, der Schutz…" (S. 50)

„Einige Menschen aus dem Westen versuchen Anstand als Schutz lächerlich zu machen, und zwar mit dem Argument, das der beste Schutz eine Ausbreitung der Bildung, zivilisiertes Benehmen und Selbstkontrolle sei. Wir sagen: Gut, aber das reicht nicht. Der Islam (also der Schöpfer) berücksichtigt die Natur des Menschen und kennt seine Schwächen und Fehler." (S. 51)

(www.islamic-invitation.com, www.way-to-allah.com)

Nach einem Bericht von Daniel Pipes ist kürzlich bei der Polizei im Südwesten von Großbritannien (Somerset) im „vorauseilendem Gehorsam" das Tragen der *Hijab* für weibliche Polizeioffiziere als Teil der Uniform erlaubt worden oder es ist sogar in muslimischen Stadtteilen erwünscht. (vgl. Daniel Pipes, Why Shariah Must Be Opposed, 05.08.2009, www.danielpipes.org)

In Dubai allerdings wird in der Presse immer wieder auf die gesundheitlichen Schäden hingewiesen, hervorgerufen durch eine Tradition, die den Frauen das Verlassen des Hauses nur völlig verhüllt erlaubt. Insbesonders sind das die durch Vitamin-D Mangel hervorgerufenen Schäden am Skelett (Osteoporose) und Rachitis. Für strenggläubige Muslime muß es geradezu eine Provokation gewesen sein, als in den UAE-Zeitungen ein großformatiges Bild der jungen Ehefrau Scheich Mohammeds veröffentlicht wurde, das sie bei den Olympischen Spielen in Peking bei der Eröffnung als Fackelläuferin in engem Trikot zeigte.

Doch es gibt auch Kritik von anderen Muslimen an den islamischen Verhaltensnormen für Frauen, z. B. von dem muslimischen Juristen Khaled Abou El Fadl (übersetzt):

„Ich gebe zu, daß ich die den Frauen faktisch aufgezwungene Sklaverei durch die C.R.L.O. (der saudische Permanent Council for Scientific Research and Legal Options, d. Verf.) und ähnlich gesinnter bestimmter Funktionsträger als in peinlicher Weise anstößig und unwürdig der Shar'iah empfinde. Zu behaupten, daß es eine unerträgliche (sex.) Versuchung darstellt, wenn eine Frau das Grab ihres Mannes besucht, wenn ihre Stimme im Gebet zu hören ist, wenn sie ein Auto fährt oder unbegleitet von einem Mann auf Reisen ist, erscheint mir moralisch problematisch. Wenn Männer moralisch so schwach sind, warum sollten Frauen darunter leiden?"

(Mathias Rohe, Islamisten und Shari´a..., S. 14)

Ma´a salamah,
Regina

VIII. DIE ARABER – VERSUCH EINER ANALYSE

Dezember 2009

Frauen unter der Scharia
4. Teil: Unzucht (Steinigung)

Im Islam gilt der Geschlechtsverkehr nicht miteinander verheirateter Eheleute oder Lediger sowie Homosexualität und Selbstbefriedigung als Unzucht (*Zina*):

„Und laßt euch nicht auf Unzucht ein! Das ist etwas Abscheuliches – eine üble Handlungsweise!" (Sure 17:32, Übersetzung nach Rudi Paret)

Der Koran erlaubt den Männern den Geschlechtsverkehr mit den eigenen Ehefrauen, Frauen aus Kriegsbeute und den eigenen Sklavinnen oder Frauen, die sie in einer Zeitehe geheiratet haben. Den Frauen ist der Geschlechtsverkehr grundsätzlich nur mit ihrem Ehemann erlaubt:

„Und (verboten sind euch) die ehrbaren (Ehe)Frauen, außer was ihr (an Ehefrauen als Sklavinnen) besitzt. (Dies ist) euch von Gott vorgeschrieben. Was darüber hinausgeht, ist euch erlaubt, (nämlich) daß ihr euch als ehrbare (Ehe)Männer, ..., mit eurem Vermögen (sonstige Frauen zu verschaffen) sucht. Wenn ihr dann welche von ihnen (im ehelichen Verkehr) genossen habt, dann gebt ihnen ihren Lohn als Pflichtteil!..." (Sure 4:24, Übersetzung nach Rudi Paret)

Die Formulierung *„...mit eurem Vermögen (sonstige Frauen zu verschaffen) sucht"* weist auf die Zeitehe hin, die nicht als Unzucht gilt (vgl. VI., Frauen unter der Scharia, 2. Teil, Zeitehe).

Auch der Geschlechtsverkehr mit Sklavinnen gilt nicht als Unzucht, da sie als Eigentum ihres Besitzers betrachtet werden, der jederzeit sexuell über sie verfügen kann. Frauen, die im Krieg erbeutet werden, werden umgehend zu Sklavinnen, denn *„Wenn ein Kind oder eine Frau gefangen genommen werden, so befinden sie sich kraft ihrer*

Gefangennahme unverzüglich im Sklavenstatus und die vorgängige Ehe der Frau wird aufgelöst." (Ahmad ibn Naqib al-Misri, Reliance of the Traveller, zitiert aus: Die dogmatischen Grundlagen zum Sexualstrafrecht, www.derprophet.info) Wie es auch in Sure 33:50 heißt: *„Prophet! Wir haben dir zur Ehe erlaubt..., was du an Sklavinnen besitzt, ein Besitz, der dir von Gott als Beute zugewiesen worden ist.*" (Übersetzung nach Rudi Paret)

Wenn ich diesen Punkt in der Gegenwartsform beschreibe, so deshalb, weil er auch noch in der Gegenwart im Denken einiger Muslime verankert ist – und vor allen Dingen von einer Anzahl maßgeblicher islamischen Rechtsgelehrter vertreten wird. Zwei Beispiele:

1. In einem Prozeß 2006 in Colorado (USA) wurde ein Saudi zu 27 Jahren Gefängnis verurteilt, weil er in seinem Haus eine angestellte Frau wie eine Sklavin gehalten hatte. Seine Stellungnahme dem Richter gegenüber lautete hierzu: *„Euer Ehren, ich bin nicht hier, um zu bereuen, ich kann keine Verbrechen zugeben und bereuen, die ich nicht getan habe. Der Staat hat diese grundlegenden muslimischen Verhaltensweisen kriminalisiert. Der Angriff auf traditionelle muslimische Verhaltensweisen ist das Ziel der Anklage.*" (The violent Oppression of Women in Islam, Freedom Center, Los Angeles, 2007, S. 13, zitiert aus: Die dogmatischen Grundlagen..., ebd.)

2. Das Institut für Islamfragen (www.islaminstitut.de) hat hierzu eine Fatwa des Rechtsgutachtergremiums „Islamweb.de" aus Qatar vom 20.06.2001 ins Internet gestellt, das zu der Frage *„Darf ein Muslim mit einer Sklavin verkehren, auch wenn es nicht seine rechtmäßige Frau ist?*" Stellung bezieht:

„...In unserer Zeit gibt es kaum noch den Rechtsumstand 'von Rechts wegen besitzen'. (Anmerkung 2014: das ist nunmehr durch die ISIS widerlegt). Infolgedessen gibt es keine Sklavinnen oder Sklaven mehr. Dies bedeutet jedoch nicht, daß das (koranische) Prinzip zum Besitz von Sklaven oder Sklavinnen aufgehoben wurde, d. h. es kann in Kraft treten, wenn die Bedingungen dafür vorhanden sind, z. B. in einem Krieg zwischen Muslimen und

Ungläubigen. Denn die Frauen der kämpfenden Ungläubigen sind (für Muslime) eine Kriegsbeute nach dem Prinzip der Sklavinnen und dem Besitz 'von Rechts wegen'. Dieses Prinzip gilt selbst, wenn die weltlichen Gesetze es verbieten." *(Anmerkung 2014: Auf dieses koranische Prinzip bezieht sich heute die ISIS (arabisch DAESCH) bei der Versklavung von Frauen, die unter ihnen als Kriegsbeute verteilt oder verkauft werden.)*

Unzucht ist ein Grenz(Hadd)-Vergehen und damit ein Kapitalverbrechen, das nach islamischer Auffassung nicht menschliches Recht, sondern das Recht Gottes verletzt (eine <u>Grenze</u> wird überschritten). Daher ist es zwingend, daß die im Koran bzw. in der Überlieferung vorgeschriebene Strafe vollstreckt wird. (vgl. Christine Schirrmacher, Die Scharia, 2007, S. 50)

In den Mekka-Suren sind für Unzucht noch keine detaillierten Strafen vorgesehen, das änderte sich erst in der Medina-Zeit. Heißt es in Sure 4:15 noch:

„Und wenn welche von euren Frauen etwas Abscheuliches begehen, so verlangt, daß vier von euch (Männern) gegen sie zeugen! Wenn sie (tatsächlich) zeugen, dann haltet sie im Haus fest, bis der Tod sie abberuft oder Gott ihnen eine Möglichkeit schafft (ins Leben zurückzukehren)!" (Übersetzung nach Rudi Paret)

wird es in Sure 24:2-3 bereits konkreter:

„2 Wenn eine Frau und ein Mann Unzucht begehen, dann verabreicht jedem von ihnen hundert (Peitschen)hiebe! Und laßt euch im Hinblick darauf, daß es (bei dieser Strafverordnung) um die Religion Gottes geht, nicht von Mitleid mit ihnen erfassen...

3 Und ein Mann, der Unzucht begangen hat, kann nur eine ebensolche oder eine heidnische Frau heiraten. Und eine Frau, die Unzucht begangen hat, kann (ihrerseits) nur von einem ebensolchen oder einem heidnischen Mann geheiratet werden. Für die (übrigen) Gläubigen ist dies (d.h. die Heirat mit jemand, der Unzucht begangen hat) verboten..." (Übersetzung nach R. Paret)

Die Strafe der Steinigung finden wir hier allerdings nicht. Ich schrieb bereits an anderer Stelle, daß diese Sure verloren gegangen ist. In den Hadith findet man eine Aussage von Aisha, Mohammeds Lieblingsfrau, wonach das Palmenblatt, auf dem diese Sure geschrieben stand, von einem Haustier gefressen wurde; auch andere Gefährten Mohammeds berichten über den Verlust. Dagegen ist diese Strafe im Hadith von Muslim angeführt, der von folgender Offenbarung Allahs an Mohammed berichtet:

„Allah hat den Frauen, welche Unzucht betreiben, jetzt einen Weg aus ihrer Situation gewiesen: Wenn ein verheirateter Mann mit einer verheirateten Frau Unzucht betreibt und ein lediger Mann mit einer ledigen Frau Unzucht betreibt, dann soll im Falle der verheirateten Personen die Strafe aus einhundert Peitschenhieben und anschließender Steinigung bestehen. Im Falle von ledigen Personen soll die Strafe mit einhundert Peitschenhieben und anschließender einjähriger Verbannung abgegolten werden." (Muslim B17 N4192 berichtet von Ubada bin as-Samit, zitiert in: www.derprophet.info, Die dogmatischen Grundlagen zum Sexualstrafrecht)

In der Überlieferung Muslim B017 N4191 wird noch einmal bestätigt, *„Die Steinigung ist eine Pflicht, die im Buche Allahs niedergelegt ist."* (vgl. ebda.) Auch Bukhari bestätigt dies mehrfach.

Die Forderung, daß für den Beweis von Unzucht vier männliche Augenzeugen aufgebracht werden müssen, hat auch eine Kehrseite. Wenn nämlich ein solcher Verdacht ausgesprochen oder gar zur Anzeige gebracht wird, ohne daß er durch vier Zeugen zu belegen ist, dann trifft den/die Ankläger/in selbst eine Strafe:

„Und wenn welche von euch ehrbare Ehefrauen mit dem Vorwurf des Ehebruchs in Verruf bringen und hierauf keine vier Zeugen für die Wahrheit ihrer Aussage beibringen, dann verabreicht ihnen achtzig Peitschenhiebe und nehmt nie mehr eine Zeugenaussage von ihnen an! Sie sind die wahren Frevler." (Sure 24:4, Übersetzung nach Rudi Paret)

Auffallend ist, daß in dieser Sure nur von „Ehefrauen" die Rede ist. Vielleicht erinnert ihr Euch aber noch an die „Halsbandaffäre", in der

Aisha von einigen Gefährten des Propheten des Ehebruchs verdächtigt wurde. Nur eine „Offenbarung Allahs" konnte sie von dem Verdacht rein waschen. Diejenigen, die den Verdacht ausgesprochen hatten, wurden gemäß der obigen Sure bestraft. Leider ist Aisha wohl die einzige Frau geblieben, der Allah so hilfreich zur Seite sprang.

Die eigentlich zum Schutz eines Verleumdungsopfers gedachte Sure 24:4 kann sich allerdings bei einer Vergewaltigung auch gegen das Opfer selbst richten, denn in diesem Fall muß das Opfer vier Augenzeugen benennen. Aber welche Vergewaltiger bezeugen schon ihre Tat oder rufen gar noch Zeugen herbei. In der Regel führen sie die Vergewaltigung auch nicht in der Öffentlichkeit aus. Bringt das Opfer trotzdem die Tat zur Anzeige, so droht ihm eine Gegenklage wegen Verleumdung. Obwohl Opfer einer Vergewaltigung, wird die Frau – wenn sie ledig ist – dann nicht nur wegen illegalen Geschlechtsverkehrs zu 100 Peitschenhieben verurteilt, sondern zu den 100 kommen noch 80 Peitschenhiebe wegen Verleumdung hinzu. Sollte sie verheiratet sein, wird sie zusätzlich mit Steinigung bestraft.

In Schirrmacher, „Die Scharia", 2007, unter Anmerkungen (42), ist ein Beispiel aus Nigeria zu finden:

„Die schwangere, unverheiratete Bariya Ibrahim Magazu, deren Alter offiziell mit 17 angegeben wurde, inoffizielle Quellen jedoch mit 13 Jahren bezifferten, wurde im September 2000 im Bundesstaat Zamfara, Nigeria, zu 180 Peitschenhieben verurteilt: 100 Peitschenhiebe für Unzucht und 80 Hiebe für die Verleumdung von Unzucht, da sie drei Männer der Vergewaltigung angezeigt hatte. Später wurde das Strafmaß reduziert, weil sie die Anklage zurückgezogen hatte." (zitiert aus: Peters, Ruud. The Reintroduction of Islamic Criminal Law in Northern Nigeria. A Study conducted on behalf of the European Commission, Lagos, 2001, S. 20)

Ein anderes Beispiel aus Saudi-Arabien wurde von Welt Online am 05.03.2007, „Vergewaltigte Frau zu 90 Peitschenhieben verurteilt", ins Internet gestellt:

„In Riad ist eine Frau, die von einem Mann erpresst und von einer

Gruppe von Männern entführt und vergewaltigt wurde, von einem Gericht zu 90 Peitschenhieben verurteilt worden. Begründet wurde der Urteilsspruch damit, daß die 19-jährige einen Mann getroffen habe, mit dem sie nicht verwandt sei, wie die Betroffene in einem anonymen Interview der „Saudi Gazette" berichtet. Sie sei das Opfer einer Erpressung, sagte die junge Frau. Ein Mann habe sie zu einem Treffen gezwungen, indem er ihr drohte, ihrer Familie über ein angebliches außereheliches Verhältnis zu berichten... Die Frau traf sich den Angaben zufolge in einem Einkaufszentrum mit dem Erpresser. Beim Verlassen seien sie von mehreren Männern entführt worden, sie sei dann auf einem Gehöft 14 Mal vergewaltigt worden, erzählte die Frau weiter. Fünf der Männer wurden dem Bericht zufolge zu Haftstrafen zwischen zehn Monaten und fünf Jahren verurteilt. Aber die Richter der Stadt Katif verurteilten die 19-jährige und auch den Mann zu Peitschenhieben, weil sie zu zweit im Auto gesessen haben sollen."

Im Newsletter der WLUML, Women Living Under Muslim Laws, vom Januar 2009, Ausgabe 7, S. 2, wird ein Fall aus Somalia vom 04.11.2008 geschildert:

„Die 13-jährige Aisha Ibrahim Duhulow wurde am 27. Oktober 2008 in einem Stadium im Südhafen von Kismayu, Somalia, von 50 Männern vor 1000 Zuschauern zu Tode gesteinigt. Sie war der Übertretung eines islamischen Gesetzes angeklagt, aber ihr Vater und andere Quellen erzählten Amnesty International, daß sie in Wahrheit von drei Männern vergewaltigt worden war und versucht hatte, diese Vergewaltigung der al-Shabab Miliz, die Kismayu kontrolliert, zu melden. Dies war der Grund, weshalb sie des Ehebruchs angeklagt und in Haft gehalten wurde. Keiner der Männer, die sie wegen Vergewaltigung angeklagt hatte, wurde festgenommen."

Nachzulesen ist dieser Fall auch bei Amnesty International (www.amnesty.org) am 31.10.2008, jedoch sind dem Bericht noch weitere Details hinzugefügt, u. a.:

„Amnesty International wurde von zahlreichen Augenzeugen erzählt, daß an einem bestimmten Zeitpunkt der Steinigung Krankenschwestern angewiesen wurden festzustellen, ob Aisha Ibrahim Dhuhulow noch

lebe... Sie gruben sie aus, erklärten, daß sie noch lebe, woraufhin sie wieder in das Loch zurückgesetzt wurde, in das sie eingegraben worden war, damit die Steinigung fortgeführt werden konnte. "

Es kann aber auch eine ausländische, nicht-muslimische Frau in den Vereinigten Arabischen Emiraten treffen, wenn auch bei weitem nicht so hart wie in orthodoxen islamischen Ländern. Am 16.03.2009 las ich in der *Gulf News* unter „Britisch woman jailed for adultery" (britische Frau wegen Ehebruchs im Gefängnis) das Urteil eines Gerichtes in Dubai über eine britische Frau, deren ägyptischer Ehemann sie des Ehebruchs angezeigt hatte: Drei Monate Gefängnis mit anschließender Deportation, 20.000 Dirham (ca. 4.000 Euro) einstweilingen Schadensersatz an ihren Ehemann.

Ein Mann kann sich aber auch einer unliebsam gewordenen Ehefrau entledigen, indem er vier männliche Zeugen aufbringt, die einen Ehebruch der Ehefrau bezeugen. Die Strafe ist Steinigung. Spiegel Online stellte zu Steinigungen in Iran („Wer beim ersten Wurf tötet, bricht das Gesetz") am 26.04.2008 einen Bericht ins Internet, in dem ein Ehemann die modernen Medien nutzte, um seine Ehefrau loszuwerden. Er legte dem Gericht eine von ihm angefertigte Videoaufnahme vor, auf der seine Ehefrau und deren Schwester mit einem nicht verwandten Mann zu sehen sind. Die Aufnahme diente als Hauptbeweisstück für den Vorwurf „illegale Beziehungen". Das Urteil lautete: 99 Peitschenhiebe. Es wurde nach Auskunft des Anwaltes der Frauen vollstreckt, trotzdem blieben die Schwestern weiter inhaftiert. 6 Monate später wurde der Prozeß durch einen neuen Richter wieder aufgerollt mit dem Vorwurf des Ehebruchs. Das Urteil lautete nun: Tod durch Steinigung. In einem Interview mit dem Spiegel drückte der Anwalt seine Hoffnung aus, die Vollstreckung abwenden zu können, denn eigentlich *„Auch nach iranischem Recht darf niemand für dasselbe Verbrechen zweimal verurteilt werden. "*

Die Macht- und Rechtlosigkeit einer Frau wird besonders in dem von Welt Online am 27.07.2007 unter dem Titel „Der Sex-Trieb des Mannes als Maß aller Dinge" ins Internet gestellten Artikels deutlich, der die Erfahrungen von Betsy Udink („Allah & Eva. Der Islam und die Frauen", Beck Verlag) in Pakistan schildert:

„In Peschawar, an der Grenze zu Afghanistan, besucht sie ein Gefängnis, eine stinkende und voll gestopfte Baracke, in der über 70 Frauen festgehalten werden, weil man sie der „Zina", des Ehebruchs, beschuldigt. Genauer, weil ihre Männer sie des Ehebruchs anklagen. Sie spricht mit Gulnaz, die als Kind Frau eines Schusters wurde, drei Kinder bekam und von ihm verstoßen wurde. Er sagte dreimal: „Ich verstoße Dich" und warf sie aus dem Haus. Die Verstoßene wurde sogleich von ihrer Familie mit einem anderen Mann verheiratet. Sie bekam von ihm ein weiteres Kind, und als der Schuster dies erfuhr, fühlte er sich in seiner Ehre verletzt und klagte Gulnaz des Ehebruchs an, weil die Scheidung nicht bei der Gemeinde registriert war. Gulnaz, die weder lesen noch schreiben kann, wurde zu sieben Jahren Gefängnis verurteilt. Wenn sie in drei Jahren entlassen wird, ist sie schon so gut wie tot."

Wenn der Mann sich nur selbst als Zeugen aufbringen kann für eine Anklage des Ehebruchs gegen seine eigene Ehefrau, dann kann er diesen Verdacht auch durch Schwüre untermauern. Die Ehefrau kann sich dagegen mit ebenso vielen Schwüren zur Wehr setzen und damit die Anklage abwehren:

„Und wenn welche von euch ihre eigenen Gattinnen mit dem Vorwurf des Ehebruchs in Verruf bringen und nur sich selber als Zeugen dafür haben, dann soll die Zeugenaussage eines solchen Ehegatten darin bestehen, daß er viermal vor Gott bezeugt, daß er die Wahrheit sagt." (Sure 24:6, Übersetzung nach Rudi Paret)

„und ein fünftes Mal, daß der Fluch Gottes über ihn kommen soll, wenn er lügt." (Sure 24:7, ebda.)

„Und die betreffende Frau entgeht der Strafe, die auf Ehebruch steht, wenn sie viermal vor Gott bezeugt, daß er lügt," (Sure 24:8, ebda.)

„Und ein fünftes Mal, daß der Zorn Gottes über sie kommen soll, wenn er die Wahrheit sagt." (Sure24:9, ebda.)

Neben den Zeugenaussagen gilt als Beweis für Unzucht eine Schwangerschaft. Ich berichtete bereits oben von der schwangeren, unverheirateten Bariya Ibrahim Magazu aus Nigeria, die wegen Unzucht zu Peitschenhieben verurteilt wurde. Ein anderes Beispiel berichtet die

Internationale Gesellschaft für Menschenrechte (www.igfm.de):

„Im November 2006 wurde in Saudi-Arabien eine Witwe von einem Gericht in der Stadt Hail im Norden Saudi-Arabiens zum Tod durch Steinigung verurteilt. Die Frau hatte sechs Jahre nach dem Tod ihres Mannes ein Kind zur Welt gebracht.

Die Richter urteilten gemäß der in Saudi-Arabien gültigen Interpretation des islamischen Scharia-Rechts, wonach außerehelicher Geschlechtsverkehr von Verheirateten als todeswürdiges Verbrechen gilt. Das Urteil war in Saudi-Arabien unumstritten, obwohl die 39jährige verwitwet war. Sogar die Frau selbst verzichtete darauf, Berufung einzulegen und bekannte ihre „Sünde". Sie erklärte, durch die Strafe müsse ihre Seele gereinigt werden, um ins Paradies eingehen zu können...

Die Frau, die neben ihrem „illegitimen" Sohn noch drei weitere Kinder von ihrem verstorbenen Ehemann hat, hatte mit 18 Jahren die saudi-arabische Staatsbürgerschaft erworben. Nach dem Tod des Mannes lebte die 39jährige unter elenden Bedingungen in einer Lehmhütte bei einer Moschee von der Unterstützung eines Wohltäters. Die vier Kinder wurden in ein Heim gebracht."

Als weiterer Beweis für Unzucht gilt natürlich auch ein Geständnis, das viermal wiederholt werden muß, später aber widerrufen werden kann. In der Hadith 978, im Sahih Muslim 3202, heißt es:

„Abu Huraira, ..., berichtete: Ein muslimischer Mann kam zum Gesandten Allahs, ..., während der sich in der Moschee aufhielt, und rief ihm zu: O Gesandter Allahs, ich beging Unzucht! Da wandte sich der Prophet von ihm ab. Der Mann wiederholte seinen Ausspruch, und der Prophet wandte sich von ihm ab. Er wiederholte aber seinen Ausspruch viermal. Als er aber die Zeugenaussage viermal gegen sich selbst leistete, ließ ihn der Prophet, ..., zu sich näher kommen und fragte ihn: Bist du geisteskrank? Der Mann sagte: Nein! Der Prophet fragte weiter: Hast du geheiratet? Der Mann erwiderte: Ja! Darauf sagte der Prophet, ...: Nehmt ihn dann und steinigt ihn!"

Steinigung

Die Steinigung ist eine Hinrichtungsform aus vorislamischer Zeit, auf die bereits in der Bibel (AT) im Buch Mose und im Talmud (Mischna Sanhedrin VII, 1) hingewiesen wird. Auch aus der Geschichte von Jesus und der Ehebrecherin in Johannes 8, Vers 1-11 (NT) geht hervor, daß die Steinigung zu Zeiten Jesu noch eine übliche Bestrafungsform darstellte. Der Koran bestätigt in Sure 5:Vers 45-47, daß der Islam sich von den alten Büchern (Thora) ableitet; in Sure 5:48 heißt es: *„Und wir haben (schließlich) die Schrift (d.h. den Koran) mit der Wahrheit zu dir her abgesandt, damit sie bestätige, was von der Schrift vor ihr da war, und darüber Gewißheit gebe...“* (Übersetzung nach Rudi Paret) Nun hat der Islam zwar u. a. die Steinigungsstrafe von den Juden (vgl. Der Talmud, „Vier Arten der Todesstrafe“, Goldmann Verlag, 1963/1980, S. 363) übernommen, und er hat auch den jüdischen Menschen und christlichen Propheten Jesus in sein Glaubenssystem integriert, aber er hat nicht die damals geradezu revolutionäre Haltung Jesu gegenüber den Normen der jüdischen Gesellschaft des Altertums mit übernommen, d.h. in Bezug auf die Steinigung die Aufforderung Jesu in Johannes 8, Vers 7: *„Wer unter euch ohne Sünde ist, der werfe den ersten Stein auf sie (gemeint ist die Ehebrecherin).“*

Steinigungen in der islamischen Welt werden heute noch z. B. in Saudi-Arabien, Afghanistan, Kurdistan (Irak), dem Iran und in einigen afrikanischen Ländern wie Nigeria, Sudan und Somalia vorgenommen. Vor jeder Steinigung muß ein formelles Urteil durch einen Scharia-Richter gemäß der islamischen Strafprozessordnung und dem islamischen Strafrecht ergehen. In der Praxis kommt es jedoch oft auch zu spontanen Steinigungen, wenn eine Menschenmenge z. B. durch eine Einzelperson wie einen Imam dazu angestachelt wird (Lynchjustiz) oder bei „Ehrenmord“ durch Familienangehörige. Anlaß von Steinigungs-Lynchmorden sind oft Gerüchte, daß sich das Opfer in irgendeiner Weise gegen den Islam „vergangen“ habe, oder bei Christen z. B. die Behauptung, sie hätten missioniert. (Beispiele sind bei www.igfm.de und auf anderen Webseiten zu finden.)

Nach islamischer Tradition müssen die Steiniger männliche Muslime sein. (Der IGFM ist kein Fall bekannt, bei dem eine Frau beteiligt war.)

Der Belastungszeuge des Opfers oder der Richter beginnt mit der Steinigung, beteiligt sind weiterhin häufig Familienangehörige, Nachbarn und Bewohner des Ortes.

Der Ablauf einer Steinigung ist bis ins Detail festgelegt: *„Die Steinigung erfolgt mit mittelgroßen Steinen, weder mit leichten Kieseln – die Qual würde zu lange dauern – noch mit Felsbrocken – die durch die 'Grenz'-Strafe beabsichtigte Peinigung würde verfehlt -, sondern mit Steinen, die die hohle Hand ausfüllen; man nehme sich davor in acht, das Gesicht (des Schuldigen) zu treffen, weil der Prophet dies (einem Hadith zufolge) verboten hat... Der Ehebrecher ist während des Vollzugs der 'Grenz'-Strafe nicht anzubinden oder zu fesseln; auch ist für ihn keine Grube auszuheben. Für Ehebrecherinnen kann eine ihr bis zur Brust reichende Grube ausgehoben werden. Während des Vollzugs darf ihre Scham-gegend nicht entblößt werden. Deshalb sind die Kleider an ihr festzuschnüren, so daß ihr Leib nicht sichtbar wird."* (Azhar-Theologe al-Dschaziri, 1882-1942; zitiert aus www.wikipedia.de)

Heute werden auch Männer in der Regel bis zur Hüfte eingegraben (s. Iran). Wem es gelingen sollte, sich aus dem Erdloch zu befreien und wegzulaufen, wird eingefangen und wieder eingegraben. Hat er/sie jedoch bereits vorher die „Tat" gestanden, ist er/sie nach einer Selbstbefreiung frei. Wie oft das allerdings auch in der Praxis so ist, bleibt dahingestellt. (vgl. Spiegel Online, Friederike Freiburg, „Wer beim ersten Wurf tötet, bricht das Gesetz, 26.04.2008)

Die IGFM hat den Zeugenbericht eines Schülers (der Name ist dem IGFM bekannt) von einer Steinigung im Iran aufgezeichnet. Ich möchte hier exemplarisch und zur Veranschaulichung der Grausamkeiten, die im Namen des Islams begangen werden, den ganzen Bericht wiedergeben:

„Eines Tages musste ich mit meiner Schulklasse ins Stadion kommen. Es sollte eine Steinigung vollzogen werden, bei der wir zuschauen mussten. Wir saßen auf den Tribünen und warteten. Sandwich-Verkäufer gingen durch die Reihen und boten ihre Waren an. Dann endlich wurde ein Mädchen ins Stadion geführt. Ich erschrak, denn ich erkannte dieses siebzehnjährige Mädchen. Sie wohnte in unserer Straße, und als Kinder hatten wir miteinander gespielt.

Ein Mullah las ihr das Urteil vor: „Im Namen Allahs, des Barmherzigen, wirst du zum Tode verurteilt durch Steinigung." Das Mädchen weinte, aber es wirkte wie benommen. Sie wurde in ein Loch gestellt, das man in die Erde gegraben hatte. Dann schaufelte man dieses Loch bis zur Brusthöhe des Mädchens zu. Auf den Tribünen johlte der Mob. Dann flogen die ersten Steine, die gezielt neben dem Mädchen auf den Boden fielen. Jedes Mal, wenn der Oberkörper des Mädchens zuckte, um einem Stein auszuweichen, begann das Johlen der jungen Männer von neuem. Es war wie bei einem Fußballspiel, wenn ein ganzes Stadion „Tor" schreit. Dann trafen die ersten Steine. Das ganze Spektakel zog sich hin, bis das Mädchen endlich tot war. Ich musste mich erbrechen.

Einige Tage später war ich beim Friseur. Neben mir saß ein alter Mann und weinte. Ich fragte ihn: „Väterchen, warum weinen Sie?" Und er antwortete: „Meine Tochter ist tot, eben bekam ich vom Gericht die Papiere, daß meine Tochter, die Jungfrau, in der Nacht vor ihrem Tod mehrmals verehelicht wurde." (Im Iran gibt es die Möglichkeit, eine Ehe auf Zeit zwischen einer Stunde und neunundneunzig Jahren einzugehen.) Ich erkannte nun diesen Mann. Man hatte ihm zu seinem Schmerz über die tote Tochter, die nichts anderes getan hatte, als Flugblätter gegen das islamische Regime zu verteilen, nun auch die letzte Hoffnung genommen. Muslime in unserem Land glauben, daß Jungfrauen, die blutig sterben, gleich ins Paradies eintreten und nicht ins Jüngste Gericht kommen. Weil man dieses Mädchen in der Nacht vor ihrem Tod mehrmals verehelicht hatte, starb sie nicht als Jungfrau und musste nun – nach dem Glauben ihres Vaters – aufs Jüngste Gericht warten.

Ich war entsetzt über diese Art des gewaltsamen Todes und über die zynische Weise des Urteils, daß ein junges Mädchen im Namen Gottes des Barmherzigen gewaltsam auf furchtbare Weise getötet wurde, nachdem man sie in der Nacht vor ihrem Tod gesetzlich korrekt mehrmals vergewaltigt hatte. Aus diesem Grunde kann ich kein Muslim mehr sein."

Bei den Demonstrationen im Iran in diesem Jahr wurden viele junge Frauen inhaftiert. Vorwürfe seitens der Opposition über Mißhandlungen und Vergewaltigungen wurden auch in unseren Medien veröffentlicht. Ähnliche Berichte, wie den obigen, gibt es übrigens auch aus der Zeit der

Taliban in Afghanistan. In einem Bericht, den ich bei der IGFM las, waren allerdings viele Männer und Frauen, die von den Taliban ins Stadion gezwungen worden waren, mit der Steinigung nicht einverstanden, bedauerten das Opfer und weinten.

Zum Abschluß möchte ich noch einmal die Beurteilung von Wafa Sultan, die die ersten 30 Jahre ihres Lebens in Syrien verbrachte, zur Lage der muslimischen Frau zitieren. Ich übersetze:

„Die Scharia rechtfertigt und legalisiert für die muslimischen Männer die gleichen Mißbrauchshandlungen, die in unserer modernen Gesellschaft als kriminell betrachtet werden... Die Jungen werden in dem Glauben aufgezogen, daß sie den Mädchen überlegen sind und mehr geschätzt werden als sie. Ihnen wird gelehrt, daß ihre Ehre und Würde in den Körpern der Frauen liegt. Sie wachsen in einer Kultur auf, in denen es von Männern nicht erwartet wird, daß sie imstande sind, ihre sexuellen Begierden zu kontrollieren. Sie sind die hilflosen Opfer der weiblichen Verführungskünste, so daß es immer die Frau ist, die Schuld für jede ans Licht gebrachte sexuelle Begegnung ist. Wenn ein Junge aufgezogen wird, indem er eine bevorzugte Behandlung genießt, und wenn er aufwächst und die sozial gerechtfertigten Mißbrauchs-handlungen seines Vaters gegen seine Mutter und seine Schwestern beobachtet, so wird er die gleichen ungerechten Normen in seinem Erwachsenenleben anwenden.

Auf der anderen Seite, Frauen in den Gesellschaften des Mittleren Ostens wachsen in dem Glauben auf, daß sie eine Behinderung sind. Den kleinen Mädchen wird beigebracht, daß sie – verglichen mit den Jungen – wertlos und potentielle Quellen der Scham (unverständlich) *für die Männer ihrer Familien sind. Sie sind davon überzeugt, daß ihre Körper Tempel sind, in denen die Ehre ihrer Familie wohnt und daß ihre Tugendhaftigkeit und Jungfräulichkeit den Ruf ihrer Familie bestimmen. Sie werden dazu erzogen, gehorsame Dienerinnen der Wünsche ihres Ehemanns zu werden. Die Pflichten ihres Lebens beschränken sich darauf, ihren Ehemännern zu gefallen und viele männliche Kinder zur Welt zu bringen. Versagen sie darin, eine dieser Pflichten zu erfüllen, so werden sie gemieden und verachtet.*

Dies, meine Damen und Herren, ist der Kern des Problems – eine Kultur und Traditionen, die auf religiösem Extremismus basieren, halten die Frauen in großen Teilen des Mittleren Ostens in einem erbärmlichen Zustand. Die kulturell eingeimpfte niedrige Selbstachtung zusammen mit der Furcht vor (unverständlich) *göttlicher Verdammung hat eine Mehrheit von Frauen hervorgebracht, die sich einfach mit ihrem Status quo abgefunden hat. Einem Teil der Frauen ist sogar die Heiligkeit dessen, was ihnen gelehrt wurde, indoktriniert worden. Sie konditionieren sich selbst, ihre minderwertige Rolle in der Gesellschaft soweit zu akzeptieren, daß sie alle Versuche, ihren ungerechten und degradierenden Zustand zu reformieren als falsche Auffassungen beschreiben, die auf verwestlichten Kulturen beruhen... Ihnen ist der Glaube eingepflanzt worden, daß jeder Versuch, sich zu befreien, gegen den göttlichen Willen Gottes ist.*" (Zitiert aus: Vortrag von Wafa Sultan auf der Konferenz „Women in the Middle East...", Washington, 10.10.2006, www.aei.org)

Ma´a salamah,
Regina

IX. DIE ARABER – VERSUCH EINER ANALYSE

Februar 2010

„In unserer armseligen arabischen Welt schreibt der Intellektuelle mit der einen Hand und trägt in der anderen seinen Sarg..." (Ahmad Al-Baghdadi, Al-Siyassa 2004, Tageszeitung Kuwait)

1. Arabische Reformer

Es gibt sie, die Muslime, die über Reformen des Islam und der politischen Systeme nachdenken und sie auch öffentlich fordern. Meist sind sie jedoch – besonders bei uns im Westen – wenig bekannt, denn einzelne Stimmen haben es schwer, sich gegen die kollektiven Kräfte von Organisationen und Diktaturen durchzusetzen. Kritisch denkende Individuen haben zudem selten die Neigung, sich zu verbünden und Verbände und Organisationen zu bilden, so daß sie als Muslime in einem muslimischen Land stets gefährdet leben, und auch in Europa oder in den USA sind sie ihres Lebens nicht sicher. Wenn ihre Kritik auch noch am Koran und dem Propheten Mohammed ansetzt, begehen sie ein Sakrileg, das sie der Anschuldigung der Apostasie aussetzt. Der Koran darf nach konservativer Auffassung (und das ist die maßgebliche Überzeugung der Mehrheit in der islamischen Welt) weder interpretiert noch als Gottes Wort infrage gestellt werden, und der Prophet Mohammed muß unbedingtes Vorbild sein und darf in keiner seiner Eigenschaften und Taten kritisiert werden. Reformen im Islam zu fordern, ist gefährlich. Man braucht nicht einmal im wahhabitischen Saudi-Arabien zu leben, um als Reformer mit Schreib- und Ausreiseverbot sowie Inhaftierungen konfrontiert zu sein; selbst in einem Land wie Ägypten ist er Todesdrohungen ausgesetzt und oft bleibt nur die Flucht nach Europa oder in die USA, die ihm Exil und Polizeischutz gewähren. Das Eingangszitat beschreibt diesen Zustand kurz und treffend. Trotzdem gibt es diese mutigen Männer und Frauen, die ihre Stimmen allen Repressalien zum Trotz erheben. Das Spektrum der Forderungen bewegt sich zwischen gemäßigt und radikal. Die einen fordern eine historisch-kritische Interpretation des Koran (z. B. Dashti, Taha, Al-Qimni u. a.), andere gehen noch weiter und fordern, den Koran am besten gleich fortzuwerfen (z. B. Ali Sina).

Um Euch eine Vorstellung vom Leben und den Gedanken dieser Menschen zu geben, möchte ich einige von ihnen vorstellen. Die Reformer, von denen ich sprechen werde, sind nicht zu verwechseln mit denen, die sich zwar auch „Reformer" nennen, denen es aber um die restaurative Reformierung der nach ihrer Ansicht vom „wahren Weg" abgekommenen, verwestlichten arabischen Staaten hin zu einem islamischen Gottesstaat geht; also jene, die heutzutage als Islamisten bezeichnet werden. Ich spreche hier von den liberalen, kritischen Intellektuellen, die einen säkularen Staat befürworten. Es sind überwiegend Hochschulgelehrte, Philosophen, Menschenrechtler aber auch Religionsgelehrte. Viele von ihnen haben neben den muslimischen auch westliche Philosophen wie Voltaire, Hegel, Kant, Marx usw. und die griechischen Philosophen studiert. Leider finden sie wenig Gehör in der westlichen Presse, es sei denn, einer von ihnen flieht auf spektakuläre Art und Weise aus seinem Heimatland oder wird als bekannter Dichter oder Gelehrter auf offener Straße ermordet. Sie finden auch selten finanzielle Unterstützung; ganz anders als die islamischen Gruppen und Verbände, die zum Beispiel von den türkischen Religionsbehörden, der Muslimbruderschaft und massiv aus dem wahhabitischen Saudi-Arabien oder dem schiitischen Iran finanzielle Hilfen erhalten. (vgl. Hudson Institute, Current Trends in Islamist Ideology, Vol. 6, 2008; Konrad Adenauer Stiftung, Krawietz/Reifeld (Hrsg.), Islam und Rechtsstaat, 2008) Offensiv auftretende Organisationen erhalten auch in Deutschland, obwohl sie nur eine Minderheit der dort lebenden Muslime vertreten, viel mehr Aufmerksamkeit von Medien und Politik. Die Verbände werden auch vorrangig von der Politik als vermeintliche „Vertreter aller Muslime" in politische Gremien und Ausschüsse berufen. Der ägyptische Gelehrte und Kolumnist Dr. Mamoun Fandy kritisiert die Naivität des Westens in Hinsicht auf die vermeintlich moderaten Islamisten:

„Ich habe viele Muslime getroffen und mit ihnen gesprochen, besonders im Westen, die öffentlich Gewalt verurteilen, aber im privaten Gespräch

sagen, daß "der Westen den Terrorismus verdient" hat. In der Öffentlichkeit fügen sie dann noch hinzu, daß dies die Rache für das ist, was in Palästina und im Irak geschieht. In privaten Gesprächen habe ich nichts als blinden Haß gehört, angetrieben von einem Empfinden nihilistischer Zerstörung; ein Virus, der viele Muslime befallen hat und ganz besonders diejenigen, die im Westen leben." (vgl. MEMRI Inquiry & Analysis Series Report No. 232, Fighting Terrorism: Recommendations by Arab Reformists, 23.07.2005)

Scheinreformer wie der eloquente Tariq Ramadan (Enkel von Hassan Al-Banna, dem Gründer der ägyptischen Muslimbruderschaft), von Ralph Ghadban „Der Janusköpfige" genannt (*Cicero*, Okt. 2007) – werden hofiert, während liberale Reformer durch Mangel an Aufmerksamkeit und Unterstützung nur begrenzt wirken können und in einem ungeschützten, oft anonymen Raum leben.

Das Internet, das von Muslimen aller Schattierungen genutzt wird, ist auch eine Chance für die kritischen muslimischen Reformkräfte, denn über das Internet können sie sich Gehör verschaffen und Verbindung miteinander aufnehmen, unabhängig davon, in welchem Land sie leben. Deutlich ist das im letzten Jahr an den Ereignissen im Iran geworden. Der islamische Staat kann zwar die Internet-Kommunikation zeitweise blockieren, er kann sie aber nicht mehr ganz einstellen, denn er ist selbst abhängig von diesen Kommunikationswegen. Im Internet finden islamkritische Blogger Kontakt zueinander und können sich so aus ihrer Isolation befreien; auf den von arabischen Reformern eingerichteten Webseiten können Informationen gebündelt und Solidaritätsaufrufe weitergeben werden.

Auf diesen Webseiten erfährt man z. B. über eine von 4000 arabischen und kurdischen Intellektuellen unterzeichnete Petition an den U.N. Sicherheitsrat, die nach dem Terrorakt in London 2005 die Einrichtung eines Internationalen Gerichtshofes verlangten, der sich mit Terroristen und mit muslimischen Religionsgelehrten befassen soll, die zu Gewalt und Blutbädern aufrufen. In einem Interview der marokkanischen Zeitung *Al-Ahdath Al-Magribia* vom 21.05.2005 beantwortete der Reformer und Forscher Dr. Shaker Al-Nabulsi die Frage, wie man reformerische arabische Intellektuelle schützen könne, übereinstimmend mit der Petition:

„Es gibt keine andere Lösung, als diese Angelegenheit einer internationalen Gerichtsbarkeit zu unterstellen. Die internationale Gemeinschaft sollte ein internationales Sondergericht einrichten, um diesen Leuten den Prozeß zu machen... Genauso wie die U.N. gerade den Mord an dem politischen Führer (dem früheren libanesischen Premierminister) Al-Hariri untersucht, sollte es auch die Todesdrohungen gegen den intellektuellen Führer Lakhdar untersuchen." (Lafif Lakhdar, tunesischer Jurist und Journalist) (vgl. MEMRI Inquiry & Analysis Series Report No. 254, Arab Intellectuals: Under Threat by Islamists, 23.11.2005)

Auf diesen Internetseiten findet man auch die *St. Petersburg Deklaration*, die 2007 auf einem Gipfeltreffen säkularer Muslime in St. Petersburg, Florida, verfaßt wurde; ebenso das *Manifest der 12* gegen den Islamismus als „neue weltweite totalitäre Bedrohung", unterzeichnet u. a. von Ayaan Hirsi Ali, Taslima Nasreen, Salman Rushdie, Ibn Warraq sowie europ. Intellektuellen wie Bernard-Henri Lévy. Das Manifest wurde nach der Reaktion auf die Mohammed-Karikaturen 2006 verfaßt und sogar in der französischen Satirezeitschrift *Charlie Hebdo* veröffentlicht. Ich habe allerdings von keiner anderen Veröffentlichung gehört. Unter dem Titel *„A Declaration of the Rights of Women in Islamic Societies"* fordert eine Gruppe muslimischer Intellektueller mehr Rechte für Frauen in islamischen Gesellschaften. Und Arzu Toker veröffentlichte im Internet seine *„Zehn Gründe aus dem Islam auszutreten oder: Der Wille zur Selbstbestimmung und Freiheit"*. (vgl. www.ex-muslime.de)

Man findet aber nicht nur Kritik an muslimischen Extremisten und totalitären Regierungssystemen, sondern auch (wie bereits oben beschrieben) an der Politik europäischer Länder, insbes. England und Deutschland, die extremistische Politik innerhalb ihrer Landesgrenzen im Namen des Schutzes von Individualrechten erlauben. Arabische Reformer haben anläßlich der „Arabischen Woche", die vom Europäischen Parlament vom 2. bis 6. Nov. 2008 als Teil der

Europäischen Initiative zum Europäischen Jahr des Interkulturellen Dialogs veranstaltet wurde, einen Brief an die Mitglieder des Europäischen Parlaments geschrieben. In diesem Brief kritisieren sie, daß zu der „Arabischen Woche" weder ein arab. Reformer oder Menschenrechtler noch ein Dissident eingeladen worden war, dafür aber die Repräsentanten einiger der undemokratischsten Regierungen der Welt, die systematisch Menschenrechtsverletzungen begehen und grundlegende Freiheiten einschränken. (vgl. www.aafaq.org, Arab Reformers blast European Arab League „Summit", 20.11.2008) Als der damalige EU Parlamentspräsident Hans-Gert Poettering 2008 anläßlich seines Besuches in der omanischen Hauptstadt Muskat u. a. äußerte, daß es falsch wäre, wenn der Westen auf den Mittleren Osten Druck ausübe, ein demokratisches System wie in Europa zu übernehmen, veranlaßte das arabische Reformer zu der Frage: *„Was soll das heißen?... daß das in Europa herrschende demokratische System für alle Länder der Welt geeignet ist, außer für die arabischen Länder?"* Sie fragen, ob sie daraus schließen sollen, daß die arabischen Nationen nur zweiter-Klasse-Nationen seien, die sich mit ihren gegenwärtigen Regierungen abfinden sollten, und kommen zu dem bitteren Schluß, daß bestimmte westliche Nationen wohl meinen: *„Der beste Weg, um westliche Interessen zu wahren, ist, die existierenden tyrannischen Regierungssysteme beizubehalten – und nicht, (diesen) Nationen die Gelegenheit zu geben, die Demokratie einzuführen, weil eine solche (Entwicklung) diese (d. h. westliche) Interessen beeinträchtigen könnte."* (Zitate aus www.aafaq.org, 21.12.2008)

Zunehmend betrifft die Kritik der arab. Reformer auch das Verhalten der schweigenden muslimischen Mehrheit und moderater muslimischer Intellektueller, die sich dem Druck von Islamisten beugen und nicht entschieden dagegen auftreten. Dabei verdammen die Kritiker insbesondere die Doppelzüngigkeit einiger arabischer Intellektueller, die z. B. auf arabischen TV Kanälen Terrorakte und Selbstmordattentate gutheißen (in arabischer Sprache, wohlgemerkt!), und dann in Kommentaren in westlichen Tageszeitungen genau das Gegenteil behaupten. Dort wird dann vorgegeben, wie sehr ihnen diese Entwicklung Furcht einjagen würde und wie wenig sie verstehen würden, daß sich junge Muslime in einem öffentlichen Verkehrsmittel in die Luft jagen. Die arabischen Reformer üben aber auch Kritik an den arabischen Medien selbst, die extremistischen, den Terror gutheißenden Beiträgen unverhältnismäßig viel Raum geben. (vgl. MEMRI Inquiry & Analysis Series Report No. 232, Fighting Terrorismus: Recommendations by Arab Reformists, 28.07.2005)

Liberale muslimische Reformer kritisieren ebenfalls das Verhalten europäischer Muslime, insbesondere das der muslimischen Gruppen und Verbände, die sich der Freiheiten und sozialen Hilfeleistungen der westlichen Gesellschaften erfreuen, ihnen aber gleichzeitig Schaden zuzufügen trachten. Der liberale schiitische Theologe Dhiya Al-Mousawi aus Bahrain und der liberale Kolumnist Khalil ´Ali Haidar aus Kuwait werfen den islamischen Gruppen in Europa vor, den islamischen Extremismus zu fördern, die Kontrolle über das Leben der europ. Muslime an sich gerissen und, statt die Kluft zwischen Ost und West zu überbrücken, Isolation, Entfremdung und letztendlich einen Jihad-motivierten Terrorismus gegen den Westen hervorgerufen zu haben:

„Das Problem Europas und den U.S. sind weder die Araber noch die Muslime. Es sind die Islamisten, Parteien wie Gruppen, die sich des politischen, religiösen, sozialen und kulturellen Lebens innerhalb und außerhalb der islamischen und arabischen Länder bemächtigt haben... Über viele Jahre hinweg – in der Tat seit dem Ende des II. Weltkriegs – haben westliche Länder Araber und Muslime willkommen geheißen und (ihnen) umfassende Möglichkeiten zum Abhalten ihrer Predigten und (anderer) Aktivitäten zur Verfügung gestellt. Sie haben sie mit erstaunlicher Freundlichkeit behandelt. Mit der Zeit wurden die Muslime immer mächtiger und bekamen das Herz dieser Gesellschaften immer fester in den Griff.“ (Al-Mousawi/Haidar, MEMRI Special Dispatch No. 2309, 10.04.2009)

„Die Ideologie der Muslimbrüderschaft, der Al-Tahrir Partei (radikale islamische Gruppe, deren Ziel ein neues Kalifat ist) und der ägyptischen, pakistanischen und anderen islamischen Gruppen haben die Araber und die Muslime in Europa in Dunkelheit und Verwirrung geworfen...“ „Die unaufhörlichen Angriffe auf die westliche Zivilisation, auf von Menschen geschaffene Gesetze und auf orientalische Studien sowie auf das, (was

sie) für kulturelle Invasion und westliche Verschwörung halten, hat es für (Muslime) schwierig gemacht, sich in die neue Umgebung, in die sie ausgewandert sind, obwohl sie sie ablehnen, zu integrieren..." (ebd.)

„Die Toleranz des Westens gegenüber Muslimen in Europa und in den U.S., besonders in Bezug auf Religionsfreiheit allgemein, und seine Respektierung von christlichen und jüdischen Konvertierten zum Islam im besonderen, wurde von keiner islamischen Partei als Modell übernommen. Sie haben den Muslimen keine religiöse Toleranz gelehrt; sie haben sie nicht dazu angeleitet anzuerkennen, daß die Wahl der Religion eine persönliche Angelegenheit ist; sie haben sie nicht dazu veranlaßt, Nicht-Muslime in der arabischen und muslimischen Welt zu schützen. Im Gegenteil, sie sind immer offensiver vorgegangen, da sie erkannten, daß der Westen ihren Forderungen nachgab und sie mit Toleranz behandelte. Auf diese Weise gewannen sie Boden und Popularität, und ihre Anmaßung wurde grenzenlos..." (ebd.)

„Es wurde oft behauptet, daß moderate islamische Gruppen nichts mit Gewalt und Terrorismus zu tun hätten. Aber das ist eine Illusion. Alle Ideen der terroristischen Gruppen stimmen mit der Ideologie der Muslim Brüderschaft, der Al-Tahrir (Partei), den Al-Jamaá Al-Islamiyya in Pakistan und anderen überein..." (ebd.)

Arabische Reformer kritisieren ebenso die arabischen Regierungen, die die Bedrohung durch islamistische Gruppen und die Furcht der Mittelklasse vor religiösen Bewegungen zum Vorwand nehmen, sich einer demokratischen Öffnung zu verweigern. Stattdessen geben diese arab. Regierungen vor, Sicherheitsgaranten vor dem drohenden islamistischen Chaos zu sein, und erzeugen damit einen Zustand des ständigen Notstands – was die politische Entwicklung des Mittleren Ostens weiterhin stagnieren läßt. Nach Ansicht der arab. Reformer wird sich dies auch nicht ändern, solange der Westen diese Regierungen wegen geostrategischer Erwägungen und der Ölversorgung – an der auch Europa (und nicht nur, wie immer wieder gern behauptet, nur die USA) vorrangiges Interesse hat – weitgehend kritiklos unterstützt. (vgl. www.carnegieendowment.org, ARAB REFORM BULLETIN, Political Islam in the Arab Press, February 2004)

Alle sich an die Öffentlichkeit wagenden Reformer setzen sich der Bedrohung durch Islamisten und Religionsführer, den Todesfatawa oder auch dem Aufruf zum Mord Osama bin Ladens auf seinen Audiokassetten aus; z. B. der Kassette vom 23.04.2006, die dazu aufruft, alle arabischen „Freidenker", von denen einige namentlich benannt werden, zu töten. Bin Laden beruft sich dabei auf das Vorbild par excellence für alle Muslime, auf den Propheten Mohammed:

„In der Tat, dies ist das Gesetz unseres Propheten gegen jeden, der den Islam verspottet, herabsetzt oder verhöhnt...Sie sollen getötet werden... Nehmt Euch ein Beispiel an Muhammad ibn Maslama und seine Gefährten (die den Dichter Ka´b ibn Al-Ashraf ermordeten)(Anm.: im Auftrag des Propheten). *Es ist unerträglich und abscheulich, daß die Häretiker unter uns leben und unsere Religion und unseren Propheten verächtlich machen... Darum mußt du Allah fürchten und seinen Willen tun. Ziehe niemanden zu Rate zur Tötung eines Häretikers. Tue das, was du tun mußt, im Geheimen."*

Nun zu den Beispielen aus dem Kreis der muslimischen Reformer, wobei ich auch einige aus nicht arabischen Ländern (Iran, Türkei, Indien) zu Wort kommen lasse. Voranstellen möchte ich dem zwei Thesen aus dem **Manifest der 12** (zitiert aus: Manifest der 12 „Gemeinsam gegen den neuen Totalitarismus", Jochen Hehn, WELT ONLINE, 02.03.2006):

„Wir lehnen den „kulturellen Relativismus" ab, der im Namen der Achtung der Kulturen und der Traditionen hinnimmt, daß den Frauen und Männern der muslimischen Kultur das Recht auf Gleichheit, Freiheit und Laizität vorenthalten wird."

„Wir weigern uns, wegen der Befürchtung, die „Islamophobie" zu fördern, auf den kritischen Geist zu verzichten. Dies ist ein verhängnisvolles Konzept, das die Kritik am Islam als Religion und die Stigmatisierung der Gläubigen durcheinanderbringt."

Turki Al-Hamad

Der saudische Reformer und ehem. Professor der Politikwissenschaften, in Saudi mehrmals inhaftiert, steht ebenfalls auf Osama bin Ladens Todesliste aus dem Jahr 2006 für arab. „Freidenker". Am 15. und 22. Februar 2008 wurde ein Interview mit ihm im Al-Arabiya TV ausgestrahlt, in dem er für die Zustände in der arabischen Welt den arabischen Intellektuellen eine Mitschuld zuweist. Er ist sehr pessimistisch in Bezug auf eine Änderung der Verhältnisse. Hier einige Auszüge aus dem Interview, das im MEMRI TV (www.memritv.org) zu sehen und in der MEMRI Special Dispatch Series No. 1868 vom 12. März 2008 nachzulesen ist:

„Ich glaube, wir haben einen Punkt erreicht, an dem alles nur noch durch Verbot geregelt wird. Alles ist verboten, es sei denn, es ist nachweislich erlaubt. Das ist das Problem der arabischen Gesellschaft und Kultur... Unsere Entwicklung ist auf eine abergläubische und unvernünftige Art und Weise rückläufig."
„Wir leben in einer Welt des Übernatürlichen, nicht in der realen Welt, die wir vollständig vernachlässigt haben." „Die sog. religiöse Erweckung hat alles von unten nach oben gekehrt. – Die Toten haben Kontrolle über das Leben gewonnen.", „Wir bewegen uns vorwärts, während unsere Augen rückwärts schauen."

„Die Schuld liegt bei dem politischen Regime. Die Schuld liegt bei dem arabischen Intellektuellen. Die Schuld liegt bei der vorherrschenden Kultur... Die herrschende Kultur stagniert. Sie erkennt die 'Anderen' nicht und will auch nicht erkennen, daß sie nur eine von vielen Kulturen auf der Welt ist. Sie betrachtet sich als die Kultur 'Nummer Eins' - als die Welt selbst. Wie es bereits ein Dichter aus der Zeit der vorislamischen Unwissenheit sagte – und ich glaube, daß wir immer noch in jener Zeit leben –, sind wir darum „ein Volk, würdig der Weltherrschaft – oder des Grabes." Wir können nicht in der Mitte zwischen diesen beiden Extremen leben, und das ist das Problem."

Ali Dashti

1896 in Dashestan (Iran) in einer schiitisch-religiösen Familie geboren und nach Familientradition an schiitisch-theologischen Theologieschulen in Kerbala und Nadschaf zum islamischen Gelehrten erzogen. Seine patriotisch-politische Ausrichtung bewog ihn jedoch, sich dem Journalismus zuzuwenden; 1922-35 war er Herausgeber der von ihm gegründeten Zeitung *Shafaq-e Sorkh* (Rote Dämmerung) und wurde 1939 als Abgeordneter ins iranische Parlament gewählt. Aufgrund seiner politischen und schriftstellerischen Tätigkeiten wurde er bereits unter dem Schah mehrmals inhaftiert und stand unter Hausarrest. Eine 1972 von ihm gehaltene Vorlesungsreihe faßte er zu einem Manuskript zusammen: *23 Jahre, Die Karriere des Propheten Muhammad*, 2007 im Alibri Verlag, Aschaffenburg, in deutscher Sprache veröffentlicht. In diesem Buch unterzieht er den Koran einer kritischen Analyse und kommt zu dem Schluß, daß der Koran nicht von Gott stamme, sondern aus Texten der Juden und Christen sowie aus mündlichen Über-lieferungen arabischer Stämme entstanden sei. Das ist nach islamischer Auffassung Apostasie! Nach der islamischen Revolution 1979 wurde Dashti trotz seines hohen Alters verhaftet und gefoltert. Ende 1981 ist er an den Folgen der Folterungen gestorben. 1972 äußert Dashti gegenüber einem Gesprächspartner:

„Ich bin in Karbala, der Hochburg der schiitischen Schulen und Gesellschaft großgeworden, und meine Familie war geprägt von Vorurteilen, Aberglauben und dogmatischer Frömmigkeit. Die von Vorurteilen besessenen Fanatiker und deren Weltanschauung habe ich an Leib und Seele erfahren. Deshalb weiß ich, was für ein Unheil der Fanatismus anrichtet, und es ist meine Pflicht, zu tun, was in meiner Macht steht, gegen dieses schmerzhafte Phänomen zu kämpfen." (Zitat aus Ali Dashti, 23 Jahre, S. 4)

Ibrahim Al-Buleihi

Islamischer Denker und Reformer aus Saudi-Arabien, Mitglied des „Saudi Shura Council", der höchsten beratenden Versammlung von Saudi-Arabien, die aus 150 vom König ernannten Mitgliedern besteht. In einem in der saudischen Tageszeitung OKAZ am 23.04.2009 veröffentlichtem Interview fordert er Selbstkritik als Voraussetzung für eine Änderung der Verhältnisse. Das vollständige Interview wurde bereits am 23.05.2006 in www.memritv.org, Clip Nr. 1174, „Terrorismus is the product of a flaw in Arab and Muslim Culture", veröffentlicht;

Auszüge sind in www.aafaqmagazine.com zu finden. Hier einige Zitate:

„... die Situation in der arabischen Welt ist traurig und schmachvoll, darum muß man zweifellos nicht nur betroffen, sondern äußerst besorgt sein... Ich habe bereits früh in meinem Leben gelernt, daß das Leben von Arabern und Muslimen von einem furchtbaren Fehler/Makel heimgesucht wird, aber ich verstand zuerst die Gründe nicht. Durch meine tiefe Besorgnis fühlte ich mich gedrängt, unsere Geschichte und Kultur in der Suche nach der Quelle dieses Fehlers/Makels grundlegend zu studieren, was mich auch dazu führte, der erfolgreichen westlichen Zivilisation Aufmerksamkeit zu widmen, beginnend mit der philosophischen Gedankenwelt der Griechen und weiter zu den politischen, sozialen, wissenschaftlichen, anthropologischen und anderen brillanten Errungenschaften des Westens. Ich kam zu der Überzeugung, daß die westliche Zivilisation außergewöhnlich und bahnbrechend, und keine Fortsetzung der früheren Zivilisationen ist: Es ist eine Zivilisation par Excellence...“

Nach Al-Buleihi ist der Individualismus die Hauptgrundlage der modernen Zivilisation, während im Gegensatz dazu die arabische Kultur die „Auflösung“ der Individualität fördert. Zu der gegenwärtigen Situation von Arabern und Muslimen sagt er:

„Ich glaube, daß die Situation der Araber und Muslime sehr schlecht ist. Der Grund hierfür ist die in sich abgeschlossene Kultur und deren Unfähigkeit, die moderne Zivilisation aufzunehmen, sich ihrer Unzulänglichkeiten auf der einen Seite und der Verdienste anderer Kulturen auf der anderen Seite bewußt zu werden.“

„...die wirkliche Frustration aber ist, daß wir uns selbst noch preisen, während wir in einer schrecklichen Lage sind, und Araber und Muslime zum Gespött der ganzen Welt geworden sind... Aber wir verkünden jetzt, daß wir innovativ sind, indem wir Köpfe abschneiden, töten, bomben – das ist das Ausmaß, in dem wir innovativ sein können. Dies ist das Hauptproblem, meine ich, daß wir nicht nur uns selbst eine Last sind, sondern der ganzen Welt. Ich glaube, daß sich die gesamte Welt wegen unserer Aktionen in einer rückläufigen Entwicklung befindet...“

„Die erste Pflicht eines Intellektuellen ist es, die arabische Kultur einer kritischen Überprüfung zu unterziehen, ihre Komponenten zu analysieren und die kulturellen Barrieren zu entdecken, die verhindern, daß wir zu Wohlstand gelangen... Der Versuch, anderen für unser Versagen die Schuld zu geben, ist eine Flucht vor der Wahrheit, eine Verfälschung der Realität, eine Irreführung der Menschen und hält die schlechten Bedingungen des Status quo aufrecht."

Al-Buleihi ruft dazu auf *„die islamische Gemeinschaft wachzurütteln, die ihr innewohnenden Kräfte zu nutzen, die sie bis jetzt – außer zerstörerisch – nicht angewandt hat."*

Ayaan Hirsi Ali

1969 in Mogadischu (Somalia) geborene Frauenrechtlerin und Politikwissenschaftlerin. Sie besuchte in Kenia eine muslimische Mädchenschule und wurde dort im orthodoxen Islam erzogen. Gegen den Willen der Eltern veranlaßte ihre Großmutter, daß sie und ihre Schwester einer Klitorisbeschneidung unterzogen wurden. Sie trug die Hidschab, den Ganzkörperschleier. Um einer Zwangsheirat zu entgehen, bat sie in den Niederlanden um Asyl. Im Laufe ihres Aufenthaltes gewann sie zunehmend Distanz zum Islam und übte öffentliche Kritik am Islam und seinem Propheten. Damit zog sie 2002 Morddrohungen aus islamistischen Kreisen auf sich und muß sich seitdem verborgen halten. Sie gehört ebenfalls zu den Unterzeichnern des *„Manifestes der 12"*. In einem Interview äußert sie:

*„Der Islam anerkennt individuelle Rechte nicht als Wert an sich an. Man unterwirft seinen Willen dem Propheten und erhält erst dadurch Rechte und Pflichten... Im Islam ist eine Unterscheidung zwischen religiösem und öffentlichem Bereich undenkbar. Alles ist im Koran und im Hadith festgeschrieben, und jede Form des Wissens, die nicht diesen beiden Büchern entspringt, ist **haram** – unrein... Jeder Schüler lernt, daß Islam die Unterwerfung unter den Willen Gottes bedeutet."* (Hirsi Ali, Die schleichende Scharia, FAZ, 04.10.2006)

Und in Übereinstimmung mit dem Sudanesen Taha:
„Wir sollten also alle mit den Menschenrechten zu vereinbarenden Bestandteile seiner (des Propheten) Lehre behalten, aber den Rest eben in seinem historischen Kontext, der arabischen Halbinsel des 7. Jahrhunderts, belassen."(ebd.)

Mahmud Muhammad Taha

1909 oder 1911 in Rufa´a (Sudan) geborener sudanesischer Gelehrter, Politiker und Sufi-Theologe, der von manchen auch als „Ghandi des Sudan" bezeichnet wurde. 1951 verkündet er das erste Mal seine Vorstellungen zu einer Erneuerung des Islam (die „zweite Botschaft"), gründet eine religiös-politische Bruderschaft (die „Republikanischen Brüder") und tritt fortan als Prediger dieser Botschaft auf. Er entwickelt eine fortschrittliche Interpretation des Koran, tritt für die Gleichstellung von Mann und Frau ein und lehnt die traditionelle Auslegung der Scharia ab. Nach seiner Darlegung sind die Suren aus der Mekka-Zeit unpolitisch und pazifistisch, im Gegensatz zu den Suren aus der Medina-Zeit. Folglich schreibt er nur den Mekka-Suren eine ethische Bedeutung und ewige Gültigkeit zu und stuft die Medina-Suren als zeitbedingt ein, die nur für das 7. Jahrhundert gültig waren, also eine rein geschichtliche Bedeutung haben. Taha versteht den Islam als ein individuell zu lebendes Glaubenskonzept, ohne religionsrechtliche Vorschriften, das Religionsfreiheit ermöglicht. Er tritt für eine friedliche Kooperation zwischen Muslimen und Christen ein. Seine Lehre war eine Provokation für die Muslimbrüder im Sudan. Auf ihren Druck hin wurde er bei einem Verfahren wegen Apostasie 1968 zum Ungläubigen erklärt. 1985 wurde er wegen seiner Überzeugungen und wegen Apostasie zum Tode verurteilt und gehenkt. (vgl. Assia Harwazinski, Die zentrale „Botschaft" des sudanesischen Reformers Mahmud Muhammad Taha in der von ihm konzipierten „Zweiten Botschaft des Islam", www.kritiknetz.de, 2008; Kahlid Duran, *Der Ghandi des Sudan*, www.muslimliga.de, 1985)

Die von ihm gegründete Bewegung ist zwar nach seinem Tod im Sudan weitgehend bedeutungslos geworden, doch durch sein 1987 ins Englische übersetzte Werk *„The Second Message of Islam"* ist sein Einfluß ungebrochen. Einer seiner Schüler, der sudanesische Menschenrechtsaktivist Abdullahi an-Na´in, unterrichtet inzwischen im US-Exil.

Turan Dursun

Der 1934 in der Türkei geborene Islamwissenschaftler arbeitete nach seiner theologischen Ausbildung als Mufti und Dorf-Imam. Er gab diese Tätigkeit auf, weil er – nach seiner eigenen Aussage – im Laufe seines intensiven Studiums geschichtlicher Dokumente den Glauben an den Islam verlor. Über seine Erkenntnisse veröffentlichte er Artikel, was ihn den Angriffen der Islamisten aussetzte. Trotz seiner bedrohten Lage äußerte er gegenüber Freunden, die ihn warnten: *„Soll ich die Wahrheit eines Tages mit in mein Grab nehmen, nur um in Frieden weiter leben zu können, oder soll ich den Tod in Kauf nehmen, um dem Volk die Wahrheit zu sagen?"* (vgl. www.turandursun.com) Turan Dursun wurde am 4. Sept. 1990 in Istanbul in der Nähe seines Hauses ermordet.

„Fesseln, welche die Freiheit des Verstandes und des Geistes einschränken, müssen gebrochen werden, besonders die „Fesseln des Glaubens in den Köpfen"... Während der Intellekt und die Wissenschaft im Licht stehen, steht Religion und Glaube in der Dunkelheit..." (ebd.)

Ibn Warraq

1946 in Indien als Muslim geboren und in pakistanischen Koranschulen erzogen, hat sich später vom Islam abgewandt. Er studierte an der Universität Edinburgh Orientalistik. Nach der gegen Salman Rushdie von Khomeini ausgesprochenen Todesfatwa (die bis heute nicht zurückgenommen worden ist), schrieb er *„Warum ich kein Muslim bin"*. Bei der Veröffentlichung dieses Buches 1995 war er Professor für britische und amerikanische Kultur in Toulouse (Frankreich). Er war Mitveranstalter des Gipfeltreffens säkularer Muslime in St. Petersburg, Florida, 2007. Um nicht das gleiche Schicksal wie Salman Rushdie zu erleiden und seine Familie zu schützen (die von seinen Veröffentlichungen nichts weiß), nahm er das Pseudonym „Ibn Warraq" an. Wegen Apostasie steht er auf mehreren Todeslisten.

In seinen Veröffentlichungen kritisiert er offen den Islam und die wörtliche Auslegung des Koran. Den westlichen Intellektuellen wirft er vor, nicht in der Lage zu sein, das kostbare Gut der Freiheit zu verteidigen. Er fordert den „Kalten Krieg" der Aufgeklärten gegen den Islam und hält dessen Unterscheidung vom Islamismus für irreführend,

weil der Islam keine friedliche Religion sei:
„Es gibt natürlich gemäßigte, tolerante Muslime. Am tolerantesten sind die weniger gebildeten, die nicht genau wissen, was im Koran steht, weil sie das schwierige Arabisch nicht lesen können. Intoleranter sind die, die gebildet sind oder zumindest in der Lage, den Koran zu lesen. Denn die nehmen ihn dann oft wörtlich."

„Man muß auf der strikten Trennung von Staat und Religion bestehen. Darauf, daß alle Menschen vor dem Rechtssystem gleich sind. Die Muslime müssen akzeptieren, daß Religion eine Privatsache ist. Sie müssen den Wunsch aufgeben, die Scharia anzuwenden. Sobald die Religion aus der öffentlichen Sphäre genommen wird, hat man die Möglichkeit zu Kompromissen. Aber die Religion ist eine unverhandelbare, absolute Forderung (des Islam)." (aus: Interview mit Ibn Warraq, „Auf Korankritik reagieren viele Muslime hysterisch", www.qantara.de, 2007)

Ali Sina

Im Iran aufgewachsener und in Pakistan und Italien erzogener Islamkritiker, der heute in Canada lebt. Wegen Morddrohungen von islamistischer Seite arbeitet er unter dem Pseudonym „Ali Sina". Er ist Gründer von *„Faith Freedom International"*, einer säkularistischen Webseite, auf der der Islam kritisch diskutiert wird, und hat eine Psychographie über den Propheten Mohammed geschrieben. Nach seiner Meinung ist der Islam nicht reformierbar; der einzige Weg, ihn zu reformieren, sei, den Koran wegzuwerfen. In einem Interview mit der *Jerusalem Post* sagt er weiter:

„Im Westen fragen die Leute, ob der Islam eine Reformation wie die der Christenheit durchmachen kann. Das ist eine Parallele, die nicht paßt. In der Christenheit mußte nicht die Religion reformiert werden, sondern die Kirche; was Jesus predigte war gut...
Im Islam ist nicht die Gemeinschaft, sondern die Religion schlecht. Im Islam gibt es nichts wie 'Wer sich ohne Schuld fühlt, der werfe den ersten Stein.' Der Islam ist voller Haß, und der Haß ist in Muhammad selbst..."
(Ali Sina, Muslim Mindset: 'The hatred is in Muhammad himself', Jerusalem Post, 19.06.2008)

Sayyed Al-Qimni

Der 1947 in Ägypten geborene Historiker und Philosoph unterstützt eine historische Lesart des Korans und fordert Reformen in der heutigen islamischen Glaubenspraxis. Er fordert eine Entschuldigung von muslimischer Seite für alles das, was die frühen Glaubenskämpfer den Ländern angetan haben, in die sie nach ihrem Aufbruch von der arabischen Halbinsel eingefallen sind, wobei er insbesondere auch sein Heimatland Ägypten anführt. (vgl. www.facebook.com, Sayyed Al-Qimni) In einer Debatte im Al-Jazeerah Radio zwischen ihm und einem radikalen Islamisten, sagte Al-Qimni: *„Wir sind am Grunde eines Meeres der Dunkelheit, weil wir unseren Kindern in der Schule nur islamische Religion und arabische Sprache lehren."* Nach seiner Meinung produziert das Erziehungscurriculum muslimischer Länder Terroristen. (ebd.; www.memritv, Clip Nr. 1513, 10.07.2007, Archiv)

Nachdem er vom ägypt. Kulturministerium 2009 den Preis für Leistungen in den Sozialwissenschaften erhalten hatte, kam es zu einer Justiz- und Medienkampagne, in der die Aberkennung des Preises und der Tod Al-Qimnis gefordert wurde. Angeführt wurde die Kampagne u.a. von der ägypt. Muslimbruderschaft, von den Gelehrten der Al-Azhar Universität, der fundamentalistischen Salafi-Gruppe und von Scheichs in 5.000 Moscheen, die anläßlich der Freitagspredigt diese Forderung öffentlich machten. (vgl. UNITY, Death Threats to Sayyid Al-Qimni, Egyptian historian and thinker, www.unity1.wordpress.com) Der Vorstand der ägypt. Fatawa-Institution, der oberste Mufti Dr. Ali Gomaa, erließ eine Fatwa gegen ihn:

„Die Muslime (glauben) einmütig, daß sich jeder, der den Propheten verflucht oder den Islam verleumdet, sich selbst aus der islamischen Gemeinschaft und der Muslime entfernt und damit Bestrafung in dieser Welt und Peinigung in der kommenden Welt verdient... Die Aussagen (in Al-Qimni's Artikeln), wie sie von dem (Individuum), das die Fatwa anforderte, zitiert wurden, sind häretisch, ganz egal, von wem sie geschrieben wurden; durch sie ist ihr Autor kein Mitglied der islamischen Gemeinschaft mehr... und sie stellen (auch) ein Verbrechen gemäß Artikel 98 des (Ägyptischen) Strafgesetzbuches dar..." (vgl. Al-Qimni, http://en.wikipedia.org)

Aufgrund der massiven Bedrohungen schwor Al-Qimni, der bis dahin eine wöchentliche Kolumne in der ägypt. Zeitschrift *Roz Al-Yousef* herausgab, all seinen Schriften öffentlich ab. Ausschlaggebend war die letzte per E-Mail eingegangene Todesdrohung einer Untergruppe des ägyptischen *Jihad* mit dem Inhalt: *"Fünf Brüder des Jihad stehen bereit, deinen Kopf zu holen, falls du nicht bereust und zum Islam zurückkehrst."* Die Alternative wäre ein Untertauchen im Westen gewesen oder das Schicksal seines Landsmannes Faraj Fouda zu teilen, der Anfang der 90iger einem Attentat zum Opfer fiel, oder auch das des Literatur-Nobelträgers Nagib Mahfuz, der 1996 ein Attentat knapp überlebte. (vgl. Neue Zürcher Zeitung, Ein arabischer Denker widerruft seine Thesen, www.nzz.ch, 09.09.2005) 10 Tage, nachdem Al-Qimni seinen Schriften abgeschworen hatte, erhielt er eine weitere Botschaft des ägyptischen *Jihad*, damit hätte er sich ein ähnliches Schicksal wie dem des stellvertretenden Herausgebers der Tageszeitung *Al-Ahram*, Ridha Hillal, erspart. Ridha Hillal ist seit August 2003 verschwunden. (vgl. Arab Intellectuals: Under Threat by Islamists, MEMRI Inquiry & Analysis Series Report No. 254, 23.11.2005)

Ägyptische Liberale riefen die Regierung auf, Al-Qimni gegen die Anschuldigung der Häresie zu verteidigen. Menschenrechtler, Akademiker und Journalisten sammelten Unterschriften für eine Petition; im Internet findet man unter www.unity1.wordpress.com sowie auf der Koptischen Webseite „ME Transparent" einen Solidaritätsaufruf und „Appeal to the World´s Conscience" („Appell an das Gewissen der Welt") des ägypt. Autoren und Forschers Dr. Sayed Mahmoud El Qemnany, der selbst Morddrohungen ausgesetzt ist. Der Direktor des Al-Arabiya TV, Abd Al-Rahman Al-Rashed, kritisierte am 21.07.2005 in der Tageszeitung *Al-Sharq Al-Awsat* (London) das Verhalten der arabischen Gesellschaft:

„Solange es die (arabische) Gesellschaft nicht fertig bringt, sich gegen Einschüchterung, Häresie- und Verratsanklagen und gegen direkte Bedrohungen zu solidarisieren – werden viele Leute wie Sayyed Al-Qimni ihren Rückzug erklären. Diejenigen, die sich darüber freuen, daß ein Intellektueller wie Al-Qimni den Schauplatz verläßt, öffnen die (Tore

der) Hölle für sich. Wie wir gesehen haben, verschonen diese Drohungen keinen Bereich. Sie haben die höchsten Ebenen und sogar ranghohe Kleriker und führende islamische Denker erreicht, weil hinter jedem Radikalen ein noch Radikalerer steht." (zitiert in: Arab Intellectuals: Under Threat by Islamists, MEMRI Inquiry & Analysis Series Report No. 254, 23.11.2005)

Und der Reformer Ahmad Al-Baghdadi äußerte in der *Al-Siyassa* (Kuwait) am 20.07.2005:

„Der Terror gegen Dr. Al-Qimni und andere offenbart den intellektuellen Bankrott der religiösen Gruppen, und den kulturellen Bankrott der arabischen Regierungssysteme und der arabischen Menschen. Bei Allah, der Westen sollte nicht dafür verdammt werden, daß er glaubt, jeder Muslim sei ein Terrorist, wenn er all diese schändlichen Taten sieht und die Muslime sich dazu so still wie die Toten verhalten..." (ebd.)

Abdelwahab Meddeb
1946 in Tunis als Sohn eines hohen islamischen Theologen geborener Islamkritiker. Er studierte in Paris Literatur und Kunstgeschichte und lehrt heute als Professor für vergleichende Literatur an der Universität von Nanterre.

In einem Interview bezeichnet er den Zustand des Islam als *„krank"*, und um zu gesunden und seinem eigenen Fluch zu entrinnen, *„wird er sich auf einem post-islamischen Terrain einrichten müssen, das geschichtlich auf gleicher Höhe liegt wie die Lebenswelten von Juden und Christen."* (vgl. Die Gewalt neutralisieren, Neue Zürcher Zeitung, www.nzz.ch, 30.07.2008) Sein 2002 veröffentlichtes Buch *„Die Krankheit des Islam"* ist ein Plädoyer für eine historische Lesart des Korans. Nach der Reaktion der islamischen Welt auf die Vorlesung Pabst Benedikts XVI an der Universität Regensburg vom 12.09.2006 äußerte Meddeb: *„Er darf keinesfalls den Disput abmildern und sich einschüchtern lassen. Er hat sich bereits zu sehr entschuldigt."* (ZEIT-Interview, 21.09.2006)

Nach Aussage von Saida Keller-Messahli, Präsidentin des Schweizer „Forums für einen fortschrittlichen Islam" in einem Interview vom 16.10.2007 („Intellektuelle im Islam: Wer sich kritisch äußert, lebt gefährlich") muß sich Meddeb inzwischen wegen Todesdrohungen ständig verborgen halten.

Ahmad Al-Baghdadi

Al-Baghdadi war an der Universität in Kuwait Vorsitzender des politikwissenschaftlichen Faches und Experte für islamisches Recht und Geschichte. 1996 veröffentlichte er in der Studentenzeitung *Al-Shoula* einen Aufsatz mit dem Titel „*An Opportunity to Solve the Oppression of Backwardness*", der ihm 1999 eine Gefängnisstrafe wegen Beleidigung und Diffamierung von Gottes Propheten eintrug. Grundlage war der Artikel 111 des Strafgesetzes von Kuwait. Der Emir von Kuwait begnadigte ihn jedoch. 2004 rief er wieder eine Kontroverse hervor, als er einen Erlaß des Kuwaitischen Erziehungsministeriums kritisierte, der mehr Zeit für islamische Studien und das Auswendiglernen des Korans auch an privaten Schulen forderte. Al-Baghdadi:

„*Ich bin Elternteil eines Kindes, das die Englische Schule besucht... Ich möchte nicht, daß meinem Sohn von Ignoranten beigebracht wird, Frauen und Nicht-Muslime zu verachten. Ich möchte nicht, daß diejenigen, die für die Festsetzung des nicht-pädagogischen Lehrplans verantwortlich und in beider Hinsicht, erkenntnismäßig wie intellektuell, rückständig sind, den Kopf meines Sohnes mit alten Geschichten von Dämonen anfüllen... Ich möchte nicht, daß er in der Zukunft auf dem Weg eines intellektuellen oder tatsächlichen Terroristen endet.*" (zitiert aus: www.aafaqmagazine.com, 04.10.2007)

Im gleichen Jahr veröffentlichte er Artikel in der Kuwaitischen Tageszeitung *Al-Siyassa*, in denen er die Vorzüge des Säkularismus pries: „*Muslime haben so lange keine Zukunft, solange sie sich dem religiösen Denken unterwerfen.*" (vgl. www.centerforinquiry.net, Muslim Reformers, Dino from the Sands with Ibn Warraq, 03.11.2009) Al-Baghdadi wurde daraufhin von Islamisten verklagt und im Jahr 2005 wegen Mißachtung des Islam zu drei Jahren Bewährung und $6800

Kaution verurteilt, bei Androhung einer einjährigen Gefängnisstrafe, wenn er die Bewährungauflagen verletzen würde.

Nach diesem Urteil bat er um politisches Asyl im Westen, mit der 2004 in der *Al-Siyassa* veröffentlichten Begründung: *„Dies ist nicht aus Haß auf mein Land, sondern aus Abscheu vor seinen tyrannischen Gesetzen, die nicht davor zurückscheuen, einen jeden, der seine Meinung frei äußert, ins Gefängnis zu werfen, selbst wenn sie nichts mit Religion zu tun hat."* Er gab zugleich bekannt, daß er seine schriftstellerische Tätigkeit in Kuwait einstellen würde, denn *„ich habe keine andere Waffe, als meine Schreibfeder, die das Gesetz zerbrochen hat; darum habe ich keine andere Alternative, als aufzugeben..."* (zitiert aus: www.aafaqmagazine.com, 10.04.2007)

Ibtihal Abd Al-Aziz Al-Khatib

Liberale schiitische Reformerin aus Kuwait, die im August 2008 bekanntgab, daß sie wegen ihrer Kritik an der Hisbollah und ihres Eintretens für einen säkularen Staat in Kuwait und in der gesamten islamischen Welt Todesdrohungen erhalten habe. In einem Interview sagte sie:

„Alles, was ich sage, ist, daß man diese (zutiefst islamischen) Texte nicht für den Aufbau eines modernen Staates verwenden kann. Ich behaupte, daß dies unmöglich ist, weil es viele verschiedene Wege gibt, um diese Texte zu verstehen. Zudem leben in modernen Ländern nicht nur Muslime. Man kann ein Land nicht nur auf Grundlage des Islam aufbauen und die Angehörigen anderer Religionen ausschließen. Ich wünsche mir einen Staat, der nicht auf Religion gegründet ist – einen Zivilstaat. Aber eine Voraussetzung ist, daß Menschen, die ihre Religion ausüben wollen, geschützt werden... Säkularismus schützt die Rechte von Minderheiten und die religiösen Rechte..."

„Mir ist sehr viel Wut begegnet, weil ich eine sog. religiöse Partei kritisierte. Meiner Meinung nach warten die islamischen und arabischen Menschen immer noch auf einen Retter. Wir warten ständig auf einen Helden – eine Person, die kommt und uns rettet aus unserem Ruin und Verfall. Man kann in der politischen Geschichte von Arabern und Muslimen studieren, daß wir an gewissen Führern festhalten und ihnen

folgen, ohne die Konsequenzen zu bedenken." (vgl. MEMRI Clip No. 1720, 14.03.2008, Archiv; Muslim Reformers, Dino from the Sands with Ibn Warraq, www.centerforinquiry.net, 17.11.2009)

Abdulkarim Sorush

1945 im Iran geborener islamischer Rechtswissenschaftler und Philosoph. Er studierte in London und Oxford u. a. auch Wissenschaftstheorie und Philosophie, in der letzteren beschäftigte er sich mit den Theorien von Popper, Hegel und Kant. Obwohl er 1980 zunächst in Khomeinis Stab der „Kulturrevolution" mitarbeitete, distanzierte er sich ab 1983 zunehmend und nahm offen eine kritische Haltung zu dem Regime ein. Der Koran ist für ihn interpretierbar, denn nach seiner Auffassung sind die Erkenntnisse des Menschen wandelbar, weil sie von der Zeit und dem Stand der Wissenschaft abhängen. Für ihn ist nicht Allah, sondern der Prophet Mohammed der Autor des Korans. So sieht er auch Aussagen des Koran durch das Lebensumfeld und den Charakter des Propheten Mohammed geprägt sowie durch dessen zeitbedingtes Wissen begrenzt und fehlbar. Auch die körperlichen Strafen der Scharia sind für ihn ein Produkt der Zeit Mohammeds und nicht in die heutige Zeit übertragbar. Sorush widerspricht dem islamischen Gebot der Unterordnung, das die Verletzung individueller Rechte zum Wohle der islamischen Gemeinschaft (*Umma*) erlaubt. Er tritt für die Menschenrechte als Gebot der menschlichen Vernunft ein, die nicht im Widerspruch zur Religion oder Allah ständen, weil Allah nicht Unvernünftiges wollen könne. Mit diesen Thesen steht er natürlich im Widerspruch zu der geistlichen Führung der islam. Republik und wird heftig wegen seiner apostatischen Äußerungen angegriffen. Sorush darf nicht mehr im Iran lehren, hat dafür jedoch Gastprofessuren an westlichen Universitäten angeboten bekommen. Kritiker wie Freunde haben ihn bereits den „Martin Luther des Islam" genannt.

Iyad Jamal Al-Din

1961 in Najaf (Irak) geborener schiitischer Religionsgelehrter und Säkularist. 2005 wurde er unter Premierminister Ayad Alawi ins irakische Parlament gewählt, trat jedoch 2009 aus Protest gegen die Annäherung Alawis an den Iran zurück. Er leitet jetzt die „Ahrar Partei" für die Wahlen 2010; sein Ziel ist die Ausmerzung der Korruption und ein starker, sicherer und befreiter Irak. Er überlebte mehrere Attentate und wurde wegen seines Engagements zeitweise ins syrische und iranische Exil verbannt. (vgl. Al-Din, http://en.wikipedia.org) Er spricht sich für einen säkularen, demokratischen Irak aus, glaubt aber, *„Demokratie kann in unserer Region nur durch Gewalt eingerichtet werden"*, und daß hierfür der Einsatz der USA notwendig war: *„Wir sind wie ein Kind, daß in einem Käfig geboren wurde – Amerika brach den Käfig auf, aber der Vogel hat das Fliegen nicht gelernt."* (ebd.) Um diesen Prozeß der Demokratisierung des Irak zu unterstützen, richtete Al-Din 2006 die „MEMRI *Reformist Lecture Series*" ein und arbeitet im *„Iraqi National Reconciliation Committee"* mit, dem nationalen Versöhnungsausschuß. (vgl. Iyad Jamal Al-Din, www.aafaqmagazine.com, 25.02.2008)

In einer Diskussion, ausgestrahlt im Al-Arabiya TV (Dubai) am 10.10.2005 und im Al-Tayhaa TV (Irak) am 30.11.2005, nimmt er Stellung zur Demokratie im Islam und zur Interpretation des Islam. Ein Video der Diskussion ist mit englischen Untertiteln abrufbar unter: www.spike.com/video/iyad-jamal-al-din/2719562.

„Ich glaube, daß meine Freiheit als Schiit und als religiöser Mensch niemals vollständig sein wird, wenn ich nicht auch die Freiheit der Sunni, Christen, Juden, Sabai oder Yazidi beschütze. Wir werden nicht imstande sein, die Freiheit der Moschee zu bewahren, wenn wir nicht auch die Freiheit von Vergnügungsstätten schützen."
(zitiert aus: Al-Din, www.aafaqmagazine.com, 25.02.2008)

„Freiheit ist ein Wille im Individuum, und leider ist dieses wunderbare und schöne Individuum in unseren Ländern durch die betrügerische islamische Kultur entstellt worden." (ebd.)

Es sind diese Menschen, die mir Hoffnung geben auf eine Zukunft für die arabische und muslimische Welt – wenn auch der Weg noch lang sein wird, sehr lang...

Ma´a salamah,
Regina

X. DIE ARABER – VERSUCH EINER ANALYSE

März 2010

1.   Zur Lage der arabischen Staaten

Abschließend möchte ich noch einmal einen Blick auf die Lage der arabischen Staaten werfen und hierfür die *Arab Human Development Reports* (AHDR) als Grundlage hinzuziehen. Diese Berichte wurden das erste Mal 2002 unter der Schirmherrschaft der Vereinten Nationen (UN) herausgegeben, sie sind jedoch weder ein offizielles Dokument der UN, noch stellen sie die offizielle Sichtweise der UN dar. Sie werden von einem Team unabhängiger, arabischer Wissenschaftler aus Theorie und Praxis erstellt.

Die Untersuchungen zu dem AHDR 2009 bestätigen die These, zu der auch meine Analysen kommen: Die arabischen Länder haben einen hohen Bedarf an Reformen. Diese Reformen können jedoch nach meiner Überzeugung nur in und von den arabischen Ländern selbst herbeigeführt und nicht vom Westen einfach importiert oder aufgezwungen werden.

Der AHDR 2009 stellt fest, daß sich die Situation der Menschen in den arabischen Ländern seit Veröffentlichung des ersten AHDR 2002 nicht verbessert hat. Sie hat sich im Gegenteil noch verschlechtert, insbesondere hinsichtlich der Rechtslage der einzelnen Bürger, der medizinische Versorgung, der   Bildungschancen für alle* sowie der unverändert schlechte Situation der Frauen. *(*Nach AHDR 2004, S. 10, waren im Jahr 2002 ein Drittel der Männer und die Hälfte der Frauen Analphabeten)* In den meisten arabischen Ländern hat sich die soziale Ausgrenzung und die ungleiche Verteilung des Reichtums für einen großen Teil der Bevölkerung weiter verschärft. Die Konzentration von Land und Vermögen auf eine kleine Bevölkerungsgruppe ist auffallend, was das Gefühl des Ausschlusses von den Ressourcen eines Landes bei den unterprivilegierten Gruppen der Länder noch verschärft. Das produzierende Gewerbe ist nach wie vor unzureichend entwickelt und die ohnehin schwache Industrialisierung ist noch geringer als vor vier Jahrzehnten geworden, was sich in einem mangelhaften und instabilen Wirtschaftswachstum wiederspiegelt (Ausnahme: Dubai).

Die ölproduzierenden arabischen Länder verlassen sich weiterhin auf diesen Rohstoff als einzigen Wirtschaftsfaktor (Ausnahme: Dubai), der sie extrem abhängig von der jeweiligen Entwicklung auf den Weltmärkten macht. Sie haben es versäumt, ihre Ausbildungsqualität zu erhöhen, ihre Wissensaktiva (knowledge assets) zu nutzen, lokale Innovationen anzuregen und mehr Gewicht auf technologische Entwicklungsmodelle zu legen. Die Folge ist ein Mangel an Arbeits- plätzen, der in besonderem Maße die Jugend trifft, die in den arabischen Ländern ca. 20.62 % der Bevölkerung stellt (vgl. AUB, Youth and Development in the Arab World, Jad Chaaban, 26.02.2007). Die Jugendarbeitslosigkeit in den arabischen Ländern ist die höchste der Welt! Aus dieser Situation folgt eine zunehmende Verarmung weiter Bevölkerungsschichten und Slum-Entwicklung besonders in den Städten.

Zu Armut und Slums in der arabischen Welt fallen mir die Bilder von den sog. palästinensischen „Flüchtlingslagern" im Gaza-Streifen oder Libanon ein, die immer wieder gern in unseren deutschen Medien gezeigt werden, um auf das „von den Israelis verursachte Elend" hinzuweisen. Viele Araber würden sich darüber wahrscheinlich sehr wundern, denn was diese Bilder zeigen, ist ganz normales Leben und Wohnen in der arabischen Welt – und es ist noch nicht einmal der schlechteste Wohnstandard! Auch ich habe einmal in einem solchen Wohnviertel in Saudi-Arabien gewohnt, ohne daß ich das als ungewöhnlich für das Land empfunden hätte. Wenn jetzt im Westjordan- land sogar eine neue, vom Golfstaat Qatar finanzierte Stadt für die Palästinenser gebaut wird (wie ich am 31.01. in einer ZDF- Dokumentation sehen konnte), so würde manchem der wirklich armen arabischen Menschen die Augen übergehen. Von einer Förderung, wie sie die Palästinenser aus den Golfstaaten, dem Iran und massiv aus westlichen Ländern – von den *Kafir*, den Ungläubigen – erhalten, können sie nur träumen!

Aber auch hier ist exemplarisch die allgemeine am Anfang beschriebene Lage der arabischen Länder zu studieren: Woher auch immer die Gelder eingenommen werden, sie kommen dem größten Teil der Bevölkerung nicht zugute, werden weder dazu eingesetzt, ein Wirtschaftsleben zu stimulieren, noch dazu, der arabischen Jugend eine gute Ausbildung und damit Zukunftschancen zu vermitteln. Stattdessen versickern die Einnahmen unkontrollierbar im Gaza-Streifen bei der Hamas, im Westjordanland bei der Fatah und bei den ölfördernden Ländern in den Portefeuilles der herrschenden Familien-Clans. Die Korruption zieht sich durch alle Strukturen der Länder.

Fast alle arabischen Länder haben sich zwar nach dem II. Weltkrieg und dem Rückzug der europäischen Mächte eine Verfassung gegeben, deren Bestimmungen sind aber in der Regel in Familien-, Erb- und teilweise auch Strafrecht durch die Scharia aufgehoben, und in Bezug auf freie Meinungsäußerung und Parteienbildung sind die verfassungsmäßigen Rechte der Bürger durch entgegenwirkende Gesetze entweder eingeschränkt oder auch ganz aufgehoben worden. Dort, wo es bereits Parlamente gibt, haben diese weder Einblick und Kontrolle noch Entscheidungsbefugnisse über die Geldflüsse. Sie sind eben in der Regel wie traditionelle arabische *Majlis* zu betrachten, das heißt sie sind nur beratende Versammlungen.

Die hier geschilderten Zustände in den arabischen Ländern haben die Akzeptanz des Staates seitens seiner Bürger weiterhin abnehmen lassen und seine Legitimität wird von vielen bezweifelt; ein politisches Vakuum, das durch militante politische und religiöse (islamistische) Gruppen gefüllt wird, die den benachteiligten Menschen soziale Hilfestellungen bieten und inzwischen bei ihnen höhere Glaubwürdigkeit als die Regierungen genießen. Der Ruf nach Staatsreformen und Bürgerrechten ist lauter geworden, insbesondere was das Recht auf Selbstbestimmung, die Einhaltung der Menschenrechte, die Religions-freiheit, den Parteienpluralismus und intakte parlamentarische Systeme betrifft. Ebenso wird die Abschaffung des Kriegsrechts, der Notstands-gesetze und –gerichte sowie von Folter und eine Reform der Legislative als auch die volle Herstellung und Ausübung von Rechtstaatlichkeit gefordert. (vgl. AHDR 2009, S. 7) Bis auf die Forderung nach Religionsfreiheit sind sich hierbei die meisten islamistischen politischen Gruppen einerseits und die liberalen, säkularen Reformer weitgehend einig, wenn auch die Wege dorthin und vor allem die religiösen Ziele diametral entgegengesetzt zueinander sind.

Viele Organisationen der arabischen bürgerlichen Gesellschaften nahmen das Arabische Gipfeltreffen im Mai 2004 in Tunis zum Anlaß, während einer von ihnen einberufenen Konferenz in Beirut im März 2004 den Ruf nach Reformen zu verstärken. Die Initiative kam vom Kairo Institut für Human Rights Studies, von Human Rights Watch und der palästinensischen Menschenrechtsorganisation. 52 Organisationen aus 13 arabischen Ländern nahmen teil und verfaßten eine Abschlußerklärung, die „Second Declaration of Independence" („Zweite Unabhängigkeitserklärung"), die folgende Forderungen an die arabischen Regierungen stellt (AHDR 2009, S. 72):

- Die Achtung der Selbstbestimmung aller Menschen.
- Die Einhaltung der Menschenrechte, unter Zurückweisung aller auf kulturellem Partikularismus und der Manipulation von Nationalismus basierenden Interpretationen.
- Die Zurückweisung der Fragmentierung von Menschenrechten u. die vorrangige Behandlung gewisser Kategorien von Rechten vor anderen Rechten.
- Die Tolerierung unterschiedlicher Religionen und Denkschulen.
- Die Einrichtung eines rechtmäßigen parlamentarischen Systems.
- Die rechtmäßige Eingliederung von Garantien in den arabischen Verfassungen für politischen und intellektuellen Pluralismus.
- Die Zurückweisung von Gewalt im politischen Leben.
- Keine Ausrufung des Notstands, außer im Fall von Krieg oder Naturkatastrophen.

Diese Punkte weisen daraufhin, woran es in den arabischen Ländern nach Auffassung dieser Organisationen mangelt. Zu dem letzten Punkt muß man anmerken, daß viele arabische Länder lange Zeiträume über mit Notstandsbestimmungen regiert haben bzw. es bis heute tun, wie zum Beispiel Palästina seit 2007, der Sudan seit 2005 in Darfur und seit 2008 im ganzen Land, Irak seit 2004, Algerien seit 1992, Ägypten seit

1981, Syrien seit 1963. (AHDR 2009, S. 61, Tabelle 3-1) Man kann sich des Verdachts nicht erwehren, daß es den Regierungen in diesen Fällen in erster Linie darum geht, Grundrechte auszuhebeln und die Regierenden von konstitutionellen Einschränkungen zu befreien. Es gibt keine Gewaltenteilung, die Unabhängigkeit der Justiz ist nicht gewährleistet und die Legislative mangelhaft ausgestattet. Da die Sicherheits- und Militärkräfte ausschließlich der Regierung bzw. dem Staatsoberhaupt unterstehen und nur ihr bzw. ihm rechenschaftspflichtig sind, haben die arab. Parlamente – ganz zu schweigen von der Justiz – keinerlei Kontrollmöglichkeiten. Das Parlament ist folglich keine Vertretung der Bevölkerung, sondern nur ein Anhängsel der Exekutive. Den Sicherheitskräften werden dadurch weite Spielräume auf Kosten der bürgerlichen Freiheiten, der Grundrechte und der freien Meinungs-äußerung eingeräumt. (vgl. AHDR 2009, S. 64, Box 3-5)

Die Verfasser des AHDR 2009 bezeichnen den modernen arabischen Staat mit einem Begriff aus der Astronomie: den „black-hole" Staat, weil der vom jeweiligen Staatsoberhaupt beherrschte exekutive Apparat eines Landes das gesamte soziale Umfeld in einer Weise beeinflußt und verändert, daß sich nichts mehr bewegen und nichts mehr entkommen kann, kurz gesagt: Es fließt viel hinein, aber es kommt nichts wieder heraus. (vgl. AHDR 2009, S. 15)

Eines der Hauptprobleme ist der Umgang mit den islamistischen politischen Bewegungen, die oft vom Regierungsoberhaupt oder Monarchen als Vorwand genommen werden, politische und zivile Rechte weiter einzuschränken (s. Beispiel Ägypten), was diesen Bewegungen wiederum mehr Zulauf bringt. Die Wahlsiege islamistischer Gruppen in den letzten Jahren haben demokratische Reformbemühungen zurück-geworfen, weil die Reformen von den islamistischen Gruppen benutzt werden, ihren Zielen durch demokratisch legitimierten Machterwerb näher zu kommen. Nach Auffassung der Autoren wäre zwar die aussichtsreichste Lösung, diese Gruppen in die gesetzliche politische Arbeit einzubinden (vgl. AHDR 2009, S. 63), am Beispiel Libanon wird m. E. jedoch sichtbar, wie trügerisch diese Lösung sein kann. Konzessionen werden von den islamistischen Gruppen (in diesem Fall der Hisbollah) genutzt, um demokratische Strukturen zu unterlaufen oder gar auszuhöhlen. Das Ziel, den islamischen Gottesstaat einzu-richten, wird nur scheinbar aufgegeben – *Taqiyya**. Andererseits läßt die Furcht vor Islamisierung die Regierungen weiteren Abstand von Reformen nehmen, und veranlaßt westliche Länder dazu, weniger Druck auf sie auszuüben.

(*Taqqiya / Täuschung bezieht sich auf den Propheten Muhammed: In gewissen Situationen, wie z. B. im Krieg gegen Nicht-Muslime oder bei der Da´wa (Missionierung), solange Muslime in der Minderheit sind, ist Taqiyya für Muslime nicht nur erlaubt, sondern sogar verpflichtend. Wenn es für die Verbreitung des Islam nötig erscheint, ist es den Muslimen erlaubt, Freundschaft und Loyalität gegenüber Nicht-Muslimen vorzutäuschen: „Wir grinsen ins Gesicht mancher Leute, während unsere Herzen sie verfluchen." (Abu Darda, Gefährte Mohammeds, zitiert aus: www.meforum.org/2538/taqiyya-islam-rules-of-war, Raymond Ibrahim, 2010). *Der ägypt. Kleriker Mahmoud al-Masri nennt es einen „beautiful trick"/"hervorragenden Trick", einen Ungläubigen auf diese Weise zum Islam zu bekehren.* (MEMRI, Video-Clip Nr. 2268, 10.08.2009))*

Diese Entwicklung wird auch sichtbar an den Communiqués der arab. Gipfeltreffen. Die Resolution des Gipfeltreffens von 2004 beschäftigte sich noch mit der Zivilgesellschaft, Frauen- und Menschenrechten und der Ratifizierung der Arabischen Charter für Menschenrechte. Auf den folgenden Gipfeltreffen ging es in erster Linie nur noch um Sicherheit und die Arabische Identität. (vgl. AHDR 2009, S. 76)

Regierungen, die von ihren Bürgern als „schlecht" empfunden werden, rufen jedoch Widerstand hervor. Die Bürger verbinden sich nicht mehr mit dem Staat. Dies ist das politische Vakuum, das von den militanten politischen und religiösen Gruppen genutzt wird. Sie versprechen den Menschen das, war der Staat ihnen verweigert. Eine „gute" Regierung kann jedoch nach Bahiya Al-Hariri, libanesischer Erziehungsminister 2008, nur dort existieren, *„wo Individuen frei sind, einen Sozialvertrag bezüglich des Rahmens zu entwerfen, der ihnen Freiheit und Stabilität garantiert, und solch ein Staat kann seinerseits Sicherheit und Stabilität* *nur garantieren, wenn er die Grundlage für eine Umgebung schafft, die ihrerseits Sicherheit und Stabilität garantiert..."*

Al-Hariri zieht aus den Ereignissen im Libanon eine Lehre, die für ihn grundlegend ist, um den Menschen Sicherheit und Schutz zu bieten:

„Dies bedeutet nicht weniger als die Erkenntnis, daß Araber menschliche Wesen sind, mit ihren verfassungsgemäßen Bestandteilen/ Pflichten, Fähigkeiten und Bedürfnissen. Es stellt den größten Verstoß gegen die Menschlichkeit dar, wenn man Menschen unter falschen Vorannahmen in Bezug darauf behandelt, was sie sein sollen, was sie haben sollen und was sie brauchen würden, während andererseits die Restaurierung derselben falschen Vorannahmen bedeutet, diese Menschen und ihre Fähigkeiten, so wie sie sind, im Voraus zu verdammen. Dieses Phänomen ist vielleicht die Hauptursache für Extremismus, Fanatismus..." (AHDR 2009, S. 55, Box 3-1)

Die meisten arabischen Staaten haben die internationalen Charten und Abkommen hinsichtlich der Menschenrechte zwar anerkannt, aber nicht umgesetzt. Nur allzu oft kann man sich des Eindrucks nicht erwehren, daß sie internationale Abkommen nur übernehmen, um ihr internationales Image zu verbessern. (vgl. ADHR 2004, S. 108, Table 4-1) Zum Beispiel wurde die *„Convention on the Elimination of All Forms of Discrimination against Women (CEDAW)"* (*„Abkommen zur Beseitigung aller Arten der Diskriminierung von Frauen"*) von den meisten arabischen Staaten unterzeichnet und ratifiziert, jedoch haben die arabischen Staaten – bis auf die Komoren, Djibouti und Marokko – Vorbehaltsklauseln bei einigen Artikeln eingefügt, da das Abkommen im Widerspruch zur Scharia stehen würde. In den betreffenden Artikeln geht es insbesondere um die Gleichheit von Mann und Frau sowie um Frauenrechte im inner- und außerfamiliären Bereich. (vgl. AHDR 2009, S. 84, Table 4-3) Nicht einmal die von den arabischen Staaten 2004 revidierte Version der Arabischen Charta der Menschenrechte wurde von allen arabischen Ländern bisher ratifiziert. Zudem weist sie eine gravierende Einschränkung auf, nämlich daß die Menschenrechte dort ihre Grenze haben, wo sie mit der Scharia kollidieren: Die Scharia geht vor Menschenrechte! Das entwertet aber die wesentlichen Bestandteile der Internationalen Charta für Menschenrechte.

„Die arabische Welt mit ihren Öl- und anderen Zentren muß sich erst noch an die Erfordernisse der Globalisation anpassen. Der Bau von Wolkenkratzern, modernen Flughäfen und der Besitz von Luxus-karosserien sind nur das bloße Äußere von wirtschaftlicher Modernität, aber nicht ihr (schlagendes) Herz. Das liegt in den Wissenschaften, in den Kenntnissen und in technologischer Innovation. " (Georges Corm, früherer libanesischer Finanzminister, AHDR 2009, S. 198, Box 9-3)

Wenn das „schlagende Herz" der wirtschaftlichen Modernität nach Georges Corm in Wissenschaften, Kenntnissen und technologischer Innovation zu suchen ist, dann lenkt das die Aufmerksamkeit sofort auf die Qualität von Erziehung und Ausbildung, die ein Land seiner Jugend zugutekommen läßt. Was passiert also in den arabischen Familien und in den arabischen Ausbildungsstätten wie Schulen, Universitäten und Berufslehre? Wie sind die familiären und sozialen Einflüsse? Bereits die Autoren des AHDR 2004 kritisieren, daß arabische Kinder immer noch nach den Normen der traditionellen Stammessysteme erzogen werden. Deren Erziehungsziel ist aber diametral entgegengesetzt zu den Anforderungen eines demokratischen, freien Sozial- und Wirtschafts-systems: Der Einzelne muß sich dem Kollektiv und einem starren hierarchischen System unterordnen. Es ist ein Unterwerfungs-system, das ich bereits exemplarisch in der Religion des Islam be-schrieben habe, denn entgegen den Behauptungen einiger muslimischer Religions-gelehrter und Sprecher islamischer Organisationen, die auf diese Weise ihre Ziele verschleiern wollen, bedeutet das arabische Wort „Islam" nicht „Frieden", sondern es bedeutet „Unterwerfung" bzw. „völlige Hingabe". Kritisches, unabhängiges Denken ist einem Unterwerfungssystem fremd und unerwünscht. Stammesallianzen sind maßgeblicher für Sicherheit und Schutz als Recht und Gesetz (besonders wenn die Politik versagt), und die Unterwerfung unter den Ranghöheren ist maßgeblicher als freie Entfaltung. Die Aussagen der Autoren des AHDR 2004 sind hierin ganz in Übereinstimmung mit Raphael Patai, mit dem ich diese Analysen begann.

In der Familie werden diese Verhaltensweisen bereits eingeübt, in der arabischen Schule, Lehre (soweit es diese überhaupt gibt) und Universität setzt es sich fort:

„... *jedes Glied in der Kette nimmt dem Individuum einen Teil seiner Freiheit weg und gibt ihn an das nächste Glied weiter, das ihm einen weiteren Teil stiehlt.*" (AHDR 2004, S. 17)

Statt Förderung und Erforschung der individuellen Fähigkeiten und Möglichkeiten wird wiederum Unterwerfung unter die Autorität des Lehrenden erwartet; der zu lernende Stoff darf nicht hinterfragt, sondern muß mechanisch gelernt werden. Die englische Sprache nennt das treffend „parroting", d.h. wie ein Papagei den Stoff nachplappern. Selbständiges, kreatives Denken ist kein Lernziel. Das heißt aber auch, der Einzelne lernt nicht, Verantwortung für sich selbst zu übernehmen, denn die Verantwortung trägt stets der Ranghöhere, über dem wieder ein Ranghöherer steht – und der Berufsanfänger steht erst einmal am unteren Ende der Hierarchie. In beruflichen Situationen, in denen Entscheidungs-kompetenz verlangt wird, fällt dann als Folge „Verantwortungsscheu" auf.

Nach Auffassung der Autoren des AHDR führt diese kontinuierliche Unterdrückung letztendlich zu Selbstzensur und zu Furcht davor, sich selbst zu positionieren, bei gleichzeitiger Leugnung der eigenen Unter-jochung. Die Folgen ziehen sich durch alle Strukturen der arabischen Gesellschaften und sind Grundlage für autoritäre Regierungssysteme. Es besteht also ein erheblicher Änderungsbedarf in Erziehung und Ausbildung – vor allen Dingen muss der selbst von Arabern beklagte niedrige Standard erhöht werden!

„*Umso größer das Wissen eines menschlichen Wesens über seine Bestimmung ist, desto größer ist sein Freiheitsspielraum, mit dem Vorhandenen umzugehen. Darum erachte ich die Verbreitung von Erziehung und Wissen als höchste Priorität für die Schaffung eines freien Individuums, denn derjenige, der nichts weiß, hat auch keine Wahl.*" (Muhammad Sharour: A Word About Freedom, AHDR 2004, S. 73, Box 2-8)

Es gibt ihn in der arabischen Welt, den Traum von der Freiheit. Nach den Autoren des AHDR 2004 äußert er sich in den arabischen Mythen und Gedichten. Jetzt ist es an der Zeit, den Traum Wahrheit werden zu lassen, doch das ist – man vergißt es immer wieder – ein schmerzhafter Prozeß, mit vielen Rückfällen. Und auch die arabischen Autoren dieser Reports konnten, wenn die Erkenntnisse aus ihren Studien zu schmerzhaft wurden, der Versuchung nicht widerstehen, auf die Mythen einstiger arabischer Größe in der fernen Vergangenheit zurückzugreifen. Wenn dieser Mythos Mut zur Gegenwart macht, dann ist er gut. Wenn er nur in Selbstmitleid und Realitätsverleugnung endet, dann werden die Araber weiterhin, wie der saudische Reformer Turki Al-Hamad es ausdrückte, *„rückwärts schauen"*, während sie sich vorwärts bewegen; die arabische Welt wird in der Rückständigkeit verharren – und aus einem Traum von Freiheit in der Gegenwart wird wiederum ein neuer Mythos der Vergangenheit geboren.

Damit der Traum von Freiheit in der Zukunft Wahrheit wird, sollten die Araber auf einen der ihren hören, Muhammad Sharour. Ich wünsche es mir für all die liebenswerten Menschen, die ich in den arabischen Ländern traf.

„Nach meiner Ansicht bedeutet Freiheit, die freie Wahl zu haben und auch die Fähigkeit, eine freie Wahl treffen zu können. Die Fähigkeit eines menschlichen Wesens, sich für seine Handlungen frei entscheiden zu können, ist es, was ihn von Engeln unterscheidet („sie tun nur das, was ihnen befohlen wurde"), ohne diese Entscheidungsfreiheit hat die Rechenschaftspflicht am Tage des Jüngsten Gerichts keine Bedeutung. Darum habe ich Vorbehalte, wenn ich jemanden sagen höre: „Ein Individuum kann nur in einer freien Gesellschaft/Nation frei sein", denn es ist erst das freie menschliche Wesen, das einen freien Staat schafft, nicht umgekehrt." (ebd.)

Das Leben besteht aus zwei Teilen:
Die Vergangenheit – ein Traum,
die Zukunft – ein Wunsch.
(arab. Sprichwort)

Ma´a salamah,
Regina

ANHANG

HAMAS CHARTA, Auszüge

Aus dem Englischen übersetzt, zitiert nach Document Information (127 Wall Street, New Haven, Connecticut 06520), The Avalon Project at the Yale Law School: Hamas Covenant 1988, in: http://avalon.law.yale.edu/ subject_menus/mideast.asp

Die Universalität der Islamischen Widerstandsbewegung

Artikel 7:

...Die Islamische Widerstandsbewegung ist eines der Kettenglieder im Kampf gegen die zionistischen Eindringlinge. Sie geht zurück auf 1939, auf das Auftreten des Märtyrers Izz al-Din al-Kissam und seiner Kampfesbrüder, der Mitglieder der Moslemischen Bruderschaft. Sie strebt danach eins zu werden mit einer anderen Kette, die den Kampf der Palästinenser und der Moslemischen Bruderschaft im Krieg von 1948 und den Jihad Operationen der Moslemischen Bruderschaft 1968 und danach mit einschließt.

Weiterhin strebt die Islamische Widerstandsbewegung danach, Allahs Versprechen zu verwirklichen, wie lange es auch immer dauern mag, und auch wenn die Kettenglieder weit voneinander entfernt waren, und auch wenn von den Speichelleckern des Zionismus in den Weg gelegte Hindernisse die Fortführung des Kampfes blockierten. Der Prophet, Allah segne ihn und erlöse seine Seele, hat gesagt:

„Der Tag des Jüngsten Gerichtes wird nicht eher kommen, bis die Moslems die Juden geschlagen (getötet) haben, wenn der Jude sich auch hinter Steinen und Bäumen versteckt. Die Steine und Bäume werden sagen: O Muslime, O Abdulla, hinter mir ist ein Jude, komm und töte ihn. Nur der Gharkad Baum würde das nicht tun, weil er ein Baum der Juden ist."

Der Schlachtruf der Islamischen Widerstandsbewegung

Artikel 8:

Allah ist ihr Ziel, der Prophet ist ihr Vorbild, der Koran ihr Gesetz: Der Jihad ist ihr Weg und der Tod im Namen Allahs der erhabenste ihrer Wünsche.

Antrieb und Ziele

Artikel 9:

...Was die Ziele anbetrifft: Sie (die Islamische Widerstandsbewegung) kämpfen gegen das Falsche, besiegen und überwältigen es, so daß Gerechtigkeit herrschen kann, die Heimat wieder gewonnen wird und von ihren Moscheen der Muezzin die Gründung des Islamischen Staates verkündet, so daß Menschen und Dinge wieder an ihre richtige Stelle kommen, und Allah ist unser Helfer...

Strategien der Islamischen Widerstandsbewegung:

Palästina ist das islamische Vermächtnis Allahs (Islamic Waqf)

Artikel 11:

Die Islamische Widerstandsbewegung glaubt, daß Palästina das von Allah für zukünftige muslimische Generationen bis zum Tage des jüngsten Gerichtes geweihte islamische Vermächtnis (Islamic Waqf) ist. Nicht ein Teil von ihm darf vergeudet oder aufgegeben werden. Weder ein einzelnes arabisches Land noch alle arabischen Länder, weder König noch Präsident, weder alle Könige noch Präsidenten, weder irgendeine Organisation noch ihrer alle, seien sie palästinensisch oder arabisch, haben das Recht, ein solches zu tun. Palästina ist ein von Allah den muslimischen Generationen bis zum Jüngsten Tag geweihtes Vermächtnis. Da dem so ist, wer könnte für sich das Recht beanspruchen, die muslimischen Generationen bis zum Jüngsten Tag zu verkörpern?

Dies ist das Gesetz, dem Palästina in der Islamischen Scharia unterstellt ist, und das gleiche gilt für jedes Land, das Muslime mit Gewalt erobert haben, denn während der Zeit der (islamischen) Eroberungen haben die Muslime diese Länder den muslimischen Generationen bis zum Jüngsten Tag geweiht. *(Anmerkung: d.h. auch Spanien, Sizilien, Süditalien, Griechenland, der Balkan bis kurz vor Wien)*

Es geschah auf diese Weise: Als die Führer der islamischen Armeen Syrien und den Irak überwältigten, baten sie den Kaliphen der Muslime, Umar bin-el-Khatab, um seinen Rat, wie mit dem eroberten Land zu verfahren sei – ob sie es unter den Soldaten aufteilen, seinen Eigentümern überlassen, oder ob sie anderes damit tun sollten. Nach Beratungen und Diskussionen zwischen dem Kaliphen und den Muslimen, zwischen Omar bin-el-Khatab und den Weggefährten des Propheten, Allah segne sie und gebe ihnen Frieden, wurde entschieden, daß das Land seinen Eigentümern überlassen werden sollte und sie weiter die Früchte des Landes ernten könnten. Jedoch in Bezug auf die wahre Eigentümerschaft der Ländereien und des Landes selbst wurde bestimmt, daß es bis zum Jüngsten Tag den muslimischen Generationen geweiht sein sollte. Diejenigen, die auf dem Lande saßen, durften nur die Früchte ernten. Dieses Vermächtnis Allahs soll so lange bestehen, wie Erde und Himmel bestehen. Jede Vorgehensweise, die in Widerspruch zu der Islamischen Scharia steht, soll, was Palästina betrifft, null und nichtig sein...

Friedliche Lösungen, Initiativen und internationale Konferenzen

Artikel 13:

Initiativen und sog. friedliche Lösungen und internationale Konferenzen sind in Widerspruch zu den Prinzipien der Islamischen Widerstandsbewegung. Der Missbrauch jeglichen Teils von Palästina ist ein gegen die Religion gerichteter Missbrauch. Die Mitglieder sind darauf verschworen worden. Sie kämpfen dafür, das Banner Allahs über ihrer Heimat wehen zu lassen. „Allah wird der Größte sein, aber die meisten Menschen wissen es nicht."

Hin und wieder erschallt der Aufruf für eine internationale Konferenz, um Wege zur Lösung der (Palästina) Frage zu suchen. Einige akzeptieren die Idee, andere lehnen sie ab, aus diesem oder jenem Grunde, mit der einen oder anderen Vorbedingung für die Zustimmung, an der Konferenz teilzunehmen. Da die Islamische Widerstandsbewegung die einzelnen, teilnehmenden Parteien an der Konferenz und ihre vergangene und gegenwärtige Haltung gegenüber muslimischen Problemen kennt, hält sie diese Konferenzen für untauglich, die Forderungen einzusehen, die Rechte wieder herzustellen oder den Unterdrückten Gerechtigkeit widerfahren zu lassen. Diese Konferenzen sind nur Mittel, um die Ungläubigen im Land der Muslime als Schiedsrichter einzusetzen.

„Aber weder die Juden werden Ruhe geben, noch die Christen, bis Du ihren Glauben annimmst; sprich, die Weisung von Allah ist die wahre Weisung. Und wahrlich, wenn Du ihren Wünschen folgst, nach dem Wissen, was Dir gegeben worden ist, dann sollst Du keinen Herrn oder Beschützer vor Allah finden." (Die Kuh, Vers 120)

Es gibt für die Palästina Frage keine Lösung außer den Jihad. Initiativen, Vorschläge und internationale Konferenzen sind alle Zeitverschwendung und vergebliche Mühe. Das palästinensische Volk weiß Besseres als dem zuzustimmen, daß mit seiner Zukunft, seinen Rechten und seinem Schicksal gespielt wird. Wie es in der ehrenwerten Hadith heißt:

„Das Volk von Syrien ist Allahs Geißel (Peitsche) in Seinem Land. Durch sie übt er an jedem Seiner Sklaven, an wem auch immer, seine Rache aus. Es ist undenkbar, daß diejenigen unter ihnen, die heuchlerisch sind, über die Gläubigen siegen könnten. Jedoch werden sie aus Gram und Verzweiflung sterben."

Die drei Kreise

Artikel 14:

Die Frage der Befreiung Palästinas ist an drei Kreise gebunden: <u>an den palästinensischen Kreis, den arabischen Kreis und den islamischen Kreis.</u> Jeder dieser Kreise hat seine Rolle im Kampf gegen den Zionismus. Jeder hat seine Pflichten (Aufgaben), und es ist ein schrecklicher Fehler und ein Zeichen tiefer Ignoranz, einen dieser Kreise zu übersehen. <u>Palästina ist ein islamisches Land</u>, das die erste der zwei Kiblahs (*Richtung, in die sich Muslime zum Gebet wenden*), die dritte der heiligen (islamischen) Stätten besitzt, und der Ausgangsort von Mohammeds mitternächtlicher Reise zu den sieben Himmeln ist (*d.h. Jerusalem*)...

Aus diesem Grunde ist die Befreiung Palästinas die besondere Pflicht eines jeden Muslims, wo immer er sich befindet. Von dieser Basis aus sollte das Problem betrachtet werden. Dies sollte jedem Muslim bewußt werden.

An dem Tag, an dem das Problem auf dieser Basis erledigt wird, wenn die drei Kreise ihre Mittel mobilisiert haben, dann wird sich der gegenwärtige Zustand ändern und der Tag der Befreiung näher kommen...

Der Jihad für die Befreiung Palästinas ist eine Pflicht für jeden

Artikel 15:

<u>An dem Tag, an dem Feinde sich der Teile islamischen Landes bemächtigen, wird der Jihad eine besondere Pflicht für jeden Muslim.</u> Angesichts der jüdischen Aneignung von Palästina ist es zwingend, das Banner des Jihad zu erheben. Hierfür ist es erforderlich, daß das islamische Bewusstsein unter den Massen verbreitet wird, auf der regionalen wie auf der arabischen und islamischen Ebene. Es ist notwendig, den Geist des Jihad in die Herzen der Nation einzuimpfen, so daß sie den Feinden entgegentreten und sich den Reihen der Kämpfer anschließen.

Es ist notwendig, daß Wissenschaftler, Erzieher und Lehrer, Informations- und Medienleute wie auch die gebildeten Massen, besonders die Jugend und die Scheichs der islamischen Bewegungen an der Erweckung (der Massen) teilnehmen. Es ist wichtig, daß im Schulcurriculum grundlegende Veränderungen vorgenommen werden, um sie von den Spuren ideologischer Eingriffe zu säubern, von denen sie als Resultat der Infiltration von Orientalisten und Missionaren nach dem Sieg Salah el-Dins (Saladin) über die Kreuzzügler beeinflusst worden waren. Die Kreuzzügler realisierten, daß es nicht möglich war, die Muslime zu besiegen, wenn nicht zuerst eine ideologische Invasion den Weg ebnete, indem ihre Gedanken verwirrt, ihr Erbe entstellt und ihre Ideale verletzt wurden. Erst dann könnten sie mit Soldaten einmarschieren. Dies ebnete den Weg für die imperialistische Invasion, die Allenby beim Betreten Jerusalems erklären ließ: "Erst jetzt sind die Kreuzzüge beendet." General Guru stand an Salah el-Dins Grab und sagte: „Wir sind zurückgekehrt, Oh Salah el-Din." Der Imperialismus hat die ideologische Invasion gestärkt, seine Wurzeln vertieft – und tut dies immer noch. Dies alles hat den Weg zum Verlust von Palästina geebnet.

Es ist notwendig, den muslimischen Generationen einzuimpfen, daß das Palästina-Problem ein religiöses Problem ist, und daß es auf dieser Basis behandelt werden sollte. Palästina enthält islamische, heilige Stätten...

Die Rolle der muslimischen Frau

Artikel 17:

Die Frau im Haus einer kämpfenden Familie, ob sie nun eine Mutter oder eine Schwester ist, spielt die wichtigste Rolle, indem sie für die Familie sorgt, die Kinder aufzieht und sie in den moralischen Werten und im Denken des Islams unterweist. Sie muß ihnen lehren, den religiösen Pflichten nachzukommen, um sich auf die sie erwartende Rolle eines Kämpfers vorzubereiten. Darum ist es wichtig, den Schulen und dem Curriculum zur Erziehung muslimischer Mädchen große Aufmerksamkeit zu schenken, so daß sie zu guten Müttern aufwachsen, die sich ihrer Rolle im Befreiungskampf bewusst sind...

Unterstützende Kräfte hinter dem Feind

Artikel 22:

Lange Zeit bereits haben die Feinde, um ihr Ziel zu erreichen, geschickt und mit Präzision geplant. Sie haben Ursachen bedacht, die den Lauf der Dinge beeinträchtigen könnten. Sie strebten danach, große und umfassende materielle Reichtümer anzusammeln, die sie der Erfüllung ihres Traumes widmeten. Mit ihrem Geld übernahmen sie Kontrolle über die Weltmedien, die Nachrichtenagenturen, die Presse, Verlagsanstalten, Rundfunkstationen und anderes mehr. Mit ihrem Geld entfachten sie Revolutionen in verschiedenen Teilen der Welt, mit dem Ziel, ihre Interessen durchzusetzen und die Früchte daraus zu ernten. Sie waren es, die die Französische Revolution, die Kommunistische Revolution und die meisten Revolutionen entfachten, von denen wir hier und dort gehört haben und hören. Mit ihrem Geld gründeten sie in verschiedenen Teilen der Welt geheime Gesellschaften, wie die Freimaurer, die Rotary-Clubs, „The Lions" und andere, um die Gesellschaften (*der Welt*) zu sabotieren und die zionistischen Interessen durchzusetzen. Mit ihrem Geld waren sie imstande, die imperialistischen Länder zu kontrollieren und sie aufzuhetzen, viele Länder zu kolonisieren, so daß sie deren Ressourcen ausbeuten und in ihnen Korruption verbreiten konnten.

Ihr könnt so viel wie Ihr wollt über regionale und Weltkriege sprechen. Sie waren diejenigen, die den I. Weltkrieg veranlassten, als sie imstande waren, das Islamische Kaliphat zu zerstören, finanzielle Gewinne zu machen und die Ressourcen zu kontrollieren. Sie verschafften sich die Balfour Erklärung und gründeten den Völkerbund, durch den sie die Welt regieren konnten. Sie waren es, die den II. Weltkrieg initiierten, durch den sie riesige finanzielle Gewinne mit Waffengeschäften machten und den Weg für die Gründung ihres Staates ebneten. Sie waren es, die den Ersatz des Völkerbundes durch die Vereinten Nationen und den Sicherheitsrat anzettelten, damit sie durch diese die Welt regieren könnten. Es gibt nirgends einen Krieg, in dem sie nicht ihre Finger hätten…

Die imperialistischen Mächte im kapitalistischen Westen und im kommunistischen Osten unterstützten den Feind mit aller Kraft, mit Geld und Menschen. Diese Mächte wechseln sich darin ab. An dem Tag, an dem der Islam in Erscheinung tritt, würden sich die Mächte der Ungläubigen vereinen, um ihn anzugreifen, denn die Ungläubigen sind eine Nation...

Die palästinensische Befreiungsorganisation

Artikel 27:

...Wegen der Umstände im Umfeld der Organisationsgründung, wegen der ideologischen Verwirrung, die in der arabischen Welt als Ergebnis der ideologischen Invasion vorherrscht, unter deren Einfluß die arabische Welt seit dem Sieg über die Kreuzzügler gefallen ist, und die durch Orientalisten, Missionare und Imperialisten intensiviert wurde und noch wird, übernahm die Organisation die Idee des säkularen Staates. Wir sehen das wie folgt:

Säkularismus widerspricht völlig einer religiösen Ideologie. Einstellungen, Verhaltensweisen und Entscheidungen stammen von Ideologien ab.

Wegen unserer Wertschätzung der Palästinensischen Befreiungsorganisation – und in was sie sich entwickeln kann – und ohne ihre Rolle im arabisch-israelischen Konflikt zu schmälern, ist es uns deshalb nicht möglich, das gegenwärtige oder zukünftige Palästina für eine säkulare Idee zu tauschen. Die islamische Natur Palästinas ist Teil unserer Religion, und wer immer seine Religion auf die leichte Schulter nimmt, ist ein Verlierer...

An dem Tag, an dem die Palästinensische Befreiungsorganisation den Islam zum Weg ihres Lebens wählt, werden wir Soldaten und Brennstoff für sein Feuer, das die Feinde verbrennen wird...

Anhänger anderer Religionen:

Die Islamische Widerstandsbewegung ist eine humanistische Bewegung

Artikel 31:

...Unter dem Dach des Islam können die drei Religionen – Islam, Christentum und Judentum – in Frieden und Ruhe mit einander koexistieren. Frieden und Ruhe ist nur unter dem Dach des Islam möglich. Die vergangene und gegenwärtige Geschichte sind der beste Zeuge dafür.

Es ist die Pflicht der Anhänger der anderen Religionen damit aufzuhören, die Oberherrschaft (Souveränität) des Islam in dieser Region in Frage zu stellen, denn an dem Tag, an dem die Anhänger dort alles übernehmen würden, würde nur noch Gemetzel, Verschleppung und Terror herrschen. Jeder von ihnen liegt im Streit mit seinen Religionsbrüdern, ganz zu schweigen von den Anhängern anderer Religionen. Die vergangene und gegenwärtige Geschichte ist voll von Beispielen, die diese Tatsache beweisen. *(Anm.: und die Kämpfe der Muslime untereinander - zwischen Hamas u. Fatah, im Irak, Syrien, Libyen, Afghanistan, Pakistan usw.?)*...

Der Versuch, das palästinensische Volk zu isolieren

Artikel 32:

Der Weltzionismus, zusammen mit den imperialistischen Mächten, versucht mit einem wohlüberlegten Plan und einer intelligenten Strategie einen arabischen Staat nach dem anderen aus dem Kreis des Kampfes gegen den Zionismus zu entfernen, mit dem Ziel, am Ende nur noch dem palästinensischen Volk gegenüberzustehen. Ägypten wurde in großem Ausmaß aus dem Kreis des Kampfes durch das verräterische Camp David Abkommen entfernt. Sie versuchen, andere arabische Staaten in ähnliche Abkommen hineinzuziehen und sie außerhalb des Kampfkreises zu bringen.

Die Islamische Widerstandsbewegung ruft alle arabischen und islamischen Nationen auf, ernsthafte und beharrliche Maßnahmen in Angriff zu nehmen, um den Erfolg dieses scheußlichen Planes zu verhindern, die Menschen vor der Gefahr zu warnen, die ein Verlassen des Kampfkreises gegen den Zionismus mit sich bringt. Heute ist es Palästina, morgen wird es ein Land nach dem anderen sein. Der zionistische Plan ist ohne Grenzen. Nach Palästina trachten die Zionisten danach, vom Nil bis zum Euphrat zu expandieren. Wenn sie das eingenommene Gebiet verdaut haben, dann werden sie nach weiterer Expansion trachten usw. Ihr Plan ist in den „Protokollen der Weisen von Zion"* beschrieben, und ihr gegenwärtiges Verhalten ist der beste Beweis dafür, was wir sagen. (*Aus Russland stammendes Pamphlet, das eine jüdische Weltverschwörung beweisen sollte; von Alfred Rosenberg nach Deutschland gebracht und von Hitler als Rechtfertigung zum Völkermord an den Juden benutzt; siehe Internet, Wikipedia Enzyklopädie.)

Den Kreis des Kampfes gegen den Zionismus zu verlassen, ist Hochverrat, und verflucht sei derjenige, der das tut... Es gibt keinen Weg hinaus, außer durch Konzentration aller Kräfte und Energien dieser Nazi-(und) bösartigen Tataren-Invasion entgegenzutreten. Die Alternative ist der Verlust des eigenen Landes, die Vertreibung der Bürger, die Verbreitung der Lasterhaftigkeit auf der Erde und die Zerstörung der religiösen Werte. Laßt jeden wissen, daß er vor Allah verantwortlich ist...

Artikel 33:

Die Islamische Widerstandsbewegung, die auf den allgemein koordinierten und voneinander abhängigen Konzeptionen der Gesetze des Universums basiert, und die im Schicksalsstrom des Konfrontierens und Bekämpfens der Feinde in Verteidigung der Muslime und der islamischen Zivilisation und der geheiligten Stätten schwimmt (fließt), deren erste die Aqsa Moschee ist, beschwört die arabischen und islamischen Völker, ihre Regierungen, populäre und offizielle Gruppierungen, Allah zu fürchten, soweit es ihre Ansicht über die Islamische Widerstandsbewegung und ihre diesbezügliche Handlungsweise betrifft.

Sie sollten für sie eintreten und sie unterstützen, so wie es Allah von ihnen wünscht, und ihr immer mehr Mittel zukommen lassen, bis Allahs Ziel erreicht ist, wenn die Reihen geschlossen sind, Kämpfer zu Kämpfern stoßen und die Massen überall in der islamischen Welt dem Ruf zur Pflicht mit der Lobpreisung folgen werden: Heil dem Jihad! Ihr Schrei wird zum Himmel steigen und wird widerhallen, bis die Befreiung erreicht ist, die Eindringlinge überwältigt sind und Allahs Sieg zum Vorschein kommt / in Erscheinung tritt...

Das Zeugnis der Geschichte

Across History in Confronting the Invadors:

Artikel 34:

Palästina ist der Nabel der Welt und die Kreuzung der Kontinente. Seit dem Beginn der Geschichte ist es das Ziel von Anhängern der Expansionspolitik gewesen. Der Prophet, ..., hat selbst auf diese Tatsache in seiner edlen Hadith hingewiesen, in der er seinen edlen Gefährten Ma´adh ben-Jabal aufrief, in dem er sagte: „O Ma´ath, wenn ich gegangen bin, wird Allah dir Syrien vom Al-Arish bis zum Euphrat öffnen. Seine Männer, Frauen und Sklaven werden dort beständig leben bis zum Tag des Jüngsten Gerichts. Wer immer von euch etwas vom syrischen Land (Küste) oder vom Heiligen Land wählt, er wird bis zum Tage des Jüngsten Gerichts in ständigem Kampf sein."

Expansionisten haben mehr als einmal ihr Auge auf Palästina geworfen, das sie mit Armeen angriffen, um ihre Pläne zu erfüllen. Auf diese Weise kamen die Kreuzzügler mit ihren Armeen und brachten ihren Glauben und ihr Kreuz mit sich. Sie waren für eine Weile imstande, die Muslime zu besiegen, aber es war den Muslimen nur möglich, das Land zurückzugewinnen, als sie sich unter dem Schutz des religiösen Banners sammelten, sich zusammentaten, den Namen Allahs heiligten und unter der Führerschaft von Salah ed-Din al-Ayyubi zum Kampf drängten. Sie kämpften fast 20 Jahre, und am Ende waren die Kreuzzügler besiegt und Palästina befreit...

Dies ist der einzige Weg, um Palästina zu befreien. Es gibt keinen Zweifel über das Zeugnis der Geschichte. Es ist eines der Gesetze des Universums und eine der Regeln der Existenz. Nichts kann Eisen besiegen als Eisen. Ihr falscher, vergeblicher Glaube kann nur von dem gerechten islamischen Glauben besiegt werden. Ein Glaube kann nur durch einen Glauben bekämpft werden, und letzten Endes gehört der Sieg den Gerechten, denn die Gerechtigkeit ist wahrhaft siegreich...

Literaturliste

Patai, Raphael (1910-96), The Arab Mind, Recovery Resources Press, 2010

Salzmann, Philip Carl, Culture and Conflict in the Middle East, Humanity Books, 2007

Thesiger, Wilfred, Arabian Sands, Continent Books Ltd., ohne Jahresangabe

Kratochwil, Gabi, Business-Knigge: Arabische Welt, Orell Fuessli Verlag, 2007

Luxenberg, Christoph, Die syrische-aramäische Lesart des Korans, Verlag Hans Schiller, 2011

Schirrmacher, Thomas, Bibel und Koran als Wort Gottes, Institut für Islamfragen (IfI), Nr. 1/2005

Shouby, E., The Influence of the Arabic Language on the Psychology of the Arabs, The Middle East Journal, Bd. 5/1951

Nuseibeh, Hazem Zaki, The Ideas of Arab Nationalism, Cornell University Press, 1956

Hamady, Sania, Temperament and Character of the Arabs, Irvington Pub, 1960

Lawrence, T. E., Seven Pillars of Wisdom, Wilder Publications, 2011

Nydell, Margaret K., Understanding Arabs, N. Brealey Publishing, 2012

Faris, Nabih Amin, Al-Arab Al-Ahya (The Living Arabs), Beirut 1947, Übersetzung G.E. von Grunebaum, Modern Islam, University of California, 1962

Roxan, W., Zionismus, Israel und die Palästinenser, Verlag J. G. Bläschke, 1978

Hawarth, David, King Ibn Saud, Continental Publications, Beirut 1964

Karsh, Efraim, Islamic Imperialism, Yale University Press, 2007

Cole, Donald P., Nomads of the Nomads, Aldine Publishing Company, Chicago 1975

Paret, R., Mohammed und der Koran, Kohlhammer Verlag, Stuttgart 1980

Ajami, Fouad, The Dream Palace of the Arabs, Vintage Publishers, 1999

Wüstenfeld, Ferdinand, Die Chroniken der Stadt Mekka, Brockhaus Verlag, 1861, www.reader.digitale-sammlungen.de (Google); inzwischen Neuauflage: Nabu Press, 2010/11

Herz, Dietmar / Steets, Julia, Palästina, Beck-Verlag, 2002

Sabbagh, Helena, Jordanien (Schwarzer September), Universität Hamburg, Dpt. Sozialwissenschaften, 2004

Hussein, King of Jordan, My „War" with Israel, William Morrow and Company, 1969

Kadi, Leila S., Arab Summit Conferences and the Palestine Problem (1936-1950)(1964-1966) (Palestine Books), Research Center, Palestine Liberation Org, 1966

Ohlig, Karl-Heinz / Stölting, Ulrike, Weltreligion Islam, Eine Einführung, Matthias-Grünewald-Verlag, 2000

Spencer, Robert, The Truth about Mohammed, Regnery/Gateway Verlag, 2007

Dashti, Ali, 23 Jahre: Die Karriere des Propheten Muhammad, Alibri Verlag, 2003

Dashti, Ali, 23 Years: The Second Message of Islam, Syracuse University Press, 1987

Kandel, Johannes / Hempelmann, Reinhard, Religionen und Gewalt, V&R unipress, 2006

Würth, Anna, Frauenrechte in der islamischen Welt, GTZ (Hrsg.), 2004

Schirrmacher, Christine / Spuler-Stegemann, Ursula, Frauen und die Scharia, Goldmann Verlag, 2006

Schirrmacher, Christine, Frauen im Islam. www.islaminstitut.de, 2004

Schirrmacher, Christine, Die Scharia, Verlag Scm Hänssler, 2012

Scholz, Peter, Islam-rechtliche Eheschließung und deutscher ordre public, in: Das Standesamt, Heft 11/2002

Scholz, Peter, Islamisches Recht im Wandel, Fachbereichstag, FB Rechtswissenschaften, FU Berlin, 46ff, 2002

Rassoul, Ibn , Handbuch der muslimischen Frau, Verlag Islamische Bibliothek, 1996

WLUML-Handbuch, Knowing our Rights, Women Living under Muslim Laws (Hrsg.), www.wluml.org, 2006

Bentzin, Anke, Die soziale und religiöse Bedeutung der Eheschließung für türkische Frauen der 2. Generation in der BRD, Magisterarbeit HU Berlin, 1998

GTZ (Hrsg.), Recht & Realität – Rechtswirklichkeit von Frauen in arabischen Ländern, 2007

Hackelsberger, Alfred, Lexikon der Islam-Irrtümer, Vorurteile, Halbwahrheiten und Mißverständnisse von Al-Qaida bis Zeitehe, Eichborn Verlag, 2008

El-Bahnassawi, Salim, Die Stellung der Frau zwischen Islam und weltlicher Gesetzgebung, SKD Bavaria Verlag, 1993

Rohe, Mathias, Scharia in Deutschland, www.zr2.jura.uni-erlangen.de, Islamedia, 2008

Rohe Mathias, Das neue ägyptische Familienrecht, in: Das Standesamt, 2001

Rohe, Mathias, Islamisten und Scharia, in: Senatsverwaltung für Inneres (Hrsg.), 2005

Tellenbach, Silvia, Ehrenmorde an Frauen in der arabischen Welt, www.gair.de, in: „Wuquf – Beiträge zur Entwicklung von Staat und Gesellschaft in Nordafrika, Nr. 13, Hamburg 2003

Tellenbach, Silvia, Die Apostasie im islamischen Recht, www.gair.de/tellenbach_apostasie.pdf, 2006

Makiya, Kanan, Cruelty and Silence: War, Tyranny, Uprising, and the Arab World, W W Norton & Co., 1994

Ruud, Peters, The Re-Introduction of Islamic Criminal Law in Northern Nigeria, A Study Conducted on Behalf of the European Commission, Lagos, 2001, www.academia.edu

Udink, Betsy, Allah & Eva, Der Islam und die Frauen, C.H. Beck Verlag, 2007

Krawietz, Birgit / Reifeld, Helmut (Hrsg.), Islam und Rechtsstaat, Konrad Adenauer Stiftung, www.zmo.de/publikationen/krawietz_islam_rechtsstaat.pdf, 2008

Harwazinski, Assia, Die zentrale „Botschaft" des sudanesischen Reformers Mahmud Muhammad Taha in der von ihm konzipierten „Zweiten Botschaft des Islam", www.kritiknetz.de, 2008

Duran, Khalid, (Taha) Der Ghandi des Sudan, www.muslim-liga.de, 1985

Warraq, Ibn, Warum ich kein Muslim bin, Matthes & Seitz Berlin, 2004

Sina, Ali, Muslim Mindset: „The hatred is in Muhammad himself", Jerusalem Post, www.jpost.com, 19.06.2008

Meddeb, Abdel Wahab, Die Krankheit des Islam, Verlag das Wunderhorn, 2002

Webseiten

www.arab-hdr.org
Arab Human Development Reports (AHDR), UN Development Programme (UNBP)

www.hudson.org
Current Trends in Islamist Ideology, Hudson Institute (Hrsg.)

www.meforum.org
Informationen, Beiträge, Analysen aus der arabischen Welt,
Middle East Forum (Hrsg.)

www.memri.org, www.memritv.org
Informationen aus der arabischen Welt, arabische Video-Clips mit
englischen Untertiteln

www.igfm.de
Internationale Gesellschaft der Menschenrechte e.V.

www.amnesty.org
Arbeitskreis Religion und Menschenrechte, Marburg

www.derprophet.de
kritische Webseite des Arbeitskreises Religion und
Menschenrechte (s.o.), umfassende Informationen zur islamischen
Geschichte und Glaubensgrundlagen

www.islaminstitut.de
Informationen, Beiträge, Analysen, Fatwa-Archiv, Newsletter

www.qantara.de
Internetportal der Deutschen Welle für den Dialog mit dem Islam

www.ex-muslime.de
Webseite des Zentralrats der Ex-Muslime e.V.

www.muslim-liga.de
Webseite der Deutschen Muslim Liga e.V. (DML),
Interessenvertretung Deutscher Muslime, Gründungsmitglied des
Zentralrats der Muslime in Deutschland

www.al-islaam.de
muslimische Webseite: islamischer Unterricht per Newsletter

www.aafaq.org
Nachrichten aus der arabischen Welt

www.carnegieendowment.org
Arab Reform Bulletin Archives

www.unity1.wordpress.com
muslimische Webseite

www.faithfreedom.org
säkularistische, islamkritische Webseite

www.kritiknetz.de
Online-Zeitschrift für Kritische Theorie der Gesellschaft

www.orientdienst.de
christliche Webseite, Online-Zeitschrift

Rechtlicher Hinweis

Das Landgericht Hamburg hat mit Urteil vom 12.05.1998 entschieden, daß man durch die Ausbringung eines Links die Inhalte der betreffenden Seite ggf. mit zu verantworten hat. Dies kann - dem Landgericht zufolge - nur dadurch verhindert werden, daß man sich ausdrücklich von diesen Inhalten distanziert. Dieses Buch bezieht sich auf zahlreiche Links zu Internetseiten. Für all diese Links gilt: Ich habe keinerlei Einfluß auf die Gestaltung und die Inhalte dieser Internetseiten. Ich distanziere mich von allen Inhalten, die mit dem deutschen Recht nicht vereinbar sind. Diese Erklärung gilt für alle auf den Seiten dieses Buches eingesetzten Links und für alle Inhalte der Seiten, zu denen Links oder Banner führen.

Regina von Fürstenmühl

www.ingramcontent.com/pod-product-compliance
Lightning Source LLC
Chambersburg PA
CBHW071335280526
45787CB00001B/101